Reiner Ruffing

»Ich lasse das Leben auf mich regnen«

Reiner Ruffing

»Ich lasse das Leben auf mich regnen«

50 philosophische Denkanstöße aus der Literatur

nymphenburger

Umschlaggestaltung: www.atelier-sanna.com
Satz: Ina Hesse
Gesetzt aus: 10,3/13,8 Sabon
Druck und Binden: GGP Media GmbH, Pößneck
Printed in Germany
ISBN 978-3-485-01323-9

www.nymphenburger-verlag.de

Inhalt

Einleitung

»Literatur erinnert daran, dass andere Menschen genauso interessant, menschlich, komplex und unersetzlich sind wie wir selbst. Dies bedeutet, dass Lesen etwas in sich hat, was, wie ich sagen würde, von Natur aus gut ist.«

A. L. Kennedy

In was für einer Welt würden wir leben ohne die Literatur? Es wäre eine kalte und herzlose Welt. In Romanen spüren wir, dass es so etwas wie eine Weltseele gibt. Man schlägt ein gutes Buch auf und befindet sich sofort in einer anderen Dimension. Literatur eröffnet uns neue Perspektiven auf der sich stets verändernden Bühne des Lebens. Für viele Menschen bedeutet Literatur so etwas wie eine leib-seelische Überlebensnotwendigkeit; ein Mittel gegen das Böse und Hässliche in der Welt und in uns. Wir verknüpfen mit guter Lektüre die Hoffnung, dass die Welt schöner und besser wird. Nach einem Wort des römischen Dichters Horaz soll die Literatur belehren und vergnügen *(docere et delectare)*, wobei die Kunst jedoch nicht in den Dienst der Moral genommen werden darf und kann. Dennoch tragen Romane durch ihre mitreißenden Schilderungen menschlicher Nöte zur seelischen Läuterung bei. Wir lernen, uns in die Nöte anderer Menschen hineinzufühlen. Ein Buch wie »Onkel Toms Hütte« von Harriet Beecher-Stowe sensibilisiert uns für das Schicksal anderer Menschen, in diesem Fall für das Leid der Afroamerikaner zur Zeit der Rassentrennung. Dichtern gelingt es, für Gefühle, die wir in uns haben, jedoch nicht hinreichend benennen können, die geeigneten Worte zu finden.

Gute Literatur verwandelt uns. Sie schärft unsere Sinne, wir nehmen mit neuer Sensibilität wahr, lernen »angemessener« (Aristoteles) zu denken und zu handeln. Die großen

Schriftsteller sind davon beseelt, die Welt schöner und besser zu machen. Sie verändern unsere Sicht der Dinge, indem sie unser Gespür für die Schönheit stärken. Nach dem französischen Schriftsteller Marcel Proust würde es uns ohne die Kunst niemals gelingen, die Schönheit einer Landschaft, einer Kirche oder eines Kunstwerkes zu entdecken. Seinem Schriftstellerkollegen Anatole France dankte Proust: »Sie haben mich gelehrt, in den Dingen, den Büchern, den Ideen und in den Menschen eine Schönheit zu finden, die ich vorher nicht imstande war zu genießen. Sie haben das Universum für mich verschönert.« Mithilfe der Literatur lässt es sich bewusster leben. Sie öffnet, sensibilisiert für bisher vernachlässigte ästhetische Qualitäten, zum Beispiel für das Spiel des Lichts an einem Januar-Morgen oder die Stimmung eines Juni-Augenblicks in London (Virginia Woolf). Man erlebt die norddeutsche Meereslandschaft nach der Lektüre von Theodor Storm anders und nach Adalbert Stifters »Der Nachsommer« sehen wir die Alpen mit anderen Augen. Eine treffende Formulierung über Dichter stammt von Gottfried Benn, der meinte, dass sie »Horchlot-Orter (...) sonderbarer Sachen« seien.

Literatur hilft, andere Menschen besser zu verstehen. Durch ihre überdurchschnittliche Sensibilität gelangten die großen Schriftsteller zu tiefen Einblicken in die menschliche Psyche. Wir begegnen Meinungen und Lebensweisen, die wir so noch nicht kannten. Dichtung und Literatur sind »ein Zur-Geltung-Bringen des Übersehenen« (Peter Handke). Der Dichter Hermann Lenz spricht von der Poesie als einem »Nebendraußen«, abseits von dem, was uns jeden Tag von den Medien oder der lärmenden Wirklichkeit in die Augen und Sinne fällt. Doch die Literatur führt uns nicht nur zu einem besseren Verständnis für andere Menschen, Kulturen und die Vielfalt der Welt. Sie kann uns darüber hinaus in bestimmten Momenten ein gesteigertes Daseinsgefühl vermitteln, weil sie in ihren großen Werken ein Hymnus auf das Leben ist. Was Literatur erzählt, ist nicht auf das Beschriebene beschränkt. »Es signalisiert unentwegt etwas sehr Allgemeines, das unfassbar und berauschend ist. Darf man sagen: das Erlebnis des Lebens?« (Marcel Reich-Ranicki).

Unvollständig wäre die Kunst, wenn sie nur die schönen Dinge des Lebens zum Gegenstand nähme. Auch das Traurige, Hässliche und Negative ist unverzichtbar, um das Lebendige zu lieben. Sich das Gefühl für das Tragische offen zu halten, war der Sinn der großen Theaterfestspiele (Dionysien) im alten Griechenland. Einmal im Jahr – zum Frühlingsbeginn – wurde in Athen auf der Bühne ein großes menschliches Schicksal vorgeführt, zum Beispiel das Leid des armen König Ödipus, der seinen eigenen Vater Laios getötet und seine Mutter Iokaste geheiratet hatte. Nicht etwa, damit die Griechen am Leben verzweifeln, sondern um neuen Mut zu fassen, wurden die Festspiele veranstaltet, denn die Zuschauer konnten beim Anblick der unaussprechlichen Leiden des Ödipus sagen: Was sind meine Sorgen im Vergleich mit dem Leid dieses Mannes? Die alten Griechen kamen in Bezug auf eine kontrollierte Affektabfuhr mit einer Aufführungswoche pro Jahr aus, der heutige Fernsehzuschauer wird jeden Abend mit Morden und Katastrophen konfrontiert, was die Gefahr beinhaltet, dass starke und viele Reize die Menschen unempfindlich für die feineren Qualitäten der Kunst und des Lebens machen.

Große Werke sind ein Appell an uns. Ohne intensive Lebensmomente, wie sie beispielhaft der Spaziergänger Jean-Jacques Rousseau am Bieler See erlebt und zum Ausdruck bringt – »Ich fühle unaussprechliche Verzückungen und Ekstasen, sobald ich gewissermaßen eins werde mit der gesamten Natur und aufgehe im großen Weltsystem, das alle

Wesen verbindet« –, droht uns das Wesentliche des Lebens zu entgleiten. Große Dichtung sagt: In der Natur, in den Dingen, im Leben ist etwas Schönes, das sich uns zu entziehen neigt und sich nur bei genauer Beobachtung und Aufmerksamkeit stets aufs Neue zeigt. Wenn wir uns oder die Gesellschaft verändern wollen, dann können wir das nur, wenn wir bei uns selbst anfangen und einen Blick für das Wesentliche entwickeln, das oft gerade das Übersehene ist. »Seinsvergessenheit« hat Martin Heidegger den modernen, auf das Nützliche fokussierte (Tunnel-)Blick genannt. Unser Denken ist geradlinig, funktional und utilitaristisch geworden, wir benötigen Lektionen in Sachen Humor, Geduld und Aufmerksamkeitsschulung. Heidegger empfahl, sich bewusst auf »Holzwege« oder »Feldwege« zu begeben, um überhaupt wieder den Blick für das Übersehene zu bekommen.

Gehaltvolle Literatur ist nicht immer leicht zu verstehen. Das hat auch seinen guten Grund, denn Allzuleichtes stumpft schnell ab. Die Welt ist zu kompliziert, als dass sie in einfachen Sätzen wiedergegeben werden könnte. Im Unterschied zur Begriffs- und Alltagssprache zeigt die Sprache der Literatur, wie geheimnisvoll die Welt und insbesondere der Mensch sein können. »Die Nacht ist tiefer als der Tag gedacht«, heißt es bei Friedrich Nietzsche. Theodor W. Adorno zufolge sind es gerade die auf den ersten Blick »sperrigen« Werke wie Samuel Becketts »Warten auf Godot« oder James Joyce's »Ulysses«, die im Nachhinein am wertvollsten sind. Wie bei einer Weinlese geht es bei der Lektüre großer Werke darum, wertvolle Einsichten zu »ernten«, zum Beispiel über die menschliche Psyche. Schon der griechische Philosoph Aristoteles lehrt, dass wir durch die Literatur lernen, die Menschen besser einzuschätzen. Für ihn war die Literatur »philosophisch bedeutsamer als die Geschichtsschreibung«. In seiner Schrift »Poetik« schreibt er, dass uns die Dichtung lehrt, wie »Menschen einer bestimmten Beschaffenheit wahrscheinlich oder sogar notwendig auf eine bestimmte Art reden oder handeln«. Mit anderen Worten, die Literatur hilft uns überall, auch in unserem Berufs- und Alltagsleben weiter.

Wie man sich durch Literatur bilden kann, hat der Schriftsteller Peter Weiss in seinem Roman »Die Ästhetik des Widerstands« beschrieben. Der Roman handelt von einem jungen Arbeiter in den 1930er-Jahren, der von seinem Vater – ein den Arbeiterbildungsvereinen angehöriger Proletarier – an die Literatur herangeführt wird: »Er war es, der mich anregte, in die Bibliothek zu gehen ...« Schon bald spürt der junge Mann, dass ihm die Literatur zu einer Lebensnotwenigkeit wird. »Ich gewann den Eindruck, dass es sich ohne sie nicht leben ließ.« *»Sapere aude!«* – »Wage zu denken!«, heißt es bei Immanuel Kant. Die Welt lässt sich nicht von oben, durch einen Propheten, Missionar, Politiker, Philosophen oder ein »Yes we can!« verbessern, sondern nur, indem wir uns selbst verändern. Von dem Dichter Gottfried Benn stammt das Wort: »Du musst dir alles geben, Götter geben dir nichts.« Die Literatur löst uns für eine Weile von unserem »verkrampften Ich« (John Dewey) und lässt uns die Dinge von einem anderen, möglicherweise höheren Standpunkt aus sehen. Sie lehrt, dass Wirklichkeit nicht feststeht, sondern interpretierbar ist.

Wir haben es selbst in der Hand, unser Leben zu ändern. In den Worten des französischen Soziologen Bruno Latour: »Was zählt, ist die Frage, wie man neue Bühnen schafft, auf denen man unser Leben verändert.« Die Literatur ist eine solche Bühne, ein solcher Prüfstein für das Leben. Sie zeigt uns Alternativen auf, wir können uns an den Helden orientieren oder es gerade nicht so machen wie sie. Gute Bücher sind untrennbar mit persönlichen Erfahrungen verbunden. So erinnern »Demian« oder »Der Steppenwolf« von Hermann Hesse an die eigene Jugend und die Ablösung vom Elternhaus. Wie für Proust der Geschmack eines in Tee eingetauchten Gebäcks zaubert vielleicht allein der Anblick eines bestimmten Buches mit verblichenem Umschlag die Erinnerung an einen Sommer, in dem man den Band gelesen hat, hervor. Jedes dieser Bücher können wir drei- oder viermal lesen, um immer wieder Neues darin zu entdecken.

Die Interpretationen der hier zusammengestellten 50 Zitate vermitteln einen Querschnitt der Werke der Weltliteratur. Ein Schwerpunkt widmet sich der Frage der Alltagstauglichkeit der Literatur in einer Zeit, die oft mit dem Begriff der »neuen Unübersichtlichkeit« (Jürgen Habermas) beschrieben wird. Heute ist jeder selbst gefordert, sich für seine Weltsicht und Wahrheit einzusetzen. Man kann die Literatur (wie die Philosophie) als einen großen Fundus begreifen, aus dem wir die geistigen Werte für unser ganz individuelles Leben beziehen. Schon der chinesische Philosoph Konfuzius betont: »Weise sein wollen und keine Bildung haben – das bedeutet, ohne Orientierung und Ziel zu sein.« Was können wir ganz persönlich den großen Werken der Literatur entnehmen? Wie lässt sich das Wissen der Literatur für unsere heutige Zeit nutzen? »Große Kunstwerke lehren uns nichts eindringlicher als dies. Sie lehren uns, gerade dann mit unbeugsamer Heiterkeit zu unseren spontanen Eindrücken zu stehen, wenn sich die Mehrzahl der Stimmen auf der Gegenseite befindet.« (Ralph Waldo Emerson) Rahel Varnhagen verkörperte jene »unbeugsame Heiterkeit«, als sie in Prag half, die verwundeten Soldaten im Krieg gegen Napoleon zu pflegen. Ihre Tagebuchnotiz »Ich lasse das Leben auf mich regnen« ermuntert uns dazu, selbst in schwierigen Zeiten nicht den Mut und den Humor zu verlieren.

1.

»Da lösten sich dem Odysseus die Knie und das liebe Herz.«

»ODYSSEE« VON HOMER (8. JAHRHUNDERT V. CHR.)

Wie kein anderer Dichter führt uns Homer in die Welt der griechischen Antike mit ihrem Mysterien-, Götter- und Heldenglauben. Wenn bei Homer der Tag beginnt, dann schickt der Sonnengott Helios grüßend seine Schwester Eos aus. Helden wie Achill und Odysseus müssen der Liebe wegen viel auf sich nehmen. Achill wird fast blind vor Zorn, weil ihm Agamemnon, sein Heerführer, die geliebte Briseis wegnimmt, und der erfindungsreiche Odysseus irrt nach dem Trojanischen Krieg jahrelang mit seiner Mannschaft auf dem Meer umher, bis er endlich seine Heimat Ithaka erreicht. Homers Welt ist voller Leidenschaft, Tragik und Glanz. Seine Werke gelten als Inbegriff abendländischer Dichtung. Für die Griechen waren die »Ilias« und die »Odyssee« wie heilige Bücher. Wer sie heute liest, fühlt sich in eine Zeit versetzt, in der die Götter und die Menschen sich noch etwas zu sagen hatten und das Leben voller Abenteuer und Überraschungen war. Die Natur und die Dinge waren beseelt vom Zauber geheimnisvoller Mächte und das Meer war das Reich des Gottes Poseidon.

Homers Epen wurden von Rhapsoden (umherziehenden Sängern) an den Herrscherhöfen der Westküste Kleinasiens vorgetragen. Die griechischen Edelleute liebten es, bei üppigen Gastmahlen, den Symposien, Geschichtenerzählern zuzuhören: »Denn ich sage, es gibt nichts Angenehmeres, als wenn (…) die Teilnehmer des Schmauses (…) dem Sänger lauschen«, heißt es in der »Odyssee«. Über Homer selbst wissen wir nicht viel, da es kaum direkte Zeugnisse gibt. Er soll im 8. Jahrhundert v. Chr. im kleinasiatischen Raum gelebt haben. Athen, Ithaka und Chios wetteifern darum, sein Geburtsort zu sein. Es heißt, Homer habe auf der Insel Chios eine Dichterschule gegründet, auf der auch ein Großteil seiner Epen entstanden sein soll. Vermutlich starb er auf der Insel Ios, der letzten seiner vielen Wanderstationen. Zahlreiche Büsten zeigen ihn als blinden Mann. In Griechenlands Schulen waren seine Gesänge Pflichtlektüre. Dem Romanisten Erich Auerbach zufolge vermitteln seine Epen »die Freude am sinnlichen Dasein. Zwischen Kämpfen und Leidenschaften, Abenteuern und Gefahren zeigen sie uns Jagden, Gastmähler, Paläste und Hirtenwohnungen« und Helden, die ihre »Gegenwart genießen«.

Die »Odyssee« erzählt von der zehnjährigen Irrfahrt des Odysseus. Während er mit seinem Floß über das Meer segelt, erblickt er eines Tages die Insel Scheria. Doch plötzlich peitscht Poseidon das Meer derart auf, dass den erfahrenen Seemann und göttlichen Dulder Todesangst befällt: »Da lösten sich dem Odysseus die Knie und das liebe Herz.« Im Gegensatz zum Halbgott Achill zeigt Odysseus menschliche Züge. Er ängstigt sich um sein Leben und umsorgt seine Gefährten, indem er ihnen vor der Schlacht Nahrung gibt oder Bienenwachs ins Ohr stopft, damit sie den lebensgefährlichen Gesang der Sirenen nicht hören können. Achill zeichnen Kraft und glanzvolle Vitalität aus, Odysseus hingegen Klugheit, Fantasie, Verantwortungsgefühl und Humor. Während es dem Protagonisten der »Ilias« hauptsächlich um Ruhm und Ehre geht, handelt Odysseus aus menschlichen Beweggründen und mit Gefühl.

Odysseus' Floß kentert und nur mit letzter Kraft gelingt es ihm, das Land der Phaiaken zu erreichen, wo ihn die Königstochter Nausikaa zu ihrem Vater Alkinoos bringt. Dem

Gestrandeten zu Ehren wird ein Gastmahl abgehalten, in dessen Verlauf der Sänger Demodokos Lieder über den Kampf um Troja vorträgt. Überwältigt von der Erinnerung bricht Odysseus in Tränen aus, gibt sich zu erkennen und erzählt nun selbst von seinen Irrfahrten.

Die Handlung gliedert sich in zwei Stränge: die Irrfahrt nach dem Fall Trojas bis zur Ankunft auf der Insel der Nymphe Kalypso, die entweder von dem Sänger oder von Odysseus selbst aus der Retrospektive geschildert wird, und die 40 Tage währende Reise nach dem Abschied von Kalypso bis zu seiner Ankunft auf Ithaka, wo Odysseus die Freier, die seine Nachfolge antreten wollen, besiegt und seine rechtmäßige Stellung als König, Vater und Ehemann wieder einnimmt.

Schon während des ersten Teils seiner Reise erlebte Odysseus viele Abenteuer. An der Küste Nordafrikas wollten die Gefährten, nachdem sie von den dortigen Lotusblüten gekostet hatten, nicht mehr nach Hause weitersegeln. Erst nachdem Odysseus sie gewaltsam zum Schiff brachte und an die Ruderbänke fesselte, konnte die Reise fortgesetzt werden. Auf der Insel der Kyklopen entkamen sie nur knapp dem menschenfressenden Riesen Polyphemos. Nach dem Abenteuer mit der Zauberin Kirke, die einige seiner Gefährten in Schweine verwandelte, ging die Fahrt an den verführerischen Sirenen vorbei und führte zwischen den Seeungeheuern Skylla und Charybdis hindurch. Die Episode mit den Sirenen ist sicherlich die berühmteste aus der »Odyssee«. Deren verheißungsvoller Gesang führt dazu, dass sich die Seemänner willenlos ins Meer stürzen. Um diesem Schicksal zu entgehen, aber gleichwohl ihrer Stimme zu lauschen, lässt sich Odysseus an einen Mast binden. Die beiden Sirenen versprechen Odysseus größte Lust gepaart mit größter Erkenntnis:

»Komm, gepriesner Odysseus, du großer Ruhm der Achäer,
Lege dein Schiff hier an, um unsere Stimme zu hören;
Denn hier fuhr noch keiner im schwarzen Schiffe vorüber,
Eh er die honigtönende Stimme aus unseren Mündern
Hörte; er kehrt dann heim, erfreut und reicher an Wissen;
Denn wir wissen dir alles, wieviel in Troja, dem weiten,
Die Argeier und Troer mit Willen der Götter gelitten,
Wissen, was immer geschieht auf der vielernährenden Erde.«

Der Angekettete zerrt mit aller Macht an seinen Fesseln. Er fordert zwei seiner Gefährten – Perimedes und Eurylochos – mit den Augenbrauen auf, ihn loszubinden, doch diese ketten ihn nur noch fester an den Mast.

Wie in der »Ilias« ist auch in der »Odyssee« das Leben der Menschen eingebettet in das Wirken der Götter. Odysseus weilte selbstvergessen schon acht Jahre bei Kalypso, als seine Schutzgöttin Athene die Abwesenheit von Odysseus' schlimmstem Feind Poseidon nutzt, um bei der Götterversammlung seine Heimkehr nach Ithaka zu bewirken. Hermes, der Götterbote, informiert Kalypso, dass sie auf Geheiß der Götter ein Floss bauen soll, auf dem Odysseus in die Heimat zurückfahren kann.

Kaum ein anderes Werk hatte so viel Einfluss auf die Weltliteratur wie Homers »Odyssee«. Vergils »Aeneis« ist dafür ebenso ein Beispiel wie James Joyce's »Ulysses«, in gewisser Weise auch Dantes Reise in der »Göttlichen Komödie« ebenso wie die Abenteuer des »Don Quijote« von Miguel de Cervantes. In Goethes »Werther« lesen wir: »Ich strich mich sacht aus der vornehmen Gesellschaft, ging, setzte mich ins

Kabriolett und fuhr nach M., dort vom Hügel die Sonne untergehen zu sehen und dabei in meinem Homer (...) zu lesen (...) Das alles war gut.« Berühmt ist eine Interpretation der Philosophen Theodor W. Adorno und Max Horkheimer, wonach der sich selbst an den Mast kettende Odysseus das wirkliche Leben verfehlt. Doch was hätte Odysseus tun sollen? Ohne Vorsichtsmaßnahmen wäre er dem Gesang der Sirenen rettungslos verfallen. Durch seinen Wunsch zu überleben und nicht zu viel zu riskieren kann man ihn als »modern« begreifen, worauf die Autorin Susan Neiman aufmerksam macht. »Er verunsichert, weil er uns so nahe ist und wir uns so leicht in ihm wiedererkennen können. (...) Wir haben gewiss seine Fehler (...) Wir gehen Kompromisse ein (...) Unsere Urteile sind unsicher (...) Unsere Motive sind uns unklar, und wir sind oft zwischen unseren Begierden hin- und hergerissen.« Besonders in dem Motiv der Heimkehr entdeckt Neiman eine Aktualität der Odyssee: »Wir sehnen uns verzweifelt danach, zu Hause zu sein, und brauchen endlos viel Zeit, um dort anzugelangen.«

Ähnlich wie Odysseus möchten die heutigen Menschen so viel wie möglich selbst erfahren und erleben. Sie reisen, um andere Kontinente und Kulturen kennenzulernen und damit sie im Alter auf ein möglichst erfülltes, »erfahrungsgesättigtes« Leben zurückblicken können. Dagegen ist nichts zu sagen, doch man kann es damit auch übertreiben. Abgesehen von den ökologischen Folgen des Massentourismus, muss man nicht jeden Zipfel der Erde gesehen, jede mögliche Erfahrung selbst gemacht haben. Als endliche Wesen gilt es, begrenzte Horizonte zu akzeptieren. Man kann auch »aus verborgenem Winkel (...) den Sprung hinauf in den Himmel tun«, heißt es bei Seneca. Ähnlich wie einige Menschen, die unbedingt einmal in ihrem Leben im Weltall gewesen sein müssen, scheint Odysseus in seiner Abenteuer- und Entdeckerlust keine Grenzen anerkannt zu haben. Folgt man Dantes »Göttlicher Komödie« bricht er nämlich am Ende seines Lebens mit seiner Mannschaft noch einmal auf, diesmal gen Westen, um den Garten Eden zu finden. Das Schiff gerät in einen Sturm und schlägt mit voller Wucht an einem riesigen Felsen auf. Laut Dante handelt es sich um den vor dem Paradies liegenden Läuterungsberg, an dem Odysseus mit seiner Mannschaft scheiterte.

2.

»Reiterheere mögen die einen, andre halten Fußvolk oder ein Heer von Schiffen für der Erde köstlichstes Ding, – ich aber das, was man lieb hat.«

Aus einem Fragment (erstes Buch) von Sappho (um 600 v. Chr.)

Nach einem Wort des Kulturphilosophen Egon Friedell war Sappho die erste Dichterin der Weltliteratur und gleichzeitig ihre größte. Sie lebte vor 2500 Jahren auf Lesbos, der Wiege der Lyrik, wie man die griechische Insel auch nannte, weil sich gerade auf Lesbos die Dichtung in einer besonders reichhaltigen Formensprache entwickelte. Platon lobt Sappho als zehnte der Musen. Die Lyrik von Sappho kann als eine Art Gegenstück zur kriegerischen Welt des Homer aufgefasst werden. Ihre Gedichte preisen die Liebe, auch die gleichgeschlechtliche, und rühmen die Achtung vor den Göttern. Vor allem sind es die Situationen der Trennung und die Gefühle beim Abschied, die ihre Werke thematisieren. Sapphos Hochzeitslieder erzählen vom Glanz, den die frisch Vermählten ausstrahlen. Kenner behaupten, dass Sappho den Siegeszug der Subjektivität in der abendländischen Kultur vorbereitete. Sie habe maßgeblich daran mitgewirkt, dass in der Antike die Erfahrungswelt des Individuums entdeckt, sprachlich zum Ausdruck gebracht und wertgeschätzt wurde. Selbstbewusst scheut sie sich in einem ihrer Gedichte nicht, sogar den eigenen Namen zu nennen. »Wer, Sappho, tat dir Leids?«, fragt die Göttin Aphrodite. Das war bis dato in der Literatur unbekannt und ist bis heute noch recht ungewöhnlich. Die Göttin Aphrodite ist Sapphos Freundin und Beraterin zugleich. Die griechischen Götter befinden sich stets in der Nähe des Menschen, in schwierigen Lagen eilen sie ihnen zu Hilfe. Der griechische Himmel ist noch voller Götter.

Sappho wurde wahrscheinlich um 635 v. Chr. in Eresos auf der Insel Lesbos geboren. Im zarten Alter von sechs Jahren verlor sie ihren Vater. Es heißt, dass sie mit einem wohlhabenden Mann namens Kerkylas von der Insel Andros verheiratet gewesen sei. Aus dieser Ehe entstammte ihre Tochter Kleis. Als in Mytilene, der Hauptstadt von Lesbos, der Tyrann Myrsilos die Macht ergriff, musste sie mit ihrer Familie nach Sizilien ins Exil gehen, weil sie aus einem mit dem Herrscher rivalisierenden adligen Geschlecht stammte. Erst nach Jahren kehrte sie – inzwischen verwitwet – mit ihrer Tochter in die Heimat zurück, wo sie zur Leiterin einer Mädchenschule wurde. Die Mädchen lebten im geschützten Garten der Aphrodite. Die Bewohner von Lesbos erkannten bald, dass Sappho eine außergewöhnliche Frau war und vertrauten ihr gern ihre Töchter an. Als Vorsteherin eines Hera- und Aphrodite-Kultes – es gab auf Lesbos mehrere solcher Mädchenkreise – verlangte sie von ihren Schülerinnen die Einhaltung strenger Regeln, einen sittlichen Lebenswandel und bei den Symposien absolute Aufmerksamkeit.

Die jungen Mädchen wurden in dieser Schule auf ihre zukünftige Frauenrolle vorbereitet. Sie erlernten das Saitenspiel, den Gesang und edle Lebensführung. Sapphos Mädchenerziehung war das Pendant zur Erziehung der Knaben. Wie die griechischen Jünglinge ihrem Meister waren auch die Mädchen ihrer Meisterin erotisch verbunden – das war zur Zeit Sapphos nichts Skandalöses –, weshalb der Trennungsschmerz groß war, wenn mit ihrer Hochzeit der Aufenthalt bei der Dichterin endete. Bis heute wird für die lesbische Liebe noch das Wort »sapphisch« gebraucht. Keinesfalls darf man in Sappho jedoch eine Männerfeindin sehen. Einige ihrer schönsten Gedichte sind Männern gewidmet. Hochzeitsgesänge und das Hohelied der Ehe sind der Inhalt von zahlreichen ihrer Gesänge.

Sappho trug ihre Hymnen mit Gesang und einer Lyra vor, woher auch das heutige Wort Lyrik stammt. Den Eros vergleicht sie mit einem Sturmwind, der Eichen fällt, und mit einer bittersüßen unbezwingbaren Schlange. »Eros treibt mich wieder umher, der gliederlösende, süßbitter, ein Untier, gegen das ich nicht ankomme.« Eine leidenschaftliche Liebe beschreibt sie mit den Worten: »Sehe ich dich nämlich flüchtig nur an, so stocken jäh mir die Worte, mehr noch, meine Zunge zerbricht, ein zartes Flämmchen rieselt unter der Haut entlang mir, (...) Schweiß rinnt mir in Strömen herab, ein Zittern packt von Kopf bis Fuß mich, und grüner bin ich als das Gras.« Der Berliner Philosoph Friedrich Kittler stellt die Offenheit Sapphos und der Griechen in Fragen der Sexualität heraus: »Es wird ganz klar, dass Sappho sich nach einer Frau sehnt oder einem Mädchen, aber das ist für die Griechen oder Sappho überhaupt kein Grund, Aufhebens davon zu machen, es steht einfach da, Horaz und andere kippen dann aus den Pantoffeln, wenn sie so was lesen.« Kein Grieche hätte Sappho als »Hure« oder »Lesbe« bezeichnet, wie später einige Römer, zu schweigen von den Christen. Noch ist niemand in Griechenland auf den Gedanken gekommen, jemanden über seine Sexualität zu definieren, ihn zum Beispiel als Homosexuellen zu begreifen.

Leider sind von Sappho bis auf die »Ode an Aphrodite« nur Fragmente überliefert, u.a. weil die christlich-orthodoxen Priester ihre Texte als sittenlos bezeichneten und vernichteten. Hätte nicht ein am Hof des Römerkaisers Augustus wirkender Gelehrter ihre Verse abgeschrieben, wäre auch ihre »Ode an Aphrodite« vergessen worden. Das berühmte Gedicht handelt davon, dass eine schöne junge Frau die Dichterin verlassen hat. Jetzt ruft sie verzweifelt die Göttin der sinnlichen Liebe, Aphrodite, damit sie ihr helfe, die Geliebte zurückzugewinnen. Es fällt auf, wie selbstbewusst und fordernd Sappho gegenüber der Göttin auftritt: »Aphrodita (...) dich ruft's aus mir, verwunde nicht mit Schmerz und Angst, Herrin, mein Gemüt, nein, komm hierher!« Fast hat man das Gefühl, dass die Göttin von ihr herbeizitiert wird. Im weiteren Verlauf des sieben Strophen langen Gedichts wird berichtet, wie die Göttin den Weg vom Himmel zu Sappho in einem Wagen zurücklegt. »Dich zogen schöne schnelle Spatzen [Spatzen als Fruchtbarkeitssymbol] über der schwarzen Erde, flügelschwirrend, nieder vom Himmel durch die Mitte des Äthers.« Aphrodite lächelt »mit ewigem Antlitz« und fragt, was Sappho erlitten habe. »Wer, o Sappho, verschmäht dich?« Sie verspricht, dass sich alles bald ändern wird. Aphrodite prophezeit: Ist die Geliebte »heut noch flüchtig, wie bald schon folgt sie, ist sie Gaben abhold, sie selbst wird geben, ist sie heut noch lieblos, wie bald schon liebt sie, auch wenn sie nicht will«. Aphrodite, sprich die Liebe, wird es schon richten!

Das Fest der sogenannten Kallisteia, bei dem die jungen Mädchen im heiratsfähigen Alter Hymnen sangen und den

Kultreigen tanzten, bot den Schülerinnen eine besondere Möglichkeit, ihre Schönheit und Anmut zu zeigen, wobei ihnen Sappho als Lehrmeisterin und Beraterin zur Seite stand. Gelobt wurde an den Mädchen ihr leuchtendes Antlitz, das glänzende Haar, die schlanken Fußgelenke, ein schöner Wuchs, flinker Lauf, süße Stimme, leichter Schritt ... Auch die Kleidung spielte eine wichtige Rolle, »bringt doch dein Jäckchen selbst schon jede, die es sah, aus der Fassung« (Sappho).

In einem antiken Epigramm heißt es, dass die Mädchen von Lesbos zu einem Hain der Göttin Hera kommen sollen, um ihr zu Ehren zu tanzen. Sappho wird sie anführen und auf ihrer Leier dazu spielen. Wie es scheint, wurde auf Lesbos das männliche Ideal in den olympischen Spielen auf den Bereich des Weiblichen übertragen. Vor diesem Hintergrund ist auch unser Sappho-Zitat zu verstehen. Nicht den Krieg oder den sportlichen Wettkampf will Sappho besingen, sondern die Anmut, Schönheit und die Liebe. Es ging ihr um einen Wetteifer in Schönheit und Anmut.

Leuchtender Glanz und überspringende Festfreude prägen die Lieder der Sappho. Das Geheimnis ihrer Dichtung ist nach dem Gräzist Wolfgang Schadewaldt darin zu suchen, dass ihre Lyrik einen Zauber über die alltäglichen Dinge legt: »Einfachste Vorgänge, ein Abschied, ein gemeinsamer Ausblick über das Meer in einer Mondnacht, verwandeln sich in unaussprechliche Situationen.« Für Sappho sind Anmut und Glanz in den Gegenständen selbst enthalten. Wörter wie »Rosen«, »Blumen«, »Tänze«, »Düfte«, »Nektar«, »Gold«, »Sonne« verbreiten in ihrer Dichtung durch sich selbst eine wunderbare Stimmung. Wer Sappho liest, wird in die Zauberwelt der griechischen Inseln voller Nymphengärten und Zauberwesen entführt. Von den größten Dichtern wird die außerordentliche Sinnlichkeit und Eleganz ihrer Verse und Sprachkunst gepriesen. Keines der Gedichte der Sappho endet in Verzweiflung, immer wieder steht am Schluss ein tröstender Gedanke. Wir werden daran erinnert, dass es im Leben Niederlagen und Tiefen gibt. Man kann vieles nicht haben, geschweige denn alles. Der Mensch befindet sich im Vergleich zu den Göttern in einer ungünstigeren Situation: Er ist sterblich! Er klagt, er versteht sich nicht, er befindet sich in Bezug auf den Sinn seines Lebens in einer andauernden Erklärungsnot. Warum leben, warum sterben? Sappho beklagt jedoch weniger eine existenzielle Not, sondern den Schmerz, wenn sie von einer ihrer Schülerinnen verlassen wird. »… ganz ehrlich, ich wollte, ich wär tot. Als sie schied, hat sie viel geschluchzt und dies zu mir gesagt: ›Ach, wie schrecklich ergeht es uns, Sappho! Gar ungern scheide ich von dir.‹« Jetzt hilft nur noch der Trost, dass man miteinander in Gedanken verbunden bleibt, wie im berühmten »Arignotalied«.

In ihm gedenkt Sappho zusammen mit ihrer Lieblingsschülerin Atthis einer jenseits des Meeres verheirateten ehemaligen Schülerin mit dem Namen Arignota. Sappho vermutet, dass gerade jetzt in dieser Mondnacht die weit Entfernte an Atthis denkt.

»Reicher Tau
ist gefallen; die Rosen blühn
und das saftige Gras und auch
honigduftender Klee, der üppig-grüne.

Hin und her
irrend denkt sie doch deiner nur,
schöne Atthis; denn ihr Gemüt
sehnt nach dir sich. Ihr frisst der Gram am Herzen.«

Wer dieses Gedicht liest, fühlt sich in die Welt einer mediterranen Sommernacht versetzt. Im Licht des Mondes wandert Arignota im fernen Land auf und ab, der Mond überstrahlt die Natur, wirft sein silbriges Licht über das weite Meer, die herrliche Landschaft – Blumen, wunderbare Düfte, honigduftender Klee –, dies alles kann das Herz der verlorenen Gefährtin nicht beruhigen. Man meint, das Meer rauschen zu hören. Doch reicht das Rufen über das Meer? Sappho glaubt jedenfalls, dass ihre ehemalige Schülerin eben gerade an ihre alten Gefährtinnen denkt. Es ist die Kraft des Geistes, die die räumlichen Barrieren des Getrenntseins triumphierend überwindet. Sappho beschreibt ohne Metaphern nur das, was sie umgibt. Ohne Umschreibungen lässt sie die Dinge selbst zur Sprache kommen. Es ist wie schöne Musik, die uns verzaubert. Die Welt hat ihren eigenen Glanz. Die Dichterin Marie Luise Kaschnitz schreibt über Sapphos Lyrik: »Wenn wir uns ihrer Dichtung öffnen, sind wir jung wie damals und wie damals gehören uns die Inseln, die Myrrhen, das Gold.« Der Sage nach hat sich Sappho um 570 v. Chr. aus Liebeskummer von einem Felsen in Eressos in den Tod gestürzt. Doch solche Legendenbildungen sind mit Vorsicht zu genießen. Unser tatsächliches Wissen über ihr Leben und Sterben ist gering.

Sapphos im Zitat zum Ausdruck gebrachte Lehre, dass man sich mehr als um Kriege um das kümmern sollte, was man lieb hat, ist von ungeminderter Aktualität und lässt sich vielleicht so zusammenfassen: Sorge dich um das, was dich umgibt und was dir lieb ist. Denke nicht daran, andere Menschen, Länder zu erobern, sondern kümmere dich erst einmal um dich selbst und dein eigenes Leben und was sich daran verbessern lässt. Joseph von Eichendorff dichtet: »Hast ein Reh du lieb vor andern, lass es nicht alleine grasen«, will heißen, kümmere dich um das, was dir lieb ist.

Nichts versteht sich von selbst, wir müssen uns um unser Leben, die uns lieben Menschen kümmern. Sappho war in erster Linie Lehrerin, die auf ihrem Landsitz die ihr anvertrauten Mädchen zu verantwortungsbewussten Frauen erziehen wollte. Dass dazu vor allem die musische, ästhetische und kultische Erziehung gehört, ist ein Aspekt, der in unserem auf die Vermittlung von Fachwissen fokussierten Bildungssystem leider zu kurz kommt. Dabei wäre es vielleicht wichtig, wie einst Sappho in ihrer Mädchenakademie, wieder mehr Wert auf die Vermittlung von vermeintlich einfachen Kulturtechniken wie Klarheit im sprachlichen Ausdruck, Freundlichkeit und Höflichkeit zu legen.

3.

»Eintagswesen (…) Schattens Traum der Mensch!
Aber wenn Glanz gottgegeben kommt, ist strahlendes
Licht auf den Männern und versöhnt das Leben.«

»Achte Pythische Ode« von Pindar
(518–438 v. Chr.)

Die Themen der Lieder des griechischen Dichters Pindar handeln vom Ruhm der Preisträger der großen Olympischen und der Pythischen Spiele. Letztere waren musische und sportliche Wettkämpfe, die alle vier Jahre in Delphi zu Ehren des Gottes Apoll veranstaltet wurden. Die antiken Olympischen Spiele, die zu Beginn des 5. Jahrhunderts durch ein Dekret des römischen Kaisers Theodosius II. abgeschafft wurden, ähnelten in mancherlei Hinsicht den heutigen Wettkämpfen. Auch damals ging es um Wettbewerb, Zurschaustellung außerordentlicher Leistungen, Unterhaltung, Geschäft usw. Es gab sogar eine Art Doping: Die Sprinter aßen vorher das Fleisch einer Antilope, um schneller zu werden, und Kampfsportler nahmen große Portionen Stierfleisch zu sich, um ihre Gegner niederringen zu können. Ein Sieg bei einem dieser Wettkämpfe war im alten Griechenland das Höchste, was einem Sterblichen zuteil werden konnte. Die Sieger überhäuften die Heimatstädte mit Geschenken und Ehrungen, doch schon den Zweiten erwartete zu Hause »verhasste Heimkehr, unehrenvolle Nachrede und verstohlner Weg« (Pindar).

Stets ist im alten Griechenland das kultische Hintergrundgeschehen präsent. Für Pindar ist es wichtig, die Taten der Menschen mit denen der Götter zu vergleichen. Ihm zufolge ist der Mensch im Gegensatz zu den unsterblichen Göttern ein von Krankheit und Tod gequältes »Eintagswesen«. Doch er kann für Augenblicke – wenn er Ruhm und Siegesgefühle erlebt – am Glanz der Himmlischen teilhaben. Als Sieger stellt sich der Mensch auf eine höhere Stufe, wird fast zu einem Halbgott: »Aber wenn Glanz gottgegeben kommt, ist strahlendes Licht auf den Männern und versöhnt das Leben«. Im Ruhm verklärt sich das Dasein selbst, es zeigen sich Götter und Menschen vereint. Als Dichter fühlte sich Pindar insbesondere dem Gott Apoll verpflichtet.

Pindar selbst gewann 497 v. Chr. das sogenannte Dithyrambenagon, den größten Dichterwettstreit in der hellenischen Antike. Seit dem 6. Jahrhundert war es in Griechenland zu einer Professionalisierung der Literatur gekommen. Bei öffentlichen Veranstaltungen wie Götterfesten, kultischen Handlungen und Olympischen Spielen gab es genügend Gelegenheiten und Anlässe für die Dichtung, die damals noch als Gesang vorgetragen wurde: beim Dithyrambenagon zum Beispiel von Chören bis zu 50 Sängern mit Flötenbegleitung und ausdrucksreichen Gebärden. Erst später kam es zu einer Trennung von Gesang *(melos)* und Wort *(logos)*.

Pindar stammte aus einem aristokratischen Haus im sagenumwobenen Theben, wo angeblich die Göttin Semele den Gott des Rausches Dionysos geboren hat und der berühmte König Ödipus herrschte. Die Legende erzählt, dass Pindar seine Dichterweihe durch Bienen erhielt, die Honig auf die Lippen des schlafenden Kindes geträufelt hätten, sodass er später seine »honigsüßen Reden und Dichtungen« verfassen konnte. Seine Familie erlaubte ihm, ins demokratische Athen zu gehen, welches mit Theben in ständigem Streit lag, damit er dort eine Ausbildung als Dichter erfahren könne. Er selbst glaubte jedoch, dass man die Dichtkunst nicht erlernen konnte, sondern sie eine von den Göttern verliehene Gabe sei: »Zu dichten weiß nur, wem das Blut reiches Können gegeben …« Manches an Pindar klingt überheblich. Er war als Aristokrat bemüht, die Vorherrschaft des Adels durch direkte Abkunft von den Göttern zu legitimieren. Das von den Göttern ererbte »Blut« rechtfertigte vor den Griechen den Vorzug, den der Adel genoss.

Hohe Abstammung verpflichtet zur Selbstdarstellung. In der Antike wurde in höheren Kreisen versucht, seinem Leben einen Stil bzw. eine eigene Form zu geben. Für die Adligen galt es, die Bewunderung der anderen auf sich zu ziehen, u. a. indem man durch Sport seinen Körper fit und attraktiv hielt. Wagen-, Pferde- und Regattarennen in der Ägäis dienten dazu, sein Können und seinen Besitz ins rechte Licht zu rücken. Zu den Repräsentationspflichten gehörte es, Heldentaten durch Hymnen und Oden verherrlichen zu lassen. Dafür wurden die Dichter gut bezahlt. Pindar selbst war allerdings wegen seiner hohen Abstammung nicht auf Geldzahlungen angewiesen. In seinen Hymnen feierte er die Siege der Sportler, weil er an die Ehre glaubte. Berühmt ist der Spruch Pindars: »Werde, der du bist« aus der »Zweiten Pythischen Ode«. Der Spruch besagt nicht, dass jedes Individuum seine Talente entfalten soll. Pindar fordert vielmehr die griechischen Jünglinge dazu auf, sich ihrer Herkunft und Erziehung würdig zu erweisen. Mit seinen Elogen wollte er den Adelsstand, dem er selbst angehörte, ermahnen, den alten Sitten treu zu bleiben! Stets fordert er den Sieger auf, nicht überheblich und sich darüber bewusst zu werden, dass es einzig die Götter sind, die das Glückslos in der Hand haben und es dem Menschen jederzeit wieder entziehen können. Nur die Narren preisen im Falle des Erfolgs die menschliche Klugheit. Denn Erfolg »gibt nur Gott, und der erhebt diesen und stürzt jenen« (Pindar).

Von Pindars Leben ist nur wenig überliefert. In den Perserkriegen soll er zur Neutralität Thebens geraten haben. In Wirklichkeit stritt jedoch Theben auf der Seite der Perser gegen Athen. Pindar war weder für die Perser noch für die attische Demokratie. Um sich aus diesem Zwiespalt zu lösen, verließ er die Stadt und zog sich für eine Weile zu Freunden nach Ägina zurück. Als die Griechen in den Schlachten von Salamis und Plataiai die Perser besiegten, drohte Theben die Vernichtung, die durch die freiwillige Auslieferung der thebanischen Aristokraten jedoch verhindert werden konnte. Wahrscheinlich ist ein Aufenthalt Pindars in Sizilien, wo er die orphisch-pythagoreischen Anschauungen über die Seelenwanderung kennengelernt haben dürfte. Demnach gibt es für die Seele nach zahlreichen Wiedergeburten die Hoffnung auf Heimkehr in das Götterreich im Jenseits. Dem irdischen Leben gegenüber war Pindar eher pessimistisch eingestellt. Für ihn gab es keinen Masterplan zum Glück.

»Denn wenn einer Großes erreicht hat ohne lange Mühe,
so scheint er vielen als Weiser unter Unbesonnenen
sein Leben zu rüsten durch geradplanende Mittel;
das aber liegt nicht bei den Menschen; ein Gott gewährte es;
im Wechsel den einen in die Höhe werfend, lässt er den anderen unter der Arme Maß niedergehen …«

Seinen Stoff bezog Pindar aus alten mythologischen Erzählungen, bei denen er sich die Freiheit nahm, einzelne Teile oder Charakterzüge von Göttern zu verändern. So vermied er es, über Kämpfe zwischen den Göttern oder besonders schreckliche Taten einzelner Götter zu berichten. Denn es war ihm ein Gräuel, wenn er bei Homer von den vielen Verfehlungen und allzu menschlichen Zügen las, zum Beispiel als Zeus, als ihr Gatte Amphitryon verkleidet, eine Nacht bei der schönen Alkmene verbringt oder sich der Königstochter Europa in der Gestalt eines Stieres nähert. Von solchen Götterstreichen sollte der Dichter in den Augen Pindars lieber schweigen. »Nicht ist ja jede untrügliche Wahrheit, die ihr Antlitz schauen lässt, fruchtbar und oft ist es für den Menschen das Klügste, auf Schweigen bedacht zu sein.« Gegen Homer schien Pindar eine Abneigung zu haben, ganz besonders gegen den Helden Odysseus, wahrscheinlich, weil er ihm zu listenreich und zu wenig tapfer war. In seiner Lebenshaltung konservativ, war Pindar ein begeisterter Verfechter der alten Adelsethik. Als die höchsten Güter galten ihm Reichtum, Schönheit, körperliche Tüchtigkeit und über allem stehend der Ruhm. Stets betont er, dass große Taten der Sänger bedürfen, denn sonst fielen selbst die Ruhmreichsten schnell dem Vergessen anheim. Sapphos Lieder der Liebe und der Freundschaft waren für Pindar keine dichterischen Themen.

Pindar war der größte aller griechischen Dichter. Obwohl sein Stil eher als dunkel und schwierig galt, verbreitete sich sein Ruhm unter den Hellenen schnell. Einen roten Faden – außer dem Lob des Siegers und der Beschreibung der Siegesfeiern – scheint es in seinen Liedern nicht zu geben. Pindar sah sich als eine Art Gefäß oder Sprachrohr göttlicher Inspiration: Der weise Dichter rückt die Dinge ins rechte Licht. »Was bleibt, stiften die Dichter«, schrieb sein Bewunderer Friedrich Hölderlin. Allein der Dichter hat den Sinn dafür, was wichtig ist. Zwar braucht die Schönheit der Weltordnung nicht den Dichter, denn sie ist ewig, aber das preisende Deuten des Sängers kann den Vielen, die den Sinn des Weltganzen nicht durchschauen, wichtige Fingerzeige geben. Er kann für all jene, die die Weisheit der Weltordnung nicht kennen, als ein Vermittler dienen. Der individuelle Held vergeht, aber das ihn preisende Lied, die Kunst, macht ihn unsterblich. »Unsterbliche« hat Friedrich Kittler die großen Dichter und Philosophen genannt. Die Aufgabe des Schriftstellers ist es zu zeigen, wie sich in der Welt unterhalb der Oberfläche disparater und widerstrebender Details immer wieder eine schöne Harmonie aufbaut. In den Worten Pindars: »Die Muse klebt Gold und helles Elfenbein aneinander …« Häufig nennt Pindar sein Dichten ein »Flechten von Kränzen« (Bruno Snell).

Das olympische Motto »Dabei sein ist alles«, zählte für Pindar nicht viel. Ihm ging es allein um die Frage, wer den Wettkampf, den Lorbeer, gewonnen hat. Mit der Lobpreisung des Siegers wurde dieser gewürdigt, aber das Heldenlied hatte auch eine politische Bedeutung, insofern durch die gemeinsame Verehrung des Helden Gemeinschaft und Identität gestiftet wurde. Die Festspiele in Olympia, Delphi, Nemea und Korinth waren für die Hellenen wichtige Veranstaltungen der Identifikation. Der Dichter galt als eine Art

Prophet, der mit seinen Oden den politischen Zusammenhalt stiftete und darüber hinaus die Verbindung mit dem Göttlichen aufrechterhielt. In Pindars Oden wird nicht nur der Sieg besungen, sondern auch von der traurigen Heimkehr der Geschlagenen erzählt. Zu wenig machen wir uns bewusst: Der Freude der Sieger stehen die Tränen der Besiegten gegenüber. Über Letztere schreibt Pindar: »Und als sie kamen zur Mutter, hat kein süßes Lachen ringsum Freude geweckt; Seitengassen entlang, Feinde scheuend, duckten sie sich, vom Missgeschick gebeutelt« (Pindar).

Von der bitteren Erfahrung, im Wettkampf der Unterlegene zu sein, zeugt Pablo Picassos dritte Pindar-Illustration. In ihr ist ein Athlet nach der Niederlage, in melancholischer Stimmung sich vor der Welt verschließend, zu sehen. Das vierte seiner Bilder zeigt wiederum einen Athleten als strahlenden Sieger, dessen Grundgefühl zwar nicht eigentlich heroisch ist, aber dennoch genau jenes Schwelgen in Hoffnung und stolzer Beflügelung ausdrückt, von dem Pindar in der »Achten Pythischen Ode« erzählt: »Aber einer, dem zuteil wird, in jugendlicher Frische zu stehen, zum Äußersten der Blütenprachtentfaltung schwingt er sich auf, voll von Hoffnung, auf den Flügeln männlicher Kühnheiten.« Das »Eintagswesen« Mensch, das Pindar beschwört, ist bei Picasso ein beweglich-flüchtiger Schatten, der sich von seinen Niederlagen erholt und immer wieder – von Erfolg und Ruhm träumend – eine neue Welt erschafft. Von Ernest Hemingway stammt das schöne Wort: »Nie entmutigt sein: Das ist das Geheimnis meines Erfolgs.«

Was bedeutet Ruhm heute? Dazu fand im Jahre 1983 eine Umfrage der französischen Zeitschrift »Le Monde« statt. Zehn Schriftsteller wurden gefragt: »Was bedeutet Ihrer Meinung nach für einen zeitgenössischen Schriftsteller Ruhm?« Die Antworten hätten unterschiedlicher nicht ausfallen können. So hebt Maurice Blanchot (geb. 1907) hervor, dass der wahre Schriftsteller in der Finsternis arbeitet und das Licht der Öffentlichkeit eher scheut. Michel Serres (geb. 1930) sieht im Ruhm eine »schlimme Pest. Ich meine das wortwörtlich. Er breitet sich wie eine Seuche aus, genauso schnell, genauso absurd und hinterlässt genauso viele Leichen. (…) Ruhm tötet die, die nicht an ihm teilhaben, er tötet die, die ihrer Meinung nach seiner habhaft sind. (…) Das Volk und die Sanftmütigen wurden immer von ruhmreichen Männern umgebracht oder geknechtet. Ruhm ist blutrünstig, er verletzt, er macht krank.« Demgegenüber gesteht Jean Dutourd (geb. 1920): »Literatur ist ein Lotteriespiel, dessen großes Los darin besteht, erst nach dem Tod gelesen zu werden. (…) Bei jedem Buch, das ich schreibe, versuche ich das große Los zu gewinnen. Ich habe bereits ungefähr 40 Lose gekauft, seitdem ich Romane und Essays veröffentliche.« Berühmt ist das Wort des amerikanischen Pop-Art-Künstlers Andy Warhol – »In Zukunft kann jeder Mensch für 15 Minuten Berühmtheit erlangen« –, das sich im Falle von Attentätern berühmter Persönlichkeiten oder Amokläufern auf schrecklichste Weise bewahrheitet hat.

4.

»Ungeheuer ist viel und nichts ungeheurer als der Mensch.«

»Antigone« von Sophokles (497/496–406/405 v. Chr.)

Mit besonderer Sorgfalt widmeten sich die Griechen dem Bau ihrer Theater, die sie unter freiem Himmel mit offenem Blick auf das weite Meer errichteten. Der Zuschauerbereich wurde in Rundform an einem Berghang erbaut und nahm etwas mehr als die Hälfte eines Kreises ein. Nicht genau geklärt ist der Ursprung des Wortes »Tragödie«. Meist wird es auf *tragodoi* zurückgeführt, also auf die »Sänger beim Bocksopfer«. (Das griechische Wort *tragos* heißt »Bock«.) Die Tragödie entstand aus dem Dionysoskult, bei dem der Tod und die Wiederauferstehung des Weingottes Dionysos gefeiert wurden. Während der Mysterienspiele wurden in ekstatischen Aufführungen die Leiden des Gottes von einem Chor besungen. Später wurden diese durch die Pein eines Menschen ersetzt. 20000 bis 30000 Zuschauer am Tag folgten den Tragödien, in denen ein Held sich in Schuld verstrickt und sein von der göttlichen Weltordnung auferlegtes Schicksal ertragen muss.

Auch Sophokles' berühmte Antigone erleidet im gleichnamigen Stück ein tragisches Schicksal. Nachdem sich ihre beiden Brüder, die beiden Ödipussöhne Eteokles und Polyneikes, vor den Toren der Stadt Theben gegenseitig erschlagen haben, wird Kreon neuer König von Theben. Den Verteidiger der Stadt, Eteokles, lässt er bestatten, nicht jedoch Polyneikes, was Antigone auf den Plan ruft. Sie will gemeinsam mit ihrer Schwester Ismene den toten Bruder begraben, doch Ismene hat zu große Angst, sodass Antigone das Bestattungsritual allein vollzieht und den in der Wüste liegenden Leichnam mit Sand bedeckt. Im Streitgespräch mit Kreon weist sie auf das göttliche Recht hin, ihren Bruder beerdigen zu dürfen. »So groß schien dein Befehl mir nicht, der sterbliche, dass er die ungeschriebnen Gottgebote, die wandellosen, konnte übertreffen.«

Kreon besteht auf seinem Befehl, den Staatsfeind nicht zu beerdigen. Antigone wirft er Eigensinn vor – »Schämst du dich nicht mit deinem Eigensinn?« – und lässt sie zur Strafe lebendig einmauern. Als ihn der Seher Teiresias vor der Rache der Totengötter warnt, überkommen Kreon Zweifel. Auch der Chor rät, Polyneikes zu bestatten und Antigone freizugeben: »Geh hin, befrei die Jungfrau aus der Gruft und gib dem Unbestatteten sein Grab!« Nun will er Antigone selbst aus ihrer Gruft befreien, doch es ist zu spät, sie hat sich erhängt. Kreons Sohn Haimon, der Verlobte Antigones, will daraufhin seinen Vater töten. Als er ihn knapp verfehlt, stürzt er sich selbst ins Schwert. Deshalb erdolcht sich Kreons Ehefrau Eurydike. Am Ende ist Kreon dem Wahnsinn nahe: «Ich sehe keinen Weg, nichts, was mich hält. Nur Wankendes greif ich. Aufs Haupt brach mir untragbares Schicksal.«

Warum so viel Schrecken und Leid? Was motivierte die Griechen, sich derartige Tragödien anzusehen? Nietzsche beantwortet diese Frage in seiner Schrift »Die Geburt der Tragödie« so: Die Griechen sahen im Theater dem Grauen selbst ins Auge, um ihr eigenes Leben besser führen zu können. Vielleicht war es auch so: Wenn ihnen die Leiden der eingemauerten Antigone vorgeführt wurden, konnten sie sagen, dass im Vergleich dazu ihre eigenen Probleme gar nicht so schlimm waren. Die Erfahrung der Tragödie machte sie maßvoller im Umgang mit ihren Mitmenschen. So lehrt das Schicksal des Kreon, auch andere Positionen gelten zu lassen. Die antiken Griechen empfanden beim Anblick des Unheils auf der Bühne einen »heiligen« Schauer, den Aristoteles *katharsis* (griechisch für »Reinigung«) nennt. Aristoteles zufolge hatte die Tragödie die Funktion, die Zuschauer von den Affekten des Mitleids und der Furcht zu »reinigen«. Es gibt Situationen, die uns im wirklichen Leben unerträglich erscheinen, die auf der Bühne aufgeführt jedoch eine gelöste Stimmung bewirken. Mit anderen Worten: Die Tragödie löst in den Menschen eine befreiende Affektentladung von Gefühlen der Angst und der Trauer aus.

Sophokles wurde 497 v. Chr. in Kolonos bei Athen als Sohn reicher Eltern geboren. Gleich bei seinem ersten Theaterwettbewerb anlässlich der alljährlichen Dionysien gelang es ihm, den Altmeister der Tragiker Aischylos zu übertreffen. 30 Mal trat Sophokles bei den Wettkämpfen an und konnte 18 Siege feiern. Außerdem war er in Athen als Politiker tätig – er hatte zusammen mit Perikles das Strategenamt inne – und übte hohe Priesterämter aus. Von seinen rund 100 Bühnenwerken sind sieben erhalten. Im Unterschied zu Aischylos, der sein Lehrer war, steht bei Sophokles nicht die Frage der menschlichen Schuld in ihrem Verhältnis zu den Göttern im Vordergrund, sondern wie sich der Mensch in Grenzsituationen verhält. Antigone geht unbeirrt ihren Weg, sie kann nicht anders. Sie bewertet »die ungeschriebenen Gottesgebote« – den Bruder zu bestatten –, höher als die sich ändernden irdischen Gesetze des Kreon. Vor Kreon leugnet sie ihre Tat nicht, da sie fest und stolz an ihre Wertvorstellungen und Ideale glaubt.

Das Zitat »Ungeheuer *[ta deina]* ist viel und nichts ungeheurer [*deinoteron*] als der Mensch« stammt aus dem Chorlied des zweiten Aktes. Der altgriechische Chor (griech. *choros*) hatte die Funktion, das dramatische Geschehen zu deuten und die Menschen vor Überheblichkeit zu bewahren. Nur den Menschen treibt es über das Gewohnte hinaus, sein Problem ist seine Hybris, sein Hochmut. Das Adjektiv *deinos* kann sowohl mit »tüchtig«, »furchtbar« oder »schrecklich« als auch mit »außerordentlich« übersetzt werden. Des Menschen Werk kann im Guten wie im Schlechten »außerordentlich« sein. Er wagt sich in die Wildnis und aufs offene Meer, er domestiziert die Tiere und trotzt den Naturgewalten, alles durch seine Intelligenz und Klugheit. Aber er neigt auch dazu, sich selbst zu überschätzen, wie Kreon, der aus Machtgier die sittliche Pflicht versäumt, seinen toten

Neffen Polyneikes zu bestatten. Nach einem Wort des deutschen Philosophen Georg Wilhelm Friedrich Hegel macht der Gegensatz »zweier gleichberechtigter Prinzipien« das Wesen dieser nach »König Ödipus« zweitwichtigsten Sophokles-Tragödie aus: »Antigone verletzt das Recht des Staates, Kreon das der Familie.«

Der Mensch bekämpft sicherlich vielerlei Übel und Leid, er leistet viel in Kunst und Kultur. In Bezug auf Sittlichkeit und Moral jedoch hat er seine größte Schwachstelle: Ihn »treibt's zum Bösen (…) bald und bald zum Guten«. Die Sequenz »Ungeheuer ist viel und nichts ungeheurer als der Mensch« hat Wolf Biermann für die heutige Zeit aktualisiert. In seinem Gedicht »Größe des Menschen« heißt es, dass die Destruktivität des Menschen im Vergleich mit Naturkatastrophen wie Vulkanausbrüchen, Sturmfluten oder »den länderzertrümmernden Erdbeben« viel größer ist. »Sie alle übertrifft der Mensch in seiner Zerstörungskraft.« Während der antike Chor noch offen lässt, ob der Logos bzw. die Technik nützt oder schadet, stellt Biermann im 20. Jahrhundert die Gefahren der vom Menschen entfesselten Kräfte, wie z. B. den Abwurf der Atombomben auf Hiroshima und Nagasaki, heraus.

Mit dem technischen Wissen wächst die Verantwortung des Wissenschaftlers, worauf der Philosoph Hans Jonas schon in den 1970er-Jahren mit seinem Buch »Das Prinzip Verantwortung« hinwies. Heute fordert der französische Philosoph Michel Serres, den Eid des Hippokrates, den bekanntlich jeder angehende Arzt am Ende seines Medizinstudiums leisten muss, in allen wissenschaftlichen Disziplinen anzuwenden. Alle Absolventen der Universität sollten – so Serres – schwören, dass sie ihre erworbenen Erkenntnisse nicht gegen, sondern für die Menschheit einsetzen werden. Dazu bedarf es eines starken Charakters, wofür die Figur der Antigone steht. Ihre Größe und ihr Mut sind beispielhaft in einer Welt, in der es viele Menschen aufgegeben haben, noch an menschliche Ideale zu glauben. Antigone prüft Gesetze und Anordnungen daraufhin, ob sie dem sittlichen Charakter und den Forderungen der Menschlichkeit entsprechen. Es ist bezeichnend, dass es sich bei »Antigone« um den einzigen antiken Text handelt, in dem der Begriff »Autonomie« auf ein Individuum angewandt wird. Antigone geht freiwillig, selbstgewählt *(autonomos)* in die Unterwelt ein, weil sie nicht dem Machthaber Kreon, sondern den übergeordneten Gesetzen der Menschlichkeit folgt.

5.

»Teuerster, jetzo wohlan!
Auf den Nacken mir setze dich, Vater!«

«AENEIS« VON VERGIL (70-19 V. CHR.)

Das symbolträchtige mythologische Bild des aus Troja flüchtenden Aeneas, seinen gelähmten Vater Anchises auf dem Rücken tragend, den Sohn an der Hand, inspirierte zahlreiche Künstler. Gian Lorenzo Bernini hat eine berühmte Skulptur geschaffen, Raffaels Wandmalerei mit dem Titel »Aeneas rettet seinen Vater Anchises, begleitet von seinem Sohn Ascanius« schmückt den Vatikan zu Rom. Vergil selbst hat die Szene aus dreierlei Gründen fasziniert: erstens, weil sie zum Ausdruck bringt, wie wichtig das Generationenverhältnis für die römische und letztendlich jede Kultur ist; zweitens wegen des Aufbruchgedankens, Vergil rettet die Seinen, um zu neuen Ufern aufzubrechen; und drittens vergisst er dabei seine Götter nicht, denn der Mythos will es, dass er bei seiner Flucht den Schrein mit den Hausgöttern, den Penaten, mitnimmt. Einst hatte Anchises für seinen Sohn gesorgt, jetzt ist Aeneas an der Reihe, seinem gebrechlichen Vater zu helfen und die Tradition weiterzuführen. In allen Kulturen des Erdballs gilt: Ehre deine Eltern, ehre das Alter. Nur in der modernen Zeit scheint man diese Grundsätze eher zu vergessen.

Vergils »Aeneis« beschreibt einen der Gründungsmythen des Römischen Reiches. Aeneas war neben Hektor der tapferste Held der Trojaner. Als Troja abbrennt, flieht er auf Geheiß der Götter zum Meer, zu seinen Schiffen. Seine Gattin Krëusa hat er auf der Flucht verloren. Zwar kehrt er wegen ihr noch einmal in die brennende Stadt zurück, kann sie aber nicht finden. 20 Schiffe zählt seine Flotte, als er aus Troja aufbricht, ohne zu wissen, wohin die Reise geht. In Kreta offenbaren ihm die Penaten, dass das Ziel seiner Fahrt Italien ist, wo Aeneas der Stammvater eines neuen Weltreiches werden soll. Nach ähnlichen Abenteuern wie sie Odysseus erlebte, kommt er mit seinen Leuten auf Sizilien an, wo sein Vater Anchises an Altersschwäche stirbt. Nachdem sie nach Italien aufbrechen, treibt ein Sturm die Trojaner nach Tunesien. Die Karthagerkönigin Dido nimmt sie bei sich auf. Während des ihnen zu Ehren gegebenen Gastmahls erzählt Aeneas vom Untergang Trojas, seinen Abenteuern auf hoher See und schließlich von seiner Mission, in Italien ein neues Reich aufzubauen.

Vergils Epos ist für das Selbstverständnis der Römer von ähnlich großer Bedeutung wie Homers »Ilias« und »Odyssee« für die Griechen. Für Vergil bilden die Ereignisse um die Irrfahrt des Aeneas das Fundament, um auf die Geschichte Roms vorzubereiten. Gegenwart, Zukunft und Vergangenheit werden miteinander verwoben. Die Handlung der »Aeneis« spielt um das 12. Jahrhundert v. Chr.; Vergil lebte im 1. Jahrhundert v. Chr. Über diesen gesamten Zeitraum spannt sich sein Epos, in das immer wieder Verweise auf die Zukunft eingeflochten sind. Die Mission des Aeneas besteht vor allem darin, die Fackel der Zivilisation von Griechenland nach Rom weiterzutragen, bis zum Höhepunkt der damaligen Kultur, dem Römischen Reich unter dem Herrscher Augustus. Für Vergil war das Reich des Augustus eine Art Endzeit, Anbruch des goldenen Zeitalters, wobei er es als die wichtigste Aufgabe des Imperiums Rom verstand, die Zivilisation und den Frieden unter die Völker zu bringen.

Vergil wurde 70 v. Chr. in Andes bei Mantua während der Zeit der römischen Bürgerkriege als Sohn wohlhabender Eltern geboren. Sein Vater schickt ihn zur Ausbildung als Rhetor – damals die Voraussetzung für eine höhere Laufbahn, er wollte Anwalt (im Forum) werden – zunächst nach Mailand, dann nach Rom. In Rom beschäftigt sich Vergil mit der Philosophie des griechischen Denkers Epikur und verfasst seine berühmte Gedichtsammlung »Bucolica« (Hirtengedichte), auch »Eklogen« genannt, in denen er eine eigene dichterische Welt schafft, die den Namen »Arkardien« trägt. Arkadien war ursprünglich eine auf dem Peloponnes liegende Gebirgslandschaft, die als Land der Hirten und Jäger sowie als Heim des Hirtengottes galt. Seit Vergils Werk gilt Arkadien als Synonym für eine Idylle, in der es noch echte Liebe, Freundschaft und Frieden gibt. In seinem Schaffen preist er vor allem den Frieden und das einfache ländliche Leben, wobei er selbst weniger ruhige Zeiten erlebte. In den Wirren der Landverteilung an die Veteranen des Bürgerkrieges verlor er den väterlichen Landsitz und musste um Aufnahme auf Siros' Landgut bei Neapel bitten. Später wird Maecenas (von dem das Wort »Mäzenatentum« abstammt) sein größter Gönner. Vergil erhält den Auftrag zur Abfassung der »Georgica«, in der das Landleben gerühmt und Italien als Bauernland geschildert wird. Darin führt er aus, dass die Landarbeit »den Geist des Menschen durch Sorgen« scharf macht. Nach diesem Werk, welches er Kaiser Augustus an vier Tagen vorlesen durfte, erhielt Vergil den Auftrag, einen Lobpreis auf die Taten des Imperators zu verfassen. Die »Aeneis« dürfte allerdings etwas anders ausgefallen sein, als es sich der römische Kaiser gewünscht hatte.

Das vierte und beliebteste Buch der »Aeneis« handelt von der Liebe zwischen dem Trojaner und der Königin von Karthago. Aeneas hat sich in Dido verliebt und möchte ihr gerne dabei helfen, ihre zukünftige Residenz zu errichten, als ihm von dem Götterboten Merkur im Auftrag Jupiters die Leviten gelesen werden: »Da legst du nun für das erhabene Karthago die Fundamente, machst dich zum Weiberknecht und baust eine schöne Stadt. Und wehe, dein Königtum und deine Vorhaben vergisst du! (…) Was denkst du dir, und was versprichst du dir von diesem Müßiggang im libyschen Land?« Auf diese Weise von Merkur bzw. Jupiter an seinen eigentlichen Auftrag erinnert, will Aeneas weiterziehen. Doch: »Wehe, was soll er tun? Mit welchem Abschiedswort kann er es jetzt wagen, sich der liebestollen Königin zu nähern?« Er wagt es nicht, mit Dido zu sprechen, und will heimlich Karthago verlassen. Dido ahnt etwas und stellt ihn zur Rede: »Treuloser, dass du zu solch einer Ungeheuerlichkeit fähig bist und dich heimlich aus meinem Land stiehlst? Hält dich denn nicht unsere Liebe zurück (…) und auch nicht, dass Dido nun eines schrecklichen Todes sterben wird? Sogar zur Winterszeit willst du die Flotte auslaufen lassen. Hast du es so eilig, mitten durch die Nordstürme übers Meer zu fahren?«

Doch es nutzt nichts, Aeneas muss seiner Bestimmung folgen. Kurz nach seiner Abfahrt begeht die Karthagerkönigin

Selbstmord. Auf Sizilien, wo er ein Jahr zuvor Anchises begraben hatte, muss Aeneas einen weiteren Rückschlag verkraften. Die trojanischen Frauen verweigern ihm die Gefolgschaft und zünden die Schiffe an, doch letztendlich gelangt er dennoch in die Gegend, wo das spätere Rom entstehen wird, um seinen Auftrag zu erfüllen. Als die Trojaner an der Tibermündung landen, erwartet sie eine Koalition einheimischer italischer Völker unter der Führung von Turnus, der sie vertreiben will. In einem erbitterten Kampf tötet Aeneas Turnus, erringt die Hand der einheimischen Prinzessin Lavinia und vereint die ansässigen Latiner.

Die »Aeneis« ist weniger eine Hymne auf Augustus als ein Epos zu Ehren der Größe Roms; allerdings mit Mitgefühl für die Opfer der Machtkämpfe. Zwar ist Aeneas auch ein grausamer Held, der am Schluss des Epos den verwundeten und um Schonung bittenden Turnus gnadenlos tötet, doch wer ihn zu lesen versteht, entdeckt ebenso die leisen Töne bei Vergil. Er scheint zu sagen: Rom wird entstehen, aber nur unter großen Verlusten. Die Drei-Generationen-Szene des Aeneas mit seinem Vater auf dem Rücken und seinem Sohn an der Hand steht als Symbol für die Haltung der *pietas*, nicht nur verstanden als Frömmigkeit, sondern als Pflichtgefühl. Es geht in der »Aeneis« nicht nur um Macht, sondern auch um die Trauer und Anteilnahme für die Opfer der geschichtlichen Mission. Das zukünftige Rom ist – so Vergil – auf mehreren Prinzipien aufgebaut: Macht, Stolz, Verantwortungsbewusstsein und Mitmenschlichkeit. Letztere kommt besonders im sechsten Buch des Werkes zum Tragen, als Aeneas in der Unterwelt seine Geliebte Dido wiedertrifft. Es wird deutlich, dass er sie wirklich geliebt hat, er spricht sie unter Tränen und voll zärtlicher Liebe an und bittet sie um ihr Verständnis. »Unglückliche Dido, also ist es denn wahr, was man mir berichtet, dass du tot bist und selbst mit der Klinge deinem Leben ein Ende gemacht hast; und wehe, ich war der Grund für deinen Tod!« Zwar räumt er eine Mitschuld an ihrem Tod ein, doch er schwört, dass es damals gegen seinen Willen geschah, als er sie verlassen musste.

Die verletzte Dido lässt sich nicht erweichen, erst erstarrt sie zu einer Marmorsäule, dann wendet sie sich von Aeneas ab und verschwindet im Hain, wo sie ihr früherer Gatte Sychaeus erwartet. Aeneas gibt ihr unter Tränen sein Geleit, er möchte sich wirklich mit Dido aussöhnen, doch das Schicksal will es anders. Die Szene weist auf die zukünftigen Kriege zwischen Rom und Karthago hin; es handelt sich um den letzten, gescheiterten Versuch zur Aussöhnung zwischen den beiden Völkern. Vergleicht man diese Szene mit dem Besuch von Odysseus im Hades, wird der Unterschied zwischen Homer und Vergil deutlich. Auch Odysseus besucht die Unterwelt, aber seine Begegnungen mit Aias und Achill bleiben undramatisch, ohne seelische Tiefe. Homers Odysseus scheint die Unterwelt aus reiner Neugier zu besuchen, während es Vergils Aeneas um den ernst gemeinten Versuch der Wiedergutmachung seiner Schuld geht. In den Worten des englischen Kardinals Henry Newman geben die Verse Vergils »dem Leid und der Schwermut, aber auch der Hoffnung auf bessere Tage Ausdruck«.

Der Altphilologe Friedrich Klingner nennt Vergil »einen großen Liebenden unter den Dichtern«. Für Vergil sei das Verehren wichtiger gewesen als das Verehrtwerden. So wie Aeneas seinen Vater Anchises verehrt und nicht aufhört, Dido zu lieben: »Darum ist es genug, wenn du mir erlaubst, dich zu lieben; Gegenliebe, woher käme auch je mir sie zu?« Am Ende seiner Hadesfahrt trifft Aeneas auf seinen verstorbenen Vater Anchises. Voll zärtlicher Liebe begrüßen sich die beiden. Als der Vater seinen Sohn erblickt, strömen ihm

Tränen über die Wangen und er sagt: »Endlich bist du gekommen, und deine Sohnesliebe, wie sie der Vater erwartet, hat den beschwerlichen Weg bezwungen. Es ist mir vergönnt, dein Antlitz zu schauen (...) Aeneas entgegnete: Dein trauriger Schatten, mein Vater, erschien mir immer wieder und hieß mich, hierherzukommen ...«

Wie steht es heute um das Verhältnis zwischen den Generationen? Der französische Philosoph Bernard Stiegler weist auf die Gefahren hin, die drohen, wenn zunehmend die Medien die Erziehung übernehmen. Seiner Meinung nach kann eine Gesellschaft nur dann gedeihen, wenn sich die Erwachsenen auch tatsächlich um die Erziehung ihrer Kinder kümmern, ihnen von der Tradition erzählen und mit ihnen Zeit verbringen. Wird Erziehung durch die Medien ersetzt, ändern sich die Bindungen und Beziehungen der Kinder zu ihren Eltern grundlegend. Die Sozialisation über die Medien löst nach Stiegler eine allgemeine Verantwortlichkeitskrise aus. Die Erwachsenen werden von den Medien infantilisiert und die Jugendlichen schon früh wie Erwachsene behandelt, mit fatalen Folgen. Sehen wir uns dazu ein Beispiel an, das Stiegler anführt, um zu verdeutlichen, wie sich heute der Kommerz zwischen die Generationen stellt. In Frankreich versuchte der Fernsehsender Canal J, mit einer besonders aggressiven Kampagne die Aufmerksamkeit der jungen Leute für sich zu gewinnen. Auf zwei Plakaten ist jeweils ein Vater und ein Großvater neben einem Kind zu sehen. Darunter steht: Die Kinder verdienen *»mieux que ca«* – Besseres als das. Auf diese Weise werden Väter und Großväter der Lächerlichkeit preisgegeben, das genaue Gegenteil dessen, was Vergil – »Teuerster, jetzo wohlan! Auf den Nacken mir setze dich, Vater!« – zum Ausdruck bringen wollte.

6.

»Weh, was ist Gott?«

»Parzival« von Wolfram von Eschenbach (1170–1220)

In der Gesellschaft zu reüssieren ist das eine, etwas anderes ist es, an seinem Seelenheil zu arbeiten. Wolfram von Eschenbach wollte am Beispiel des jungen Ritters Parzival zeigen, dass es möglich ist, zugleich Gott und der Welt zu gefallen. Parzival heißt wörtlich »mitten durchs Tal«, »mitten hindurch«; und tatsächlich, er findet nach vielen Irrwegen am Ende zum Heil. Bei »Parzival« handelt es sich um ein typisches Beispiel der um 1200 n. Chr. entstandenen Ritterepen, in denen ein in seiner Ausbildung und Gesinnung noch unvollendeter junger Mann aufbricht, um seine Ritterehre in zahlreichen *aventiuren* (Abenteuern) immer wieder aufs Neue zu beweisen, bis er sein hohes Ziel erreicht hat und in den Kreis der Artusritter – das Idealbild des Rittertums – aufgenommen wird. Wie auch die in derselben Zeit entstandenen Minnelieder (ein ritterlicher Sänger wirbt um die Gunst einer hohen Frau) sollten die Ritterepen in einer rauen Welt die Veredelung der Gefühle bewirken und zu mehr Kultur und Sittsamkeit beitragen.

Parzival wird von seiner Mutter Herzeloyde in einer Waldesidylle aufgezogen, da sie Angst davor hat, dass ihrem Sohn das gleiche Schicksal widerfährt wie seinem Vater Gahmuret – er starb bei einem Kreuzzug im Orient. Doch sobald Parzival drei Ritter in ihrer vollen Montur sieht, ist es um ihn geschehen. Es drängt ihn mit aller Macht in die Welt hinaus. Aus jugendlichem Übermut tötet er den berühmten Roten Ritter und nimmt dessen Rüstung an sich. Doch eine Rüstung macht noch keinen Ritter. Erst der Unterricht durch den alten Gurnemans in den höfischen Sitten entwickelt seinen Geist. Ein rechter Ritter besitzt Bildung, beweist Maß, das heißt, kann sich beherrschen, hilft den Bedürftigen – »helft den Vielen in der Not« –, zeigt Milde gegenüber den Untergebenen und strahlt eine freundliche Grundstimmung aus. Bei aller Lebensfreude verliert er nie den Sinn für die Scham: »Wer sich nicht schämt, was taugt der noch?« Zu Kampfgefährten muss er treu sein; und auf den Turnieren gilt es Ehre zu erwerben. Im Gespräch soll er »nicht zu viel (…) fragen«, um nicht als neugierig zu gelten.

Nach der Unterweisung in den höfischen Sitten gelangt Parzival zur Gralsburg Munsalvaesche. Der Gral ist bei Wolfram von Eschenbach ein Edelstein, dessen Besitz himmlisches wie irdisches Glück vermittelt. Sein Anblick verleiht ewige Jugend, wer ihn gesehen hat, wird in der darauffolgenden Woche nicht sterben. Alle Speisen und Getränke des Abendessens werden auf rätselhafte Weise vom Gral hervorgebracht. Parzival ist dafür vorgesehen, die Nachfolge des Gralskönigs Anfortas anzutreten. Doch dazu müsste er die Mitleidsfrage stellen, denn der Hausherr Anfortas wünscht sich nichts sehnlicher als den Tod, wird aber durch den Anblick des Grals am Leben gehalten. Die Ritterschaft ist im Saal versammelt. Zwar liegt dem jungen Parzival die Frage, woran der König leidet, auf der Zunge, doch wegen der Ermahnung Gurnemans, nicht neugierig zu sein, hält er lieber den Mund. Nach der Mahlzeit wird der Gral feierlich hinausgetragen. Am nächsten Morgen ist die Burg leer. Parzival hat es aus falsch verstandener Etikette versäumt, sich teilnahmsvoll an Anfortas zu wenden. Nur so hätte der Gralskönig den ersehnten Tod gefunden und Parzival wäre sein Nachfolger geworden.

Wolfram von Eschenbach war neben Walther von der Vogelweide der größte deutsche Dichter des Mittelalters. Er stammt wahrscheinlich aus der Gegend des mittelfränkischen Eschenbachs, südöstlich von Ansbach (seit 1917 Wolframs-Eschenbach). Allerdings erhebt auch das oberpfälzische Eschenbach Anspruch darauf, sein Geburtsort zu sein. In Wolfram von Eschenbachs Selbstzeugnissen überwiegt die Schilderung der Armut, als Berufsdichter war er auf Gönner angewiesen. An einer Stelle seines Romans beginnt er plötzlich, von sich selbst zu erzählen. Sein Held kommt zu der belagerten Stadt Beaurepaire, in der die Menschen hungern. Nicht nur in Kriegszeiten mussten die Menschen im Mittelalter aufgrund von Missernten häufig mit Hungersnöten leben. Wolfram von Eschenbach beschreibt die ausgemergelten Körper der Leute: »Auf ihren Lippen lag die Haut. Der Hunger hat ihr Fleisch verdaut.« An dieser Stelle schaltet sich der Autor selbst ein und gesteht, dass ihm die Erfahrung des Hungers nicht fremd ist: »Zu oft hat (…) betroffen Mich Wolfram von Eschenbach, zu erdulden solch Gemach.« Es scheint, als habe er sich aus armen Verhältnissen ohne gute Schulbildung zu einem gefeierten Dichter emporgearbeitet.

Nachdem Parzival in die weltliche Artusrunde aufgenommen wird, erscheint noch am gleichen Tag die Gralsbotin Kundrie, um ihm vor den versammelten Rittern sein Fehlverhalten auf Munsalvaesche vorzuwerfen. Er wird aus der Runde ausgestoßen und ruft, mit seinem Schicksal hadernd: »Weh, was ist Gott? Wäre der so mächtig, diesen Spott hätte er (…) nicht angetan, wenn Gott alles wirkt und kann.« Seinen Fehler, ohne wirkliches Gefühl, Mitleid und menschliches Einfühlungsvermögen zu sein, erkennt er nicht. Seine Moral trägt er wie eine Trophäe vor sich her, sie kommt nicht von Herzen. Weil er noch nicht die Fähigkeit hat, das Leid der anderen zu empfinden, sagt Parzival sogar Gott den Kampf an. All dies zeigt, dass er für die Übernahme des

Gralskönigtums noch nicht geeignet ist. Erst als er an einem Karfreitag zur Felsklause Fontane de Salvage kommt und seinen zweiten Lehrer, den fastenden Einsiedler Trevrizent, einen Bruder des Gralskönigs, trifft, zeigt er Einsicht und Reue. Trevrizent lehrt ihn, dass man sein von Gott auferlegtes Schicksal tragen muss.

Noch viereinhalb Jahre irrt Parzival durch die Gegend, bis er endlich zum Nachfolger Anfortas' wird. Wolfram von Eschenbachs Werk gilt als Vorläufer der späteren Entwicklungs- oder Bildungsromane. Erst am Ende, nach vielen Abenteuern und Erfahrungen, ist Parzival zugleich ein achtenswertes Mitglied der Tafelrunde und der Hüter des Grals. Aus seiner Geschichte lässt sich lernen, dass es nicht ausreicht, bestimmte Kompetenzen und Verhaltensregeln zu erlernen, sondern dass es im Leben wesentlich auf Erfahrungen und Gefühle wie Mitleid und Liebe ankommt. Ohne die dazugehörige innere Einstellung bleiben Konventionen und Regeln kalt und mechanisch. Zunächst dachte Parzival, dass er Regeln lediglich situativ anwenden muss. Ohne Herz, Mitleid, Empathie und besessen von dem Wunsch, ein Ritter der Tafelrunde zu werden, tritt Parzival seinen Weg an. Erst am Ende eines langen Erfahrungsprozesses verfügt er über die nötige innere Reife, um sein Amt als Gralskönig anzutreten. Als er erneut auf der Gralsburg eintrifft, zeigt er genügend Gefühl und Demut, sodass er die Mitleidsfrage stellen kann:

»Doch Parzival begann mit Weinen:
›Wo liegt der Gral? Belehret mich!
Vor aller Auge zeige sich,
Ob ich von Gott begnadigt bin.‹
Dreimal nach jener Seite hin
Warf er sich nun der Trinität

Zu Ehren im Gebet,
Dass sie den Mann von Qualen rette.
Dann trat er an des Kranken Bette
Und sprach ihn an: ›Was fehlt dir Ohm?‹«

Jahrhunderte später griff der Komponist Richard Wagner den Parzivalmythos in seinem 1882 uraufgeführten Bühnenweihespiel auf. In jüngster Zeit nahmen sich Markus Bothe und Nora Khuon des Parzivalstoffes an und brachten in Frankfurt einen Parzival für Kinder auf die Bühne. In dieser Version geht es um die Rollenbilder und die Frage, was ein guter Ritter ist. Mit viel Witz haben sie ein Stück geschrieben, das zwar im Vergleich zum Original viele Abweichungen enthält, gerade aber deswegen für Kinder interessant ist.

7.

»Wer hier eintritt, der lasse alle Hoffnung fahren!«

»Die Göttliche Komödie«
von Dante Alighieri (1265–1321)

An einem Karfreitag, dem 8. April des Jahres 1300, tritt der Dichter Dante Alighieri im Alter von 35 Jahren seine berühmte Reise ins Jenseits an. In einer Art Midlife-Crisis und dem Selbstmord nahe, verirrt er sich in einem finsteren Sündenwald, verfolgt von Leopard, Löwe und Wölfin als den Sinnbildern von Wollust, Hochmut und Geiz. »Vom rechten Weg abgekommen« trifft er auf den Geist seines großen Vorbildes, den antiken Dichter Vergil, der sich ihm anbietet, ihn durch die Unterwelt der Hölle *(inferno)* und des Fegefeuers *(purgatorio)* zu führen. Zum Himmel *(paradiso)* darf ihn der Heide Vergil nicht geleiten, das übernimmt Dantes früh verstorbene Jugendliebe Beatrice. Sie war es auch, die Vergil im ersten Höllenkreis aufgesucht hat, um ihn aufzufordern, ihrem verirrten Freund zu helfen. Mit bangem Herzen, da er sich nicht sicher ist, ob er genügend Kraft für seine außergewöhnliche Reise hat, tritt der größte italienische Dichter seine Wanderung durch Hölle, Fegefeuer und Himmel an. Vergil geht auf steinigem Weg voran. Sie kommen ans mächtige Höllentor mit der Inschrift: »Ich bin das Tor der Schmerzensstadt. Ich bin das Tor zum ewigen Leid (...) Wer hier eintritt, der lasse alle Hoffnung fahren!« Die Hölle ist für die Verdammten von ewiger Dauer. Nur Dante darf sie als lebender Mensch besuchen. Sein Weg führt ihn durch die neun Kreise des Infernos bis zum anderen Ende der Welt nach Jerusalem, wo beide über den Läuterungsberg bis zum Paradies aufsteigen. Hier trennen sich die Wege des lebenden Dante und des toten Vergil. Von da an übernimmt Beatrice die Führung in den Himmel. Beatrice heißt »die Seligmachende«.

Über Dantes Biografie wissen wir relativ wenig. Seine Ausbildung erhielt er in Florenz, ob er weiterführende Studien in Bologna und Paris betrieb, ist nicht zweifelsfrei belegt. 1300 wurde er in hohe politische Ämter in Florenz gewählt – er trat in den Rat des *Capitano del Popolo* sowie in den Rat der Hundert ein –, geriet aber in der Folge in den Konflikt zwischen den beiden guelfischen Bürgerfraktionen, den papsttreuen *Neri* (Schwarzen) und den kaisertreuen *Bianchi* (Weißen). Dante schloss sich den reformorientierten Bianchi an. Er verteidigt zwar die Kirche, kritisiert aber auch ihre zunehmende Verweltlichung. Im Jahre 1302 wurde Dante, der gerade in Rom weilte, zum Tode durch Verbrennen verurteilt. In seine geliebte Heimatstadt konnte

Dante deshalb nie wieder zurückkehren. Sein Hauptwerk, »Die Göttliche Komödie« (ital. »Commedia« oder »Divina Commedia«), schrieb er im Exil, in dem er bis zu seinem Tod im Jahre 1321 in unsteter Wanderschaft lebte.

In der »Göttlichen Komödie« wird in gültiger Form das Weltbild des späten Mittelalters mit seiner stufenförmigen Seinsordnung ausgebreitet. In allen diesseitigen und jenseitigen Seinsbereichen herrscht eine Hierarchie. In der Hölle herrscht Luzifer im Zentrum, zahlreiche Unterteufel unterstützen ihn. Die Natur gliedert sich von der unbelebten Materie, über die Pflanzen und Tiere, bis zum Menschen, der zwar aus Fleisch ist, aber in sich ein göttliches »Seelenfünklein« (Meister Eckhart) trägt. Analog dazu ist die Gesellschaft in Stände gegliedert – Klerus, Adel, Dritter Stand (Bürger, Bauern, Tagelöhner). Die Gesellschaft verband ein engmaschiges Lehenssystem, ganz oben stand der König, dem geistliche sowie weltliche Fürsten Dienste und Gehorsam leisteten. Die Fürsten verliehen ihre vom König oder Kaiser erhaltenen Güter an untergeordnete Vasallen (Herzöge, Grafen, Bischöfe, Äbte) weiter, sodass eine die Menschen aneinanderbindende Lehenspyramide entstand. Selbst im Himmel gibt es eine Hierarchie: Engel, Erzengel, Gottvater.

Am eindrucksvollsten in der »Göttlichen Komödie« sind Dantes Schilderungen der Höllenstrafen als Instrument der göttlichen Gerechtigkeit. Im zweiten Höllenkreis sind die *lussuriosi*, die Wollüstigen, versammelt und erleiden die bittere Qual, sich zwar ganz nah zu sein, aber auf ewig nicht lieben zu dürfen. Dort begegnet Dante dem Liebespaar Paolo und Francesca, das sich in seinem früheren Leben bei der gemeinsamen Lektüre des »Lancelot« zum Ehebruch hat hinreißen lassen und von Francescas eifersüchtigem Ehemann erschlagen wurde. Im dritten Höllenkreis kläfft aus dreifachem Schlund der Höllenhund Cerberus und vierteilt die Seelen der Sünder. Dante und Vergil gehen weiter, um das folgende Schauspiel zu beobachten: Ein Flammenregen fällt auf eine glühende Sandfläche, auf welcher die Sünder entweder rücklings liegen, kauern oder laufen, je nachdem, ob sie Gotteslästerer, Wucherer oder Sodomiten sind: »Und auf das Sandmeer nieder sank ein Regen von breiten Funken in langsamem Fallen, (...) So senket sich herab das ewige Feuer, (...) Die armen Hände! Nicht ein einzig Mal ward ihrem Tanze Ruh, bald hier, bald dorten abschütteln sie stets neuer Gluten Qual.« Doch dies ist alles nichts gegen die Qualen, welche die armen Seelen in der sogenannten »Übelgrube« zu erleiden haben. Ein dicker Brei aus heißem Pech klebt hier überall am Boden und an den Felsen. Schwarze, geflügelte Teufel krallen sich ehemalige Betrüger, zum Beispiel einen Ratsherrn aus Lucca, und machen sich einen Spaß daraus, ihn ins siedende Pech zu tunken. »Hier schwimmt sich's anders als im Heimatflüsschen!«, ruft einer dazu.

Die Grundtendenz der »Göttlichen Komödie« ist eindeutig: Die Strafe für die Sünder ist zwar hart, aber gerecht, denn nur durch schwerste Strafen kann die moralische Ordnung aufrechterhalten werden. Der Dichter wundert sich immer wieder darüber, warum die Strafen so hart sind, wo doch Gott hinter allem steht. Sicherlich muss die göttliche Ordnung verteidigt werden, aber ist im Einzelfall nicht auch Gnade möglich? Fragen über Fragen bedrängen Dante auch, als er in den Kreis des Himmels eintritt. Er fragt Beatrice erneut nach dem Sinn der göttlichen Ordnung, um die Antwort zu erhalten, dass alle Wesen einer göttlichen Bestimmung unterstellt sind und dass sie wörtlich »im großen Meer des Seins unterschiedlichen Häfen zustreben«. Die göttliche Ordnung ist im Ganzen sinnvoll. Diese Erfahrung, die Dante bei seiner Reise durch Himmel und Hölle macht, lässt ihn bei aller Ungerechtigkeit, die ihm in Florenz widerfahren ist, wieder an das Leben glauben. In gewisser Weise ist »Die Göttliche Komödie« eine Odyssee, nur dass Dante nicht nach einem irdischen Ziel Ausschau hält, sondern sich auf der Suche nach dem Sinn des Lebens befindet.

Während des Zweiten Weltkrieges – im Jahre 1944 – hat der französische Philosoph und Schriftsteller Jean-Paul Sartre ein Theaterstück mit dem Titel »Geschlossene Gesellschaft« verfasst, das als eine zeitgemäße Adaption des Dante-Stoffes aufgefasst werden kann. Bei Sartre werden die Menschen nicht mehr von Dämonen und Teufeln gequält, sondern sie quälen sich selbst, indem sie es nicht schaffen, aufrichtig zu sein. Drei schon gestorbene Personen befinden sich in einem Hotelzimmer – der Hölle. Alle drei bauen sich Illusionen auf, über ihr früheres Leben, in dem sie Schuld auf sich geladen haben, diese aber nicht eingestehen wollen. Garcin fühlt sich als Held und Pazifist, in Wirklichkeit ist er aus Feigheit vor dem Krieg davongelaufen und wurde als Deserteur hingerichtet. Estelle hat ihren Mann betrogen und ihr Kind abgetrieben; sie starb an einer Lungenentzündung. Die lesbische Inès hat die Frau eines Mannes verführt, der sich daraufhin umbringt. Sie sind sich bewusst, dass sie in der Hölle sind und machen sich auf das Schlimmste gefasst, doch die erwartete Folter und die körperlichen Strafen bleiben aus, stattdessen erfahren sie die Gespräche, die sie miteinander führen, als qualvoll. Der moderne Mensch ist sich selbst der beste Folterknecht. Er macht sich selbst und anderen das Leben zur Hölle. Die lesbische Inès verzehrt sich nach Estelle, die aber nichts von ihr wissen will und sich ihrerseits in Garcin verliebt. Garcin wiederum strebt nach intellektueller Anerkennung durch Inès, die er nicht bekommt … Ein Teufelskreis. Sartres Figuren können weder voneinander lassen noch voreinander fliehen, nicht einmal töten können sie sich, sie sind ja schon tot. Aus diesem Werk stammt Sartres berühmter Spruch »Die Hölle, das sind die anderen«. Sartre scheint der Auffassung gewesen zu sein, dass die Hölle so lange mitten unter uns ist, als wir nicht aufhören, uns selbst und die Menschen um uns herum zu täuschen.

8.

»Denn alles, was er sah, wusste er seinem wahnwitzigen Ritterwesen und seinen Phantasien von fahrenden Abenteurern, womit er so übel fuhr, anzupassen.«

»Don Quijote« von Miguel de Cervantes Saavedra (1547–1616)

Cervantes' Meisterwerk handelt von einem verarmten Junker, der sich in die Welt seiner Ritterromane verirrt. Im Alter von 50 Jahren fasst der Protagonist den Entschluss, ein fahrender Ritter zu werden. Don Quijote oder »Der Ritter von der traurigen Gestalt«, wie er sich selbst nennt, sucht sich den ungebildeten Bauern Sancho Pansa als »Knappen« und geht mit ihm auf Abenteuersuche. Seinen Ritterschlag erhält Don Quijote von einem »Burgfräulein«, das im wirklichen Leben eine Prostituierte ist. Alles, was Don Quijote von nun an widerfährt, bringt er in Zusammenhang mit seinem romantischen Traum vom Rittertum, obwohl die Zeit der fahrenden Ritter und Helden schon längst vorbei ist und die Romane mehr Fiktion als Realität waren: »Denn alles, was er sah«, schreibt Cervantes über seinen Helden, »wusste er seinem wahnwitzigen Ritterwesen und seinen Phantasien von fahrenden Abenteurern, womit er so übel fuhr, anzupassen.« In Windmühlen sieht Don Quijote Riesen, in jeder Schenke eine Burg. Eine Schafherde verwandelt sich in seinen Augen in eine gigantische Schlachtformation, in der er mit seinem Schwert wütet. Einfache Mädchen avancieren zu edlen Damen und Burgfräulein. Dabei bleibt unser Held immer sympathisch, bis heute steht »Don Quijote« als Synonym für Menschen, die sich ihre Träume nicht nehmen lassen.

Ging es um Abenteuer, wusste Miguel de Cervantes, wovon er sprach. Wie der Held seines Romans stammt er aus dem niederen Landadel aus Alcalá de Henares (in der Nähe von Madrid). Sein Vater, ein Arzt bzw. Bader, wechselte auf der Suche nach einem finanziellen Auskommen öfter seinen Wohnsitz, sodass der junge Cervantes in Valladolid, Madrid, Córdoba, Sevilla und schließlich wieder in Madrid lebte. Im Jahre 1569 floh Cervantes wegen eines blutigen Ehrenhandels vor der spanischen Justiz nach Rom, wo er als Kammerdiener in die Dienste des Kardinals Giulio Acquaviva y Aragon eintrat. Noch im gleichen Jahr heuerte er bei einer Einheit der spanischen Flotte in Neapel an. Als Mitglied der *Infantería de Marina* nahm er 1571 an der geschichtswirksamen Seeschlacht von Lepanto (italienischer Name für den griechischen Hafen Nafpaktos, der das griechische Festland vom Peloponnes trennt) gegen die Türken teil, wobei er drei Schussverletzungen erlitt und seine linke Hand verlor. 1575 wurde er bei der Überfahrt nach Spanien von Korsaren gefangen genommen und als Sklave nach Algier verschleppt und erst 1580 durch den Trinitarier-Orden freigekauft. Selbst hochverschuldet arbeitete Cervantes als Steuereintreiber, doch wegen Veruntreuung von Staatsgeldern musste er 1597/98 und noch einmal 1602 für einige Zeit hinter Gitter, wo er auch seinen Roman »Der sinnreiche Junker Don Quijote von der Mancha« (»El ingenioso hidalgo Don Quixote de la Mancha«) schrieb. Das Werk wurde ein großer Erfolg, doch Cervantes verlor sein Geld sofort wieder und starb verarmt 1616 in Madrid. Heute ist der mit 125000 Euro dotierte Cervantespreis für Literatur, den das Kultusministerium in Madrid vergibt, die bedeutendste Auszeichnung der spanischsprachigen Welt.

In seinem ersten Abenteuer führt Don Quijote seinen alten Klepper aus dem Stall, gibt ihm den huldvollen Namen Rosinante und bricht auf. Dieser erste Versuch scheitert kläglich: Er wird in einer Schenke von Maultiertreibern verprügelt und später halbtot von einem Nachbarn gefunden. Selbst als Freunde seine Ritterbücher vernichten, hält ihn dies nicht davon ab, mit Sancho Pansa erneut loszuziehen. Es folgt der berühmte Kampf mit den Windmühlen. Nach vielen Abenteuern und Prügeln kehrt der Held am Ende des ersten Teils auf seinen Hof zurück.

Kompliziert wird es im zweiten Teil. Denn während Cervantes diesen noch schrieb, hatte ein Zeitgenosse, Alonso Fernández de Avellaneda, eine unautorisierte Fortsetzung des ersten Teils veröffentlicht. Cervantes fährt deshalb so fort, dass er Don Quijote diesen Roman lesen lässt, woraufhin er mit Sancho Pansa beschließt, erneut auszureiten, um eine »wahre« Fortsetzung seiner Geschichte zu liefern. Wieder erleben die beiden viele Abenteuer, bis es zum Finale kommt. In einem großen Duell wird Don Quijote besiegt und muss versprechen, dass er nach Hause zurückkehrt. In der Heimat erwacht er endlich aus seinem Wahn und beschließt, sein Leben zu ändern: »Verrückt war ich und bin nun bei Verstand. Don Quijote von der Mancha war ich und bin nun (...) Alonso Quijano der Gute.« Doch schon bald darauf rafft ihn eine Krankheit dahin.

An Reiz gewinnt »Don Quijote« durch den Gegensatz zwischen dem stets hungrigen Sancho Pansa (das spanische *panza* bedeutet »Bauch«) und seinem in Charakter und

Sprache völlig entgegengesetzten Herrn. Häufig steckt Sancho Pansa wegen der von Don Quijote angezettelten »Abenteuer« Prügel ein, doch an anderer Stelle profitiert er von dessen Bildung wie dieser von Sancho Pansas Bauernschläue. Don Quijotes Visionen sind meist harmlos, können aber auch gefährlich werden. Zum Beispiel, als er in der Ferne jemanden mit einer goldenen Kopfbedeckung erblickt und er in seinem Wahn glaubt, dass es sich um den berühmten Romanritter Mambrin mit dem goldenen Helm handele, dessen Erbeutung eine Heldentat wäre. Sofort stürzt sich Don Quijote auf den vermeintlichen Gegner. Er »legte den gesenkten Spieß ein, ohne sich in Worte mit ihm einzulassen, und sprengte in vollstem Lauf Rosinantes auf ihn zu, in der Absicht ihn durch und durch zu stoßen«. In Wirklichkeit handelte es sich jedoch um einen harmlosen Barbier, der sich zum Schutz vor dem Regen seine Bartschüssel aus Messing aufs Haupt gesetzt hatte. Hans Ulrich Gumbrecht betont zurecht: »Wenn immer es die aktuellen Kräfteverhältnisse erlauben, ist Don Quijote (…) durchaus zu körperlicher Brutalität bereit …« Dennoch bleibt er ein sympathischer Held, seine Abenteuer enden stets so, dass nichts Tragisches geschieht. Der Barbier ergreift die Flucht …

Ein Cervantes-Denkmal, vor dem die beiden Hauptfiguren des Romans aufgestellt sind, schmückt die Plaza de España in Madrid. Bis heute geht von »Don Quijote« ein ungebrochener Zauber aus. Immer wieder gibt es Menschen, die an ihren Idealen von Gott, Ehre, Wahrheit, Liebe, Treue, Welt festhalten, trotz offensichtlicher Fehlwahrnehmung. Doch was entspricht überhaupt einer realistischen Weltwahrnehmung? Gemäß dem chilenischen Philosophen und Biologen Humberto Maturana baut sich das Gehirn eines jeden Menschen seine eigene Gedankenwelt auf. Wahrnehmung ist ein aktiver und konstruktiver Prozess, wofür Maturana den Begriff der Autopoiese (nach dem griech. *autos* und *poiein* für »Selbstgestaltung«) benutzt. So betrachtet baut sich jeder seine eigene Welt auf. Wer wollte für sich in Anspruch nehmen, die Dinge so zu sehen, wie sie wirklich sind? Die meisten Menschen kennen das Gefühl, sich in einer Wahrnehmung gründlich getäuscht zu haben und wie Don Quijote mit »Windmühlen«, sprich, Gegnern oder Problemen, die sich im nachhinein als nichtig herausstellten, gekämpft zu haben. Das Beispiel des »Ritters von der traurigen Gestalt« sollte uns jederzeit ermahnen, sich in eine Sache, einen Gedanken nicht zu sehr hineinzusteigern.

9.

»Sein oder Nichtsein, das ist hier die Frage.«

»HAMLET« VON WILLIAM SHAKESPEARE (1564–1616)

»Die Tragödie von Hamlet, Prinz von Dänemark« (»The tragedy of Hamlet, Prince of Denmark«) gilt als Shakespeares tiefsinnigstes Werk und ist mit 4000 Versen sein längstes Stück. Es steht am Beginn seiner großen Tragödien – »Othello«, »König Lear«, »Macbeth« –, deren Stoff mittelalterlichen Quellen entnommen ist. Anlässlich des Todes seines Vaters kehrt der dänische Prinz Hamlet von der Universität in Wittenberg an den Hof in Helsingør zurück, um an der Leichenfeier teilzunehmen. Inzwischen hat Hamlets Mutter Gertrude seinen Onkel Claudius geheiratet und damit zum König gemacht. Nachts auf der Terrasse des Schlosses erscheint Hamlet der Geist des Vaters und stachelt ihn zur Rache an, weil ihn Claudius »um Leben, Krone, Weib mit eins gebracht« habe. Mit einem Trick gelingt es Hamlet,

Claudius als Königsmörder zu entlarven: Eine Schauspieltruppe am Hof soll ein Stück über einen Königsmord aufführen. Als an der entscheidenden Stelle des Stücks der Mörder genauso agiert wie Claudius in Bezug auf Hamlets Vater, wird der König unruhig und verlässt den Raum. Hamlets letzte Zweifel sind beseitigt. Doch er zögert, ihn zu töten.

Eine berühmte Interpretation dieses Zögerns bietet Sigmund Freud. Laut Freud durchlebt jeder Junge in seiner Kindheit den Ödipus-Komplex, wonach er unbewusst seine Mutter liebt und seinen Vater als Rivalen beseitigen will. Claudius – so Freud – hat genau das getan, was Hamlet unbewusst immer wollte – den eigenen Vater loswerden –, weshalb er dazu neigt, sich mit Claudius zu identifizieren: »Hamlet kann alles, nur nicht die Rache an dem Mann vollziehen (...), der ihm die Realisierung seiner Kinderwünsche zeigt«. Anstelle von Claudius tötet Hamlet irrtümlich den höchsten Minister am Hof, Polonius, der hinter einer Tapete lauscht. Daraufhin wird dessen Tochter Ophelia wahnsinnig und ertrinkt im Fluss. Jetzt will sich der Bruder von Ophelia, Laertes, an Hamlet rächen und ihn im Duell mit einem präparierten Degen töten. Doch im Eifer des Gefechts werden die Waffen vertauscht, sodass Laertes stirbt. Gertrude leert unwissentlich einen Hamlet zugedachten Giftbecher und stirbt nicht ohne vorher Hamlet von Claudius' Mordtat erzählt zu haben. Schließlich ersticht Hamlet den König. Hamlet selbst stirbt, weil er beim Duell mit dem vergifteten Degen verletzt wurde. Nun wird der Norwegerprinz Fortinbras neuer König von Dänemark. »Der Rest ist Schweigen«, lauten Hamlets letzte Worte.

William Shakespeare wurde 1564 im englischen Stratford-upon-Avon geboren. 1582 heiratete er die acht Jahre ältere Anne Hathaway, mit der er drei Kinder hatte. Ende der 1580er-Jahre wurde Shakespeare Schauspieler und zog mit einer reisenden Theatertruppe nach London. Durch Auftritte vor der englischen Königin gelang es ihm, sich ein größeres Vermögen zu erwerben und Mitinhaber des vom Hofe geförderten *Globe Theatre's* zu werden. Später verkaufte er seinen Anteil an dem Theater und zog sich als vermögender Mann nach Stratford zurück, wo er 1616 im Alter von 52 Jahren starb. Mitte des 18. Jahrhunderts erzielte Shakespeare in Deutschland große Aufmerksamkeit. Lessing attestierte dem englischen Dichter eine wahre »Gewalt über unsere Leidenschaften«. Herder preist ihn als »dramatischen Gott« und Goethe ehrte ihn im Jahre 1771 in einer eigenen Shakespeare-Rede.

Hamlet ist ein schwierig zu verstehender Charakter. Einerseits ist er ein Zauderer, weil er es versäumt, Claudius zu töten, andererseits zeigt er, nachdem er irrtümlich Polonius tötete, keine Anzeichen von Reue. Er ist ein Wanderer zwischen den Welten, was schon in der ersten Szene durch das Meeresufer, später in der Friedhofsszene angedeutet wird. Sein Untergang legt die Zerbrechlichkeit einer auf Lug und Trug aufgebauten Welt offen. An was kann man in einer Welt der Intrigen, Lügen und des Scheins noch glauben? Aus Enttäuschung gerät Hamlet in eine Art Lethargie und Starre. Trotz oder gerade wegen seiner Gebrochenheit zählt er neben Faust zu den überragenden Figuren der europäischen Literatur. In Goethes Roman »Wilhelm Meisters Lehrjahre« heißt es voller Respekt in Bezug auf Hamlet: »eine große Tat auf eine Seele gelegt, die der Tat nicht gewachsen ist«. Vor allem in Deutschland wurde die Bühnenfigur Hamlet populär. Sie galt in ihrer Zerrissenheit lange Zeit als Verkörperung des deutschen »faustischen« Wesens: »Zwei Seelen wohnen, ach, in meiner Brust« (Goethe). Nietzsche kritisierte allerdings den lähmenden Wankelmut des Protagonisten.

Der Monolog, »Sein oder Nichtsein …«, gilt als bedeutendstes Selbstgespräch in der Theatergeschichte. Zunächst stellt Hamlet die Vorteile, tot zu sein, heraus: »'s ist ein Ziel, aufs innigste zu wünschen. Sterben – schlafen – schlafen!« Würden wir instinktiv, intuitiv handeln, hätten wir angesichts des Elends in dieser Welt schon längst den frühen Tod gewählt. Doch zwischen Instinkt und Handlung schiebt sich die Reflexion. Der Mensch hat Angst davor, was ihn im Jenseits – »das unentdeckte Land, von des Bezirk kein Wandrer wiederkehrt« – erwartet. Ausgehend von dieser Überlegung kommt Hamlet zu der Erkenntnis, dass zu viel Reflexion letztlich inaktiv macht. Der Bazillus der Vernunft verurteilt den Menschen zur Urteils- und Tatenlosigkeit. Wer alles und jedes abwägt, verliert an Entschlusskraft: »So macht Bewusstsein Feige aus uns allen …« Später wird Friedrich Nietzsche sagen, dass der theoretische, grüblerische Mensch für Europa zur Gefahr geworden ist. Nietzsche standen die Tatmenschen der Renaissance wie Cesare Borgia oder Niccolò Machiavelli näher als die Lehnstuhlphilosophen oder Kathedersozialisten seiner Zeit.

Zu viel Nachdenken und Abwägen schwächt den Tatendrang. In gewisser Weise befindet sich der moderne Mensch in einer ähnlichen Situation wie Hamlet. Wir können uns über das Internet in Windeseile über jedes Fachgebiet informieren. Wie für Hamlet – er wusste vom Mord am Vater – ist heute nicht das Wissen das Problem, sondern die Konsequenzen, die wir aus unserem Wissen ziehen sollen. Der moderne Mensch leidet womöglich an Überinformation. Die einen Wissenschaftler dramatisieren und die anderen verharmlosen ein Problem, wie zum Beispiel den Klimawandel. Wem sollen wir glauben? Was sollen wir tun? Dass die Wahrheit in der Mitte liegt, hilft in diesem Fall auch nicht weiter. Angesichts dessen ziehen es die meisten Menschen vor, die entsprechenden Probleme einfach zu verdrängen. So betrachtet erscheint Hamlets Spruch, »Sein oder Nichtsein, das ist hier die Frage«, bis heute nichts an Dramatik eingebüßt zu haben.

10.

»Adieu Welt, denn bei dir ist nichts Beständiges.«

»Der abenteuerliche Simplicissimus« von Hans Jakob Christoffel von Grimmelshausen (1622–1676)

Das 17. Jahrhundert hat den volkstümlich-derben Schelmenroman, in dem sich der Held abenteuerlich durch die Welt schlägt und auf seine Art die herrschenden Sitten der Gesellschaft kritisiert, hervorgebracht. »Der abenteuerliche Simplicissimus« ist der erste in Ich-Form geschriebene Roman der deutschen Literatur. Sein Held Simplicius Simplicissimus (»der Einfältige, der Allereinfältigste«) ist ein unwissender Bauernjunge, der von der Welt noch nichts weiß. Der Vergleich mit dem in einer Idylle aufgewachsenen Parzival drängt sich auf. Doch während Parzivals erste Bekanntschaft mit der großen Welt in göttlichem Glanz erstrahlende Ritter sind, wird Simplicius Zeuge eines grausamen Überfalls vagabundierender Kürassiere auf dem Hof seines Vaters, eines Spessartbauern. Die Marodeure brandschatzen den Hof, einem gefesselten Knecht schütten sie »einen Melkeimer voll Jauchewasser«, den sogenannten Schwedentrunk, in den Mund, der Hausvater wird gemartert, bis er verrät, wo das Geld steckt. Die Anfangsszene des Werkes verdeutlicht, wie furchtbar die Wirklichkeit in der Zeit des Dreißigjährigen Krieges war.

Nach dem Überfall flieht der Junge in den Wald, wo er einen Eremiten (seinen wirklichen Vater, wie er am Ende erfährt) kennenlernt, der ihn in der christlichen Lehre unterweist. Simplicius lernt lesen und schreiben, sonntags gehen die beiden zur Messe. Zwei Jahre später spürt der alte Einsiedler, dass er bald sterben wird, und teilt dies dem Jungen mit. Die beiden schaufeln in einer herzergreifenden Szene das Grab. Als der Einsiedler tot ist, begräbt ihn Simplicius im Stillen. Zunächst bleibt er im Wald, doch die Abenteuerlust drängt ihn, sich in die Welt zu wagen. Zunächst findet der Einfaltspinsel als Hofnarr Unterschlupf beim Stadtkommandanten von Hanau, eine Rolle, die ihm nicht schlecht liegt. In Hanau gewinnt er den sogenannten »Herzbruder« als Freund. In der Folge steht Simplicius im Kriegsgeschehen mal unter den Fahnen der Kaiserlichen, mal auf Seiten der Protestanten. Die Kriegsparteien operieren ohne feste Fronten in kleinen oder größeren Formationen, die sich je nach Lage verändern oder ganz die Fahnen wechseln. Eine Zeit lang treibt Simplicius als »Jäger von Soest« sein Unwesen. Dann gerät er in schwedische Gefangenschaft und kommt über Köln nach Paris, wo er als »Beau Allemand« zum Mittelpunkt der Gesellschaft wird.

Nach einiger Zeit merkt er, dass er nicht mehr er selbst und seine Rolle ihm über den Kopf gewachsen ist. Er verlässt Paris, um wieder zu sich selbst zu finden. Schließlich lässt er sich als Bauer nieder und erfährt von seiner adligen Abstammung. Im Gegensatz zum höfischen Epos schildert Grimmelshausen in dem ersten bedeutenden Roman auf Neuhochdeutsch – in der Barockzeit fingen die Dichter an, auf Deutsch zu schreiben – die Welt »von unten« aus der Perspektive von Soldaten, Kleinbürgern und Bauern. Mit Grimmelshausens Werk erhalten wir einen unübertroffenen Einblick in die Schreckenszeit des Dreißigjährigen Krieges

(1618–1648), der dafür verantwortlich ist, dass Deutschland wirtschaftlich und kulturell zurückgeworfen wurde. Thomas Mann geriet über den »Simplicissimus« regelrecht ins Schwärmen: Es sei »ein Erzählwerk von unwillkürlichster Großartigkeit, bunt, wild, roh, amüsant, verliebt und verlumpt, kochend von Leben, mit Tod und Teufel auf Du und Du.«

Mit »Adieu Welt, denn bei dir ist nichts Beständiges« ist nicht etwa der Abschied aus dem Leben schlechthin, sondern die Sehnsucht nach einem friedlichen und besseren Leben gemeint. Im fünften Buch gelobt Simplicius Besserung und unternimmt eine Wallfahrt in die Schweiz. Hier sind die Schrecken des Krieges nicht zu spüren, er wähnt sich im Paradies: »Das Land kame mir so frembd vor gegen andern Teutschen Ländern, als wenn ich in Brasilia oder in China gewesen wäre, da sahe ich Leute in dem Frieden handlen und wandlen, die Ställe stunden vull Viehe, die Baurn-Höf lieffen voll Hüne, Gäns und Endten, die Strassen wurden sicher von den Raisenden gebraucht, die Wirtshäuser sassen voll Leute, die sich lustig machten, da war gantz keine Forcht vor dem Feind, keine Sorg vor der Plünderung …« Unter diesem Eindruck beschließt Simplicius Einsiedler auf einer einsamen Schwarzwaldhöhe zu werden.

Als er die Falschheit erkennt und der »verkehrten Welt« den Rücken zukehrt, erlangt Simplicius seinen Seelenfrieden. Die »Welt« macht den Menschen närrisch, eifersüchtig und böse. In ihr gilt der Satz von Thomas Hobbes: »Homo homini lupus«, »Der Mensch ist des Menschen Wolf«. Nur die Flucht aus der verderbten Welt und ein gottgefälliges Leben rettet den Menschen für den tiefsten Sinn seines Daseins. Ursprünglich wollte Grimmelshausen seinen Roman an dieser Stelle enden lassen. Doch dann zieht es den Helden wieder hinaus. Das Leben lockt ihn aufs Neue auf abenteuerliche Fahrt. Schließlich strandet er als Seefahrer auf einer einsamen Südseeinsel, um erneut als sein alleiniger Herr einsam und gottgefällig zu leben. Als ein holländisches Schiff zufällig anlegt, schließt sich der Kreis: Simplicius übergibt dem Kapitän seine Memoiren, der sie nach Europa bringt. In ihnen zieht er die Bilanz seines Lebens: »Als ich nach meines Vaters seligem Tod in diese Welt kam, da war ich einfältig und rein, aufrecht und redlich, wahrhaftig, demütig, eingezogen, mäßig, keusch, schamhaftig, fromm und andächtig; bin aber bald boshaftig, falsch, verlogen, hoffärtig, unruhig und überall ganz gottlos worden, welche Laster ich alle ohne einen Lehrmeister gelernet; (…) ich sah nur auf das Gegenwärtige und meinen zeitlichen Nutz und gedachte nicht einmal an das Künftige, viel weniger, dass ich dermaleins vor Gottes Angesicht müsste Rechenschaft geben!«

Hans Jakob Christoffel von Grimmelshausen wurde als Sohn einer protestantischen Familie, die ursprünglich adlig war, 1622 im hessischen Gelnhausen bei Hanau geboren. Nach dem Tod des Vaters (wohl um 1626) wuchs er beim Großvater, einem Bäcker und Weinhändler, auf. Die Mutter hatte ein Jahr nach dem Tod des Vaters wieder geheiratet und war nach Frankfurt gezogen. Als 1634 die kaiserlichen Truppen Gelnhausen plündern, wird er im Alter von zwölf Jahren verschleppt und für viele Jahre zum Kriegsdienst gezwungen. 1637 kämpft er unter den Kaiserlichen in Westfalen, u.a. in Soest. 1645 wird er Schreiber in der Regimentskanzlei in Wasserburg am Inn. 1646 erfolgt die Heirat in Offenburg. In seinem letzten Lebensjahrzehnt lebt er in Renchen (bei Straßburg) im Schwarzwald, wo er Gastwirt und Schultheiß (Gemeindevorsteher) wird. Aus dieser Zeit stammt der »Simplicissimus«, der einer der ersten Bestseller in deutscher Sprache wurde. Am 17. August 1676 stirbt Grimmelshausen in Renchen. 1896 wurde sein »Simplicissimus« zum Namenspatron der profiliertesten satirischen Zeitschrift der Kaiserzeit und der Weimarer Republik.

Die Zeit zwischen 1600 und 1720 wird als Barock bezeichnet. Im Barock prallten die Gegensätze hart aufeinander: auf der einen Seite das verschwenderische Leben und die prunkvollen Schlösser des Adels, auf der anderen Seite die Armut und das Elend der Bauern. Vor dem Hintergrund des Krieges zeigten die Dichter des Barock – Paul Fleming, Andreas Gryphius, Martin Opitz, Christian Hoffmann von Hoffmannswaldau – den Menschen hin- und hergerissen zwischen Todesangst und Lebenslust. Ein Hauptthema des Barock ist der Vanitas-Gedanke, das heißt, dass alles Leben vergänglich und vergeblich ist. »Was sind wir Menschen doch? Ein Wohnhaus grimmer Schmerzen«, heißt es bei Gryphius. »Mensch werde wesentlich!« – mit diesem Satz wollte der Dichter Angelus Silesius den Barockmenschen aufrufen, vom oberflächlichen Leben zu Gott zurückzufinden. Heute kann der Ausspruch »Adieu Welt, denn bei dir ist nichts Beständiges« bedeuten, sich gegenüber dem vorherrschenden Materialismus auf das einfache Leben zu besinnen. Freundschaften sind beständiger als die von gegenseitigem Nutzen geprägten Beziehungen in der »großen Welt«.

Der Berliner Philosoph Walter Benjamin hat einige wesentliche Parallelen zwischen der Barockzeit und der Moderne herausgearbeitet. Im Barock wie in der Moderne werden Gewissheiten in Frage gestellt, es gibt eine tiefe Sehnsucht nach dem Heil. Bei den Barockdramatikern kam es zur Inflation der Allegorie (bildliche Darstellung eines abstrakten Begriffes, zum Beispiel Steine für Traurigkeit). Indem der Barockkünstler aus subjektiver und zufälliger Sicht den Gegenständen eine allgemeine Bedeutung zu verleihen versucht, hat er laut Benjamin die Substanz des Konkreten ausgehöhlt und eine Art Weltvernichtung betrieben. In dieser Weltvernichtung liegt die Parallele zur Moderne, in der Waren und Werbung dazu beitragen, dass die Menschen die Orientierung verlieren. Wie der zwischen Fest und Trauer hin und her pendelnde barocke Dichter, der aus subjektiver Kraft der Welt einen Sinn zu verleihen versuchte, ist auch das moderne Individuum zum ständigen – zwischen Melancholie und Freude schwankenden – Grübler geworden.

11.

»Begreifst du aber, wie viel andächtig schwärmen leichter als gut handeln ist?«

»NATHAN DER WEISE« VON GOTTHOLD EPHRAIM LESSING (1729–1781)

Selbst zu denken und der Glaube an den Fortschritt der Wissenschaften sind die wichtigsten Werte der Aufklärung, die sich zuerst in England (Locke, Hume) und Frankreich (Rousseau, Voltaire) etablierten. Der Fokus der Menschen sollte weg von Themen des Glaubens auf das reale Leben im Diesseits gerichtet werden. In Deutschland war es vor allem Gotthold Ephraim Lessing, der die Forderung nach Toleranz unter den Religionen vertrat. Im Alter von 19 Jahren beschloss er, vom Schreiben zu leben, was für einen kritischen Schriftsteller wie Lessing bedeutete, früher oder später mit der Zensur in Konflikt zu geraten. Nach einem Streit mit dem Hamburger Hauptpastor Johann Melchior Goeze – es ging um den Gegensatz von Vernunft und Glauben – verbot ihm der Herzog von Braunschweig-Wolfenbüttel, zu religiösen Fragen Stellung zu nehmen. Der »Durchlauchtigste Fürst und Herr …« könne es »nicht gestatten, (…) dass er [Lessing] in Religionssachen (…) ohne vorherige Genehmigung des Fürstl. Geheimen Ministerii ferner etwas drucken lassen möge …« Daraufhin beschloss Lessing, sein Religionsstück »Nathan der Weise« (1779) zu schreiben, in dem es um Toleranz und die mögliche Koexistenz der drei Weltreligionen – Judentum, Christentum, Islam – geht.

Die Hauptfigur Nathan hat bei einer Judenverfolgung durch die Kreuzritter seine Frau und seine sieben Söhne verloren. Dennoch besiegt er seine Rachegedanken und nimmt das christliche Waisenkind Recha als seine Adoptivtochter in sein Haus auf. Das Zitat, »Begreifst du aber, wie viel andächtig schwärmen leichter als gut handeln ist?«, ist dem Gespräch entnommen, das Nathan nach der Rückkehr von einer Geschäftsreise mit Recha führt. Recha glaubt, dass es ein Engel war, der sie während Nathans Abwesenheit aus einem brennenden Haus gerettet habe. Nathan hält nichts von Rechas Schwärmerei für Engel und will ihr den Wunderglauben ausreden. Der Glaube an Wunder sei nur Faulheit. Nathan geht mit Recha hart ins Gericht. Es sei bequemer, an Wunder zu glauben, als sich bei dem wirklichen Retter zu bedanken. Außerdem wirft Nathan seiner Ziehtochter vor, sich für etwas Besseres zu halten, wenn sie glaubt, sie sei von einem Engel gerettet worden. Diesen Gedanken bringt Nathan anhand der folgenden Metapher zum Ausdruck: »Der Topf von Eisen will mit einer silbern Zange gern aus der Glut gehoben sein, um selbst ein Topf von Silber sich zu dünken.«

Im Verlauf der Handlung wird Nathan von dem wegen seiner Freigiebigkeit hoch verschuldeten Sultan Saladin in den Palast eingeladen. Um ihm eine Falle zu stellen, fragt der Sultan Nathan, welche der drei monotheistischen Religionen die wahre sei, worauf ihm der vorsichtige Nathan mit dem Gleichnis der »Ringparabel« antwortet. Ein Mann besaß einen Ring, der die Kraft hat, seinem Besitzer Ansehen vor Gott und seinen Mitmenschen zu verleihen. Dieser Ring wird von Generation zu Generation weitergegeben. Doch der Mann hatte drei Söhne, die er alle gleich liebte und von denen er keinen bevorzugen wollte. Aus diesem Grund gab er den Ring zu einem Goldschmied, der zwei völlig gleiche Duplikate anfertigte. Nicht einmal der Mann selbst konnte die Ringe voneinander unterscheiden. Schließlich gab er jedem der drei Söhne einen Ring. Als er starb, kam es jedoch zu einem Streit unter den Söhnen. Jeder von ihnen glaubte, den echten Ring zu besitzen. Ein Richter gab ihnen den Rat, ihren Streit zu beenden, denn letztendlich habe doch jeder der Söhne einen Ring von seinem Vater erhalten. Anstatt sich nutzlos zu streiten, sollten sie versuchen, die Kraft ihres Rings zu nutzen und unter den Menschen gute Taten zu vollbringen: »Es eifre jeder seiner unbestochenen, von Vorurteilen freien Liebe nach! Es strebe von euch jeder um die Wette, die Kraft des Steins in seinem Ring an Tag zu legen, komme diese Kraft mit Sanftmut, mit herzlicher Verträglichkeit, mit Wohltun, mit innigster Ergebenheit Gott zu Hilf'!«

Lessing wurde als Sohn eines evangelischen Pfarrers im sächsischen Kamenz in der Oberlausitz geboren. Von 1742 bis 1746 besuchte er die berühmte Fürstenschule St. Afra in Meißen, die er 1746 im Alter von 17 Jahren verließ, um in Leipzig Theologie, Medizin und Philologie zu studieren. In Leipzig kam er mit dem Theater in Berührung, schrieb sein erstes Lustspiel, »Der junge Gelehrte«, besuchte Kneipen und beteiligte sich an Glücksspielen. 1748 zog es Lessing nach Berlin, um dort – als einer der ersten in Deutschland – als freier Schriftsteller und Redakteur verschiedener Zeitschriften zu arbeiten. Im Siebenjährigen Krieg (1756–1763) war er in Breslau Sekretär des Generalgouverneurs von

Schlesien, General von Tauentzien. Seine Erfahrungen während dieser Zeit flossen in die Komödie »Minna von Barnhelm« (1767) ein. Mit den Stücken »Miss Sara Sampson« (1755) und »Emilia Galotti« (1772) begründete Lessing die Gattung des bürgerlichen Trauerspiels. 1767 kam er als Dramaturg (Spielplanberater) nach Hamburg, wo die erste feste Schauspielbühne, das Nationaltheater, entstand. In der »Hamburgischen Dramaturgie« – einer Sammlung von Theater-Kritiken, die Lessing zwischen 1767 und 1768 im Auftrag des Nationaltheaters schrieb – versuchte Lessing, das deutsche Theater im Geiste Shakespeares zu erneuern.

Im Jahre 1770 hatte Lessing die Stelle eines Bibliothekars an der berühmten Hofbibliothek von Wolfenbüttel angetreten: seine erste feste Anstellung. 1776 heiratete er die Witwe eines Bekannten, Eva König. Nach einem Jahr glücklicher Ehe starb sie im Kindbett. »Ich wollte es auch einmal so gut haben wie andere Menschen, aber es ist mir schlecht bekommen«, schreibt Lessing. Nach ihrem Tod überkam ihn eine große Lethargie, er vergrub sich förmlich in seiner bibliothekarischen Arbeit und konzentrierte sich auf theologische Streitigkeiten. Psychisch und physisch am Ende starb Lessing 1781 im Alter von 52 Jahren an einem Schlaganfall. Lessing war Mitglied einer Freimaurerloge. Die Freimaurerei ist eine Entwicklung der Aufklärung. In den Logen waren alle Menschen willkommen, waren sie nun Anhänger von Zarathustra, Jesus, Konfuzius oder Buddha. Die einzige Bedingung: Man musste an einen unbestimmten »Allmächtigen Baumeister aller Welten« glauben.

Die Aktualität von Lessings Idee der Toleranz liegt auf der Hand. Die Güte eines Menschen hängt nicht von seinem Glaubensbekenntnis ab, sondern von seiner humanitären Gesinnung. Gegen religiöse Schwärmerei stellte Lessing die Forderung der Kritik, besonders der Selbstkritik. Im Streit zwischen Vernunft und Leidenschaft war er eindeutig auf Seiten der Vernunft. Lessing zufolge soll ein Schriftsteller nicht nur unterhalten, sondern auch belehren, aber doch so, dass er dem Leser ermöglicht, »durch eigenes Nachdenken auf die Wahrheit zu kommen«. Er vertrat die These, dass wir die absolute Wahrheit nie erfassen können. In einem berühmten Text schreibt Lessing: »Nicht die Wahrheit, in deren Besitz irgendein Mensch ist oder zu sein vermeinet, sondern die aufrichtige Mühe, die er angewandt hat, hinter die Wahrheit zu kommen, macht den Wert des Menschen. Denn nicht durch den Besitz, sondern durch die Nachforschung der Wahrheit erweitern sich seine Kräfte. (…) Der Besitz macht ruhig, träge, stolz …«

Da Lessing die Idee der Toleranz vertritt, muss vor einem häufig anzutreffenden Missverständnis dieses Begriffes gewarnt werden. Heute verstehen viele Menschen unter Toleranz, den Grundsatz, alles zu erlauben. Es wird gesagt, jeder soll so leben, wie er will, über Geschmack lässt sich nicht streiten usw. Demgegenüber vertritt Lessing wie Kant ein aktives Verständnis der Aufklärung. Er selbst hat in der Öffentlichkeit zu den Fragen seiner Zeit Stellung bezogen und darin den von Kant formulierten Wahlspruch der Aufklärung, »Sapere aude!«, »Habe Mut, dich deines eigenen Verstandes zu bedienen!«, verkörpert. Gerade weil es keine objektive Wahrheit gibt, ist es umso wichtiger – bei aller Bewusstheit der eigenen Fehlbarkeit –, für das relativ Richtige zu streiten. Wenn es auch keinen objektiven Blick auf die Welt gibt, so impliziert dies keinesfalls, dass alle Perspektiven gleich viel wert sind. Niemand kommt im wirklichen Leben umhin, die Interpretationen der anderen zu prüfen: »Gerade weil es keine letzte Wahrheit gibt, liegt so viel an dem, was wir hier und jetzt als wahr akzeptieren und als unwahr ablehnen …« (Pavel Kouba).

12.

»Zwei Seelen wohnen, ach, in meiner Brust«

»FAUST« VON JOHANN WOLFGANG VON GOETHE (1749–1832)

Goethes Faust verkörpert den Wissenschafts- und Verstandesmenschen, der erkennen muss, dass seinem Wissen Grenzen gesetzt sind. In seiner Studierstube verzweifelt er darüber, dass er zwar viel weiß, aber sein ganzes Wissen nicht an das Weltgeheimnis heranreicht. Er wendet sich der Magie zu, die ihm sagen soll, »was die Welt im Innersten zusammenhält«. Doch alle Versuche misslingen: »Den Göttern gleich ich nicht! Zu tief ist es gefühlt; dem Wurme gleich ich, der den Staub durchwühlt …« Er ist der Inbegriff des zerrissenen Intellektuellen. Einerseits hat Faust Fernweh und sehnt sich nach dem Göttlichen, doch auch die irdischen Freuden möchte er in vollen Zügen genießen:

»Zwei Seelen wohnen, ach, in meiner Brust,
die eine will sich von der andern trennen;
die eine hält, in derber Liebeslust,
sich an die Welt mit klammernden Organen;
die andre hebt gewaltsam sich vom Dust,
zu den Gefilden hoher Ahnen.«

In dieser Sinnkrise tritt Mephisto auf ihn zu und schließt mit ihm einen Pakt: Sollte es ihm, dem Teufel, gelingen, Faust mit sich und seiner Existenz zu versöhnen – »Werd ich zum Augenblicke sagen: Verweile doch! Du bist so schön! Dann magst du mich in Fesseln schlagen, dann will ich gern zugrunde gehen« –, kann dieser auf der Stelle seine Seele haben. Nach Abschluss der Wette stürzt Mephisto Faust in die »Tiefen der Sinnlichkeit«, damit er die Wette verlieren möge. Er verschafft ihm einen Zaubermantel, der ihm überall Einlass gewährt, und taucht mit ihm zunächst in die Weinseligkeit von Auerbachs Keller in Leipzig ein. Doch Faust zeigt sich von den Zechgenossen eher angewidert. Daraufhin führt ihn Mephisto in die Hexenküche, wo Faust durch einen Zaubertrank verjüngt und liebestoll gemacht wird. Danach erblickt er Margarete (Gretchen). Für Faust ist sie aufgrund des Zaubertranks nur ein Lustobjekt, während sich Gretchen tatsächlich in Faust verliebt. Mephisto arrangiert ein Treffen, ohne ihn wäre es vermutlich nie zu einer Begegnung zwischen Faust und Gretchen gekommen, denn sie sind absolute Gegenpole: Faust strebt nach dem Unendlichen, während Gretchen zufrieden in ihrer kleinen überschaubaren Welt lebt.

Doch auch Gretchen spürt, dass Faust ein schwer zu durchschauender Charakter ist, und stellt ihm in der Szene »Marthes Garten« die berühmte »Gretchenfrage«: »Nun sag, wie hast du's mit der Religion? Du bist ein herzlich guter Mann, allein ich glaub, du hältst nicht viel davon.« Zwar fühlt sie sich zu ihm hingezogen, aber vor Mephisto, dem Mann in seiner Begleitung, hat sie ein »heimlich Grauen«. Faust antwortet eher gereizt: »Lass das, mein Kind. Du fühlst, ich bin dir gut. (…) Glaube, was man so verständig nennt, ist oft mehr Eitelkeit und Kurzsinn.« Seiner Ansicht nach ist es vermessen zu behaupten, an Gott zu glauben. Wir wüssten kaum etwas über den Allmächtigen, lediglich, dass er der »Allerhalter«, »Allumfasser« sei und alle Menschen bei ihm gut aufgehoben sind. Faust vertritt den Pantheismus. Unter Pantheismus versteht man, dass die ganze Welt etwas Göttliches ist und Gott alles Sein umschließt (vom griech. *hen kai pan*, »eins und alles«). Goethe selbst ging weder in die Kirche noch zum Abendmahl und betete wenig, wie Freunde berichteten.

Ab der Szene im Garten nimmt die sogenannte »Gretchentragödie« ihren Lauf. Faust verführt Gretchen, die von ihm schwanger wird. Schon bald hat Faust mehrere Menschen auf dem Gewissen. Er tötet mit Unterstützung von Mephisto Gretchens Bruder Valentin. Ihre Mutter stirbt, weil Mephisto ihr einen zu starken Schlaftrank verabreicht und Gretchen ertränkt ihr gemeinsames Kind. Mephisto versucht, Faust abzulenken, und besucht mit ihm den Brocken, wo er ein wildes, derbes, unzüchtiges Fest erlebt. Erst kurz vor der Kerkerszene entdeckt Faust seine menschliche Seite wieder. Doch es ist zu spät. Gretchen ist im Kerker wahnsinnig geworden. Zunächst erkennt sie Faust nicht, bis sie sagt: »Heinrich! Mir graut's vor dir!« Sie bereut ihre Tat und nimmt das Todesurteil auf sich, anstatt mit Faust und Mephisto zu fliehen. So endet der erste Teil des Dramas.

Goethe wurde am 28. August 1749 als Sohn eines gebildeten kaiserlichen Rates und einer lebensfrohen Mutter in der Reichsstadt Frankfurt am Main geboren. Sein strenger Vater sorgte für seine umfassende Bildung. Er lernte nicht nur die modernen Sprachen Italienisch und Französisch, sondern auch Latein, Griechisch und Hebräisch. In Leipzig studierte Goethe Jura, wurde schwer krank und setzte sein Studium in Straßburg fort. Die zwei Jahre im Elsass erschienen ihm im Rückblick als seine glücklichsten. 1775 lädt ihn der Herzog Carl August als juristischen Berater, später als Minister, nach Weimar ein, 1782 wird er zum Adligen ernannt. 1786–1788 geht er auf eine längere Italienreise, auf der er sich mit der »stillen Größe« der Antike beschäftigt. Er gibt sich in Rom als Maler aus und führt ein Künstlerleben, von dem er in seinem Werk »Italienische Reise« berichtet. Zurück in Weimar widmet er sich fast ausschließlich der Kunst sowie der Leitung des Hoftheaters zu Weimar. Unermüdlich ist er als Theaterleiter, Naturforscher und Dichter tätig. Er vertieft sich in die Farbenlehre und Optik. In seinen letzten Lebensjahren holt er die wenig standesgemäße Christiane Vulpius in sein Haus, die er 1806 heiratet. Mit Schiller verband ihn eine produktive Dichterfreundschaft, die Weimar zum geistigen Zentrum Deutschlands machte. Goethe starb am 22. März 1832 und wurde in der Fürstengruft zu Weimar neben seinem Freund Schiller beigesetzt.

Goethes aus 11000 Versen bestehender »Faust« ist eines der erfolgreichsten Bühnenwerke in der Theatergeschichte. 1846 komponierte Hector Berlioz die Oper »Fausts Verdammnis«. Berühmt ist die Inszenierung des Stückes von Gustaf Gründgens mit Will Quadflieg als Faust, Gründgens selbst spielte den Mephisto. Schon als Sechsjähriger beschäftigte sich Goethe mit dem Faust-Stoff, den er durch das Volksbuch »Historia von D. Johann Fausten« kennengelernt hatte. 1772 schrieb er, inspiriert durch den Prozess der Kindsmörderin Susanna Margaretha Brandt, die auf dem Schafott starb, die ersten Szenen des »Faust«. Goethe war vielleicht sogar bei der Hinrichtung der Verurteilten dabei. Eine erste Version des Stoffes aus dem Jahre 1774 wird »Urfaust« genannt. Erst kurz vor Goethes Tod erschien die Fassung, wie wir sie heute kennen.

Zu Beginn des zweiten Teils wird Faust von Mephisto in eine anmutige Gegend gebracht, wo er auf Blumen gebettet in einen tiefen Schlaf fällt, der ihm neue Lebensenergien und Tatendrang bringt. Auf seiner weiteren Reise in die Sinnlichkeit versucht Mephisto, ihn durch Macht, Ruhm und Reichtum zufriedenzustellen. Sie lernen alle möglichen Könige, Kaiser und Gestalten aus der griechischen Mythologie kennen. Faust und Mephisto erfinden an einem bankrotten Kaiserhof das Papiergeld, worauf im Land ein Wirtschaftsaufschwung erfolgt, bis das Reich schließlich völlig zusammenbricht, weil das Geld, wie in der Weltfinanzkrise im Jahr 2008, nicht durch Werte gedeckt ist. Jetzt verhöhnt Mephisto Faust, er solle doch mithilfe des Geldes zu dem Universalmenschen werden, der er sein will. Doch Geld und Reichtum sind nicht das, was Faust sucht, woraufhin er immer weiter umherirrt. Erst am Ende des Stücks erkennt er seinen Lebenssinn. Der erblindete Faust imaginiert einen Sumpf, der trockengelegt werden muss. Es sollen viele Arbeiter helfen, hier einen Wohnort für Menschen zu schaffen: »Das ist der Weisheit letzter Schluss: Nur der verdient sich Freiheit wie das Leben, der täglich sie erobern muss.« Für Goethe selbst ist das Leben nur dann lebenswert, wenn man sich Ziele setzt und Hindernisse stets selbst überwindet. Ein zufriedener Mensch war für Goethe fast wie ein toter Mensch.

Faust stirbt in der Hoffnung auf eine zukünftige bessere Gesellschaft, den höchsten Augenblick sozusagen vorausdenkend. Der Wette zufolge müsste seine Seele nun dem Teufel gehören, doch er wird von Engeln gerettet, da er Gott »auf besondere Weise« gedient hat. Der Sinn des Lebens liegt nicht darin, alles vollständig zu durchschauen, sondern in tätiger Arbeit das Leben der Menschen ein Stück weit zu verbessern: »Wer immer strebend sich bemüht, den können wir erlösen.« Faust hat seinen Lebenssinn in der Humanität gefunden. Goethe sah die Gefahren, die durch den Verlust des Glaubens und von dem entfesselten Geist der Neuzeit ausgingen. Zwar wollte er auf keinen Fall in die Arme des althergebrachten Denkens zurück, doch ihm war bewusst, wie schwierig es ist, unter der »metaphysischen Obdachlosigkeit« (Georg Lukács) des modernen Menschen zu einem sinnerfüllten Leben zu finden. Hierin liegt auch der tiefere Sinn der Gretchenfrage, »Nun sag, wie hast du's mit der

Religion?« In »Faust II« gibt Goethe die Antwort, wonach die aufgeklärte Menschheit streben sollte: »Auf freiem Grund mit freiem Volk zu stehn.«

13.

»Wie traurig ist doch das Dasein der Menschen – und dieses nichtige Dasein machen wir uns noch selbst einander unerträglich, statt dass wir durch vertrauliche Geselligkeit uns in dieser Wüste des Lebens einander unsre Last erleichtern sollten.«

»Anton Reiser« von Karl Philipp Moritz (1756–1793)

Dieses Zitat stammt vom Anfang eines Briefes, den der Titelheld Anton Reiser in Karl Philipp Moritz' Roman schreibt. Es weist auf die einfache Einsicht hin, dass es für die Menschheit weit besser wäre, sich gegenseitig zu unterstützen als zu bekämpfen. »Anton Reiser« ist der erste deutsche Entwicklungs- oder Bildungsroman. Der Gymnasiast Anton Reiser schlägt sich in Hannover als Stipendiat des Prinzen und als Empfänger von »Freitischen« bei besser gestellten Bürgern mehr schlecht als recht durch. Als Almosenempfänger hat er das Gefühl, es niemandem recht zu machen: »Dem einen trug er sein Haar zu gut, dem anderen zu schlecht frisiert, dem einen ging er zu schlecht, dem anderen, für einen Knaben, der von Wohltaten leben müsse, noch zu geputzt einher …« Anton ist ein sensibler und leicht reizbarer junger Mann, der schon bei geringster Missachtung oder einer als solche empfundenen Geste in mimosenhaftes Selbstmitleid versinkt, weshalb er die größten Schwierigkeiten hat, Anschluss zu finden. Überall fällt er wegen seiner Überempfindlichkeit auf. Einzig mit seinem Namensvetter, Philipp Reiser, dem Alter Ego des Autors, den er in Hannover kennenlernt, stellt sich Wahlverwandtschaft und Freundschaft ein. Beide verstehen sich gut, bis auf den Unterschied, dass sich Philipp Reiser schon früh für das andere Geschlecht interessiert, während es Antons Minderwertigkeitsgefühle verhindern, dass er sich in dieser Hinsicht auch nur Hoffnungen machen könnte.

Anton quält »mangelndes Selbstzutrauen« und obwohl die meisten seiner Mitschüler aus armen Verhältnissen stammen, beklagt er sich bitter über seine Armut. Er empfindet es als große Ungerechtigkeit, dass die einen in höhere und die anderen in niedere Stände hineingeboren werden. Zu einer konkreten Gesellschaftskritik gelangt Anton jedoch nicht; er erkennt nur, dass es gesellschaftliche Strukturen gibt, die ihm ein sinnerfülltes und selbstbewusstes Leben unmöglich machen, analysiert die Ursachen jedoch nicht genauer. Gerade sein Mangel an Selbstbewusstsein nötigt ihn, sich ständig irgendwie hervorzutun, zum Beispiel als Schauspieler auf öffentlichen Bühnen zu spielen oder Gedichte zu schreiben und sie mit Inbrunst vorzutragen. Bei der Rezitation von Theaterrollen fühlt er sich einer höheren Sphäre angehörig und seinen Alltagssorgen enthoben: »Das Theater als die eigentliche Phantasiewelt sollte ihm also ein Zufluchtsort gegen alle diese Widerwärtigkeiten und Bedrückungen sein.« Während überall um ihn herum Krankheit, Not und Streit herrschen, sucht der introvertierte Junge in der Literatur Zuflucht. Insbesondere Goethes »Die Leiden des jungen Werther« üben eine große Faszination auf ihn aus. Wenn er wieder einmal von seinen Mitmenschen verletzt wurde, zieht er sich tagelang in sich und seine Lektüre zurück: »Durch das Lesen war ihm auf einmal eine neue Welt eröffnet, in deren Genuss er sich für all das Unangenehme in seiner wirklichen Welt einigermaßen entschädigen konnte.« Dann sieht es so aus, als würde er untergehen, bis sich wieder ein neuer Hoffnungsschimmer für ihn ergibt. Anton Reisers Sehnsucht nach der Einsamkeit ist groß, wovon schon sein Vorname Anton (von dem Heiligen Antonius, der als Anachoret lebte) kündet. Seine Kontaktschwäche und seine Schamgefühle führen ihn fast zwangsläufig in eine Traum- und Fantasiewelt. Er erlebt sein Alleinsein zwar als schmerzlich, aber nach einer Weile empfindet er sogar eine Art Wonne dabei, die berühmte *joy of grief*. Auf seiner Suche nach dem eigenen Ich gleicht Anton Reiser in vielerlei Hinsicht den durch Unsicherheit geprägten modernen Menschen. In Moritz' Roman finden sich viele Seiten, die die Bedeutung der Bildung für die Persönlichkeitsentwicklung hervorheben: »Oft ging er mit traurigem Herzen zur Schule, wenn er einmal aber darin war, so vergaß er seines Kummers und die Schulstunden waren im Grunde noch seine glücklichsten Stunden. Auch war er von nun an minder unglücklich, weil seine Denkkraft angefangen hatte, sich zu entwickeln. Das war Spannung und Glück genug – er schmeckte zuerst die Wonne des Denkens.«

Karl Philipp Moritz gilt als einer der ersten psychologischen Schriftsteller im deutschen Sprachraum. In »Anton Reiser« schildert er im Wesentlichen seine eigene Kindheit und Jugend. Er wurde 1756 als Sohn eines Militärmusikers und Unteroffiziers in Hameln geboren und von seinem Vater, einem Anhänger der pietistischen Sekte der Quietisten um Madame Guyon tyrannisiert. Ein freundlicher Blick vom Vater »war ihm ganz etwas Sonderbares, das nicht recht zu seinen übrigen Vorstellungen passen sollte«, heißt es im »Anton Reiser«. Im Alter von zwölf Jahren wurde Moritz zu einem Schuhmacher nach Braunschweig gebracht, der ihn rücksichtslos ausbeutete. Erst nach einem

Selbstmordversuch des Jungen wurde er nach Hannover geholt, wohin die Eltern inzwischen gezogen waren. Dort erkennt ein Garnisonspfarrer seine Begabung und ermöglicht ihm gegen den Willen der Eltern eine Gymnasialausbildung. Der bettelarme Schüler ist auf Almosen angewiesen, sein Selbstwertgefühl angegriffen. Im Reich des schönen Scheins, auf den Brettern des Theaters verschafft sich Moritz wie sein Protagonist im Roman eine Art Ersatzbefriedigung. Er schließt sich als Student einer Schauspieltruppe an, die sich jedoch bald wieder auflöst, sodass er wieder vor dem Nichts steht. Mit 22 Jahren tritt Moritz schließlich eine Stelle als Lehrer in der Garnisonsstadt Potsdam an. Zwar führt er seinen Dienst mit Hingabe und Begeisterung aus, doch die Zustände in der Anstalt – Drill und Überfüllung – treiben ihn erneut an den Rand des Selbstmords. Er wechselt an das renommierte, im Geist der Aufklärungspädagogik geleitete, Graue Kloster in Berlin, wo er es bis zum Konrektor bringt. 1786 bricht er fluchtartig zu einer Reise nach Italien auf. In Rom, wo er zwei glückliche Jahre verbringt, schließt er Freundschaft mit Johann Wolfgang von Goethe. 1789 wird Moritz Professor der Theorie der schönen Künste in Berlin. Er heiratet, bringt es zu Wohlstand und Ansehen, doch schon im Jahre 1793 stirbt er im Alter von 37 Jahren an Tuberkulose.

Wir erfahren in Moritz' Entwicklungsroman viel über die damaligen Lebensumstände der Handwerker und werden eingeführt in das Leben der kleinen Leute in den norddeutschen Städten und Dörfern. So entsteht ein realistisches Bild des täglichen Lebens im ausgehenden 18. Jahrhundert, wie wir es in kaum einem Geschichtsbuch finden. Oft geht es ums nackte Überleben im Kampf gegen den Hunger, dem manchmal wochenlang mit nur einem großen Laib Brot getrotzt wird. Moritz schildert uns Hutmacher, Schuster,

Oboisten, Schauspieler, Essigbrauer … »Wie traurig ist doch das Dasein der Menschen – und dieses nichtige Dasein machen wir uns noch selbst einander unerträglich, statt dass wir durch vertrauliche Geselligkeit uns in dieser Wüste des Lebens einander unsre Last erleichtern sollten«, heißt es in »Anton Reiser«. Warum sollten sich die Menschen unter solch schwierigen Bedingungen das Leben gegenseitig noch schwerer machen, als es ist? Wäre es nicht weit sinnvoller, sich gegenseitig zu helfen?

Der Berliner Liedermacher Rio Reiser hat sich nach der Hauptfigur in Moritz' Roman benannt und der Schriftsteller Arno Schmidt sah in »Anton Reiser« die »grandioseste aller Selbstbiografien«. Im »Anton Reiser« sind viele moderne Themen aufgegriffen, z.B. das Phänomen des Mobbings in der Schule. Im Roman heißt es über Reiser: »Er wurde ja ganz aus der Reihe herausgedrängt – er stand einsam und verlassen da – und suchte nur das, wodurch er sich immer noch mehr absondern und in sich selbst zurückziehen konnte; alles, was er für sich allein auf der Stube arbeitete, las und dachte, machte ihm Vergnügen, aber zu allem, was er in den Schulstunden mit andern gemeinschaftlich arbeiten sollte, war er träge und verdrossen; es war immer, als ob er gar nicht dazugehörte.« Wie Anton Reiser greifen heute Jugendliche aus den verschiedensten Gründen immer mehr zu Videospielen, Fernseher oder Alkohol und Drogen. Während das reale Leben immer komplizierter wird, flüchten sie in künstliche Welten. Anton Reiser treiben fortwährende Erniedrigungen, zumindest nimmt er sie so wahr, fast bis zum Selbstmord: »denn die Beschämung deuchte ihm als das größte Unglück, was einem widerfahren kann«. Ohne den Trost durch die Literatur hätte er wahrscheinlich nicht überlebt. Für Anton Reiser ist seine Zurückgezogenheit nicht nur negativ, in manch einsamer Stunde vermag er sogar zu tieferer Erkenntnis über sein Dasein vorzudringen. Auch im Nichtstun und in der Langeweile kann ein Sinn liegen. Über das Alleinsein des Protagonisten heißt es im Roman: »Und dann stieß ihm der Begriff vom Dasein als die Grenze alles menschlichen Denkens auf …« Mußestunden können das Denken befördern. Zunehmende Betriebsamkeit tötet es ab.

14.

»Was ist alles, was in Jahrtausenden die Menschen taten und dachten, gegen einen Augenblick der Liebe?«

»HYPERION« VON FRIEDRICH HÖLDERLIN (1770–1843)

Für den Dichter Friedrich Hölderlin zählt vor allem die ursprüngliche Erfahrung der Liebe. Gegen den zunehmenden Materialismus seiner Zeit schrieb er den in Griechenland handelnden Briefroman »Hyperion«. Hölderlin selbst hatte Griechenland nie gesehen und bezog seine Kenntnisse aus der Lektüre von Reiseberichten. Die Titelfigur seines Romans ist ein junger Grieche, der gegen die türkische Fremdherrschaft kämpft. Dabei wird sein aus der Antike stammendes Ideal von Heldentum und Tugend durch das brutale Vorgehen seiner Mitkämpfer verraten, sodass Hyperion selbst unter seinen Kameraden einsam bleibt. In Smyrna trifft er auf den gescheiterten Revolutionär Alabanda. In der Forderung, den Adel abzuschaffen und eine bürgerliche Gesellschaft zu errichten, sind sich Alabanda und Hyperion einig. Doch während Alabanda dies mittels einer Revolution erreichen will, setzt sich Hyperion für eine evolutionäre Erziehung des Volkes ein. Es kommt zum Zerwürfnis.

Hyperion zieht sich auf seine Heimatinsel zurück, wo er Diotima kennenlernt. Dennoch entschließt er sich zu Beginn des zweiten Bandes, einem Ruf Alabandas zu folgen und mit ihm in den Freiheitskampf gegen die Türken zu ziehen. Doch als es zu Plünderungen und unrechtmäßigen Übergriffen innerhalb der Truppen der Freiheitskämpfer kommt – eine Anspielung auf die »Entgleisung« der Französischen Revolution unter der Jakobinerherrschaft –, verlässt Hyperion Griechenland enttäuscht, um sich nach Deutschland zu begeben. Doch auch über die Deutschen findet Hyperion harte Worte: »Barbaren«, schreibt er, »von alters her, durch Fleiß und Wissenschaft und selbst durch Religion barbarischer geworden, tiefunfähig jeden göttlichen Gefühls (...) dumpf und harmonielos, wie die Scherben eines weggeworfenen Gefäßes ...« Hölderlin versucht mit seiner Dichtung, die Menschen daran zu erinnern, dass es in der Natur eine heilige Harmonie gibt und dass die Menschen, die diese universale Harmonie und Gottesschau – »Einig zu sein mit allem, was lebt!« – an sich erfahren, erst noch geboren werden müssen.

Zeitlebens verehrte Hölderlin die heilige Stille der Wälder. Im Wald und in der Natur suchte er Schutz vor Menschen, die »fühllos für alles schöne Leben« geworden sind. Dabei wünschte sich Hölderlin nichts sehnlicher als eine sinnerfüllte Gemeinschaft, wie aus seinem Gedicht »Abendphantasie« hervorgeht. Geschildert wird die friedliche Stimmung, wenn die Menschen nach ihrem Tagewerk gemütlich und einträchtig zusammensitzen und noch ein Glas Wein miteinander trinken. Alles ist gut, nur das lyrische Ich kann nicht glücklich sein: »Ist alles freudig; warum schläft denn nimmer nur mir in der Brust der Stachel?« Aufgrund solcher Zeilen glauben viele, dass Hölderlin ein unglücklicher Mensch war. Dem widersprechend glaubt der Germanist

Peter de Matt, dass Hölderlin wie kaum ein anderer Mensch Glücksmomente erlebt hat: »Hölderlin: Das ist nicht nur Klage, Schwermut und lauernde Verzweiflung. Hölderlin: Das ist auch Glück, Erfüllung, ist die hingerissene Erfahrung einer vollkommenen Welt«. Wer Hölderlin liest, für den ergeben sich fast zwangsläufig erhebende Momente: »Wer Hölderlin nur tragisch sieht, dem bleibt verschlossen, wie heftig, wie überwältigend er die gegenwärtige Natur erfuhr« (Peter de Matt).

Geboren wurde Friedrich Hölderlin 1770 in Lauffen am Neckar. Seinen Vater verlor er im Alter von zwei Jahren, sein Stiefvater starb, als Hölderlin gerade neun Jahre alt war. In einem Brief an seine Mutter heißt es, dass die Trauer über diese zweimalige Verlusterfahrung sein ganzes Leben geprägt habe. Nach dem Schulbesuch in Denkendorf und Maulbronn studierte er im Tübinger Stift Theologie. Hier entstand auch die Freundschaft mit den Philosophen Friedrich Wilhelm Joseph Schelling und Georg Wilhelm Friedrich Hegel. Die drei teilten ein Zimmer und gaben die Parole aus, an einer »inneren Kirche« bauen zu wollen. 1796–1798 ist Hölderlin Hauslehrer in Frankfurt, wo er sich in Susette Gontard, die Frau seines Arbeitgebers, verliebt. Nach weiteren Stationen als Hauslehrer in Bad Homburg, Nürtingen, Stuttgart, der Schweiz und Bordeaux, verfällt Hölderlin dem Wahnsinn. In einer Gedichtzeile heißt es prophetisch: »Nur einen Sommer gönnt, ihr Gewaltigen, und einen Herbst zu reifem Gesange mir.« Ab 1806 lebt er bei einem Tübinger Tischler in Pflege.

Wie Schiller und Beethoven war Hölderlin ein begeisterter Anhänger der Französischen Revolution und Gegner der alten Ständegesellschaft. Allerdings ging es ihm nicht nur um rein Politisches, sondern um den Auftakt einer letztlich geistigen Revolution, an deren Ende ein Bund unter den

Menschen steht, deren Mitglieder sich zueinander in Sympathie und Liebe verhalten – »Was ist alles, was in Jahrtausenden die Menschen taten und dachten, gegen einen Augenblick der Liebe?«, schreibt Hyperion nach einem Spaziergang mit seiner Geliebten Diotima an seinen Freund Bellarmin. Für Hölderlin wird die Welt nicht durch rationales Denken besser, sondern nur, wenn sich der Mensch auch gefühlsmäßig verändert. Hölderlin träumte von der Utopie einer versöhnten Welt. Oft erwähnt er in seinen Gedichten Götter oder Halbgötter, womit er zum Ausdruck bringen will, dass die Menschen sich nicht isoliert auf der Welt fühlen sollten, sondern ein Teil eines größeren Ganzen sind. Die Natur ist für ihn keine tote Materie, sondern beseelt. Der moderne Mensch muss erst wieder lernen, sich als Teil des Kosmos zu verstehen. Mit der Formulierung »Nah ist und schwer zu fassen der Gott« aus der Patmos-Hymne wollte Hölderlin zum Ausdruck bringen, dass eine Umkehr jederzeit möglich ist, doch leider gelingt es dem modernen Menschen kaum, aus dem Gehäuse seiner Betriebsamkeit auszubrechen.

Den sozialökonomischen Hintergrund für Hölderlins Kritik an einer freudlos gewordenen Welt bildet die seit 1765 in England einsetzende industrielle Revolution. Eisenbahnen, mechanisierte Webstühle und Fabrikhallen (anstelle der alten Manufakturen), in denen arbeitsteilig produziert wurde, veränderten die Arbeitswelt. Im Laufe des 19. Jahrhunderts überrollte der Prozess der Industrialisierung und Verstädterung den gesamten Kontinent. Friedrich Schiller war einer der Ersten, der in seinen »Briefen zur ästhetischen Erziehung« mahnte, dass in der modernen Welt die emotionalen Bedürfnisse der Menschen zu kurz kommen. Wenn der Mensch nur noch ans Arbeiten und Produzieren denkt, gibt es für die Musen keinen Raum. Der moderne Arbeiter verausgabt sich im Arbeitsprozess. Für Fragen der Kunst und des guten Lebens hat er keine Zeit.

Mehr als auf den technischen Fortschritt hoffte Hölderlin auf die Wirkung des die Liebe beschwörenden dichterischen Wortes. Mit seinem Namen verbinden wir Idealismus und Begeisterung: »O ein Gott ist der Mensch, wenn er träumt, ein Bettler, wenn er nachdenkt, und wenn die Begeisterung hin ist, steht er da, wie ein missratener Sohn, den der Vater aus dem Hause stieß, und betrachtet die ärmlichen Pfennige, die ihm das Mitleid auf den Weg gab.« Martin Heidegger bezeichnete Hölderlin als den »Dichter der Dichter«. Zeitlebens träumte Hölderlin – »Was wäre das Leben ohne Hoffnung?« – von einem einfachen, zufriedenen Leben, zu dem seiner Meinung nach Ruhe, Gesundheit, Natur und Lust gehören.

15.

»Ich lasse das Leben auf mich regnen.«

UNGEDRUCKTE TAGEBUCHNOTIZ VOM 11. MÄRZ 1810
VON RAHEL LEVIN VARNHAGEN VON ENSE (1771–1833)

Ende des Jahres 1833 erschien ein Buch mit ausgewählten Briefen und Tagebuchblättern der kurz zuvor verstorbenen Schriftstellerin Rahel Varnhagen von Ense, die ihr Ehemann Karl August Varnhagen von Ense zusammengestellt hatte. Kein geringerer als Heinrich Heine begrüßte diesen Band enthusiastisch. Unter ihren Freunden war Rahel Levin, so ihr Mädchenname, längst zu einer Berühmtheit geworden. Die Art, wie sie sich unterhielt und Briefe schrieb, war legendär. Der österreichische Dichter Franz Grillparzer schrieb über sie: »Ich habe nie in meinem Leben interessanter und besser reden gehört.« Und Goethe bezeichnete sie in Karlsbad als »schöne Seele«. Im 20. Jahrhundert beschäftigte sich die Philosophin Hannah Arendt in ihrem Buch »Rahel Varnhagen – Lebensgeschichte einer deutschen Jüdin aus der Romantik« mit ihrer Biografie, wobei sie Varnhagens Satz »Ich lasse das Leben auf mich regnen« besonders hervorhebt. Arendt interpretierte diese Tagebuchnotiz vom 11. März 1810 so, dass sich Rahel Varnhagen der Zeit und den Umständen, unter denen sie lebte, bewusst aussetzte. Am öffentlichen Leben teilzuhaben, war zu Beginn des 19. Jahrhunderts für eine Frau sehr schwierig. Einzig in den Salons, in denen sich Dichter, Philosophen, Theologen, Naturwissenschaftler, Musiker und Geschäftsleute von Rang trafen, vermochten sie zu wirken.

Varnhagen war die Tochter des reichen jüdischen Bankiers und Juweliers Marcus Levin. Durch den Erwerb eines »Schutzbriefes« hatte er die Erlaubnis erhalten, sich in Berlin niederzulassen. Dies bedeutete jedoch nicht, dass seine Familie den anderen Staatsbürgern gleichgestellt war. Auch »Schutzjuden« waren Bürger zweiter Klasse, die nicht alle Berufe und kein Staatsamt ausüben durften. Unter den Diskriminierungen litt Rahel Varnhagen ein Leben lang. In einem Brief schildert sie einen Traum, in dem sie ihren zwei nichtjüdischen Freundinnen, Henriette Schleiermacher und Bettina Brentano, zuruft: »Kennt ihr Schande? (…) Ich habe nichts getan. (…) Ich bin unschuldig.« Nach dem Tod des Vaters gründete sie auf dem Dachboden ihres Elternhauses, in der Nähe des Berliner Schauspielhauses und des deutschen Domes, ihren ersten berühmten Salon. Man unterhielt sich in kleinen Gruppen, las sich gegenseitig vor, hörte Musik, pflegte Freundschaften, sprach vom Theater, über Schauspieler, Opern … Es kamen Adlige, Bürger, Gelehrte,

Künstler, die Brüder Humboldt, die Brüder Tieck, Friedrich Schleiermacher, Jean Paul, Adelbert von Chamisso, Friedrich de la Motte Fouqué, ja, selbst der Prinz Louis Ferdinand, ein trinkfreudiger Neffe des Preußenkönigs Friedrich II., gab sich um die Jahrhundertwende fast täglich in ihrem Salon die Ehre.

Als im Jahre 1813 Preußen an der Seite Russlands Napoleon den Krieg erklärt, flüchtet Varnhagen über Breslau nach Prag. Im Zentrum der napoleonischen Opposition hilft sie mit, die in die Stadt kommenden Flüchtlinge und verwundeten Soldaten zu versorgen. Sie organisiert eine Hilfsaktion, sammelt Geld, besorgt Verbandszeug, lässt für Bedürftige kochen, bis sie schließlich vor Erschöpfung einen körperlichen Zusammenbruch erleidet. In einem ihrer Briefe aus Prag an ihren zukünftigen Mann heißt es: »Die Gemütsbewegungen waren diesen Sommer zu stark für mich. Angst, Sorge, Mitleid. Und was ich hier sah!!! Nie sah ich so den Krieg! (...) Nun sind wir hier ruhig, aber in ganz Deutschland, in Holland, überall hiebt und schießt man in Menschen, in weiches schmerzfähiges Fleisch, Adern und Gebein. Man nimmt, darbt, misshandelt! Ach, von meinen Jägern, die den ganzen Tag bei mir sind, weiß ich jedes Detail.«

Im Jahre 1814 lässt sie sich in Berlin taufen, um vier Tage später den preußischen Diplomaten Karl August Varnhagen von Ense zu heiraten. Die Taufe war nötig, da es damals keine Zivilehe gab. An seiner Seite reist sie nach Wien, um 1815 am Wiener Kongress teilzunehmen. 1816 wird Karl August Varnhagen von Ense zum preußischen Geschäftsführer am badischen Hof in Karlsruhe ernannt. Es ist die Zeit der schlimmen Intrige gegen den eigentlich rechtmäßigen Thronfolger in Baden. Man hatte ihn in jungen Jahren in ein Schloss gesperrt. Als man ihn nach Jahren aus der Isolation befreite, stellte sich heraus, dass »Kaspar Hauser« das Sprechen verlernt hatte. Reinhard Mey hat ein Lied und Peter Handke ein Stück über ihn geschrieben. Als Varnhagen 1819 wegen seiner liberalen Einstellung seines Postens enthoben wird, kehrt das Ehepaar nach Berlin zurück. Rahel Varnhagen eröffnet in der Französischen Straße erneut einen Salon. In dieser zweiten Ära gehören Ludwig Börne, Georg Wilhelm Friedrich Hegel, Heinrich Heine, Fürst von Pückler-Muskau und Bettina von Arnim zu ihren Gästen. Seit 1821 erscheinen Veröffentlichungen aus ihren Briefen in diversen Zeitschriften. Rahel Varnhagen starb am 7. März 1833 im Alter von 62 Jahren. Sie wurde auf dem Dreifaltigkeitskirchhof in Berlin beigesetzt.

Neben Annette von Droste-Hülshoff, Karoline von Günderrode und Bettina von Arnim ist Varnhagen die vierte große Frauengestalt der deutschen Romantik. Ihr schriftstellerisches Werk besteht größtenteils aus Briefen und Tagebucheintragungen, für Frauen um die Wende zum 19. Jahrhundert die nahezu einzige Form, sich literarisch zu betätigen. Briefe wurden damals sorgfältig verfasst, sie waren weit mehr als bloße Informationsmedien, sollten tief und inhaltsreich sein. Meist wurden sie nicht nur im Familien- und Freundeskreis vorgelesen, sondern einem größeren Publikum dargeboten. Wie kunstvoll damals Briefe verfasst waren, vermittelt Walter Benjamins Briefsammlung »Deutsche Menschen – Eine Folge von Briefen«. Benjamin veröffentlichte diese Briefauswahl vor allem, weil er der Ansicht war, dass wir über Briefe einen besonders guten Einblick in das Leben früherer Zeiten gewinnen können.

Als Vertreterin der Romantik stellte Varnhagen die Bedeutung der Fantasie und des zweckfreien Spiels gegenüber dem Nützlichkeitsdenken der modernen Leistungsgesellschaft heraus: »Auf frischen, kleinen, abstrakten Wegen wollen wir gehen, die wir selbst noch nicht kannten: und auch auf diesen noch dem Wolkenspiele folgen, den Lichtzauber genießen, und auch dem Dunkel, wenn es reizt, nachziehen!« Die Absicht der Romantik war es, die Welt zu poetisieren – »Schläft ein Lied in allen Dingen«, wie es bei dem Dichter Joseph von Eichendorff heißt. »Romantisieren heißt, dem Endlichen einen unendlichen Sinn zu geben«, erläutert Freiherr von Hardenberg, alias Novalis. In Deutschland waren es vor allem die Städte München, Jena und Berlin, in denen sich die Romantiker in kleinen Zirkeln trafen und sich gegenseitig ihre Texte vorlasen. Auch in Varnhagens Salon wurden die neuen literarischen Tendenzen diskutiert, wobei sich ihre eigene »Sehnsucht« – »Sehnsucht« ist einer der Schlüsselbegriffe der Romantiker – weniger auf die berühmte »Blaue Blume« oder ein imaginäres Reich der Träume, sondern stets auf das Leben und die Freude am guten fantasiereichen Gespräch bezog.

In einer Zeit, in der Frauen in Bezug auf Bildung, Beruf und öffentliche Wirksamkeit benachteiligt waren, gelang es Varnhagen, sich zu einer großen Persönlichkeit zu entwickeln. Geselligkeit war für sie von moralischem Wert: »Was macht denn sonst wohl das eigentlichste Wesen des Menschen aus, als dass er andere Wesen, die Angesicht tragen, dafür annimmt und sie behandelt wie sich selbst: wann kann er das besser als im vielfältigsten, reichhaltigsten, häufigsten Umgang aller Art mit ihnen?« Sie soll im Besitz einer großen Spontaneität und Mitteilungsgabe gewesen sein, die sie für gute Zwecke einzusetzen verstand. Als es in Prag darum ging, sich um die von der Regierung vernachlässigten Kriegsverletzten zu kümmern, kam sie auf die folgende Idee: »Ich habe so einen Plan im Herzen, alle europäischen Frauen aufzufordern, dass sie den Krieg niemals mitmachen wollen; und gemeinsam allen Leidenden helfen wollen ...«

Hannah Arendt begriff Varnhagen als eine frühe Vorläuferin des Existenzialismus. In ihrem Buch führt sie aus, dass sich Varnhagen nie in ihr Schicksal fügte, sondern sich der Welt »aussetzte« und diese immer wieder neu »entwarf« bzw. weiterentwickelte. Das Wort »Existenz« stammt vom Lateinischen *existere* und bedeutet so viel wie »heraustreten«, »hervortreten«, »ins Leben ragen«. Varnhagens Leben lehrt: Man kommt zwar in einer bestimmten Zeit, in einem bestimmten Land, unter ganz bestimmten Bedingungen zur Welt, doch dabei muss es nicht bleiben. Wir haben es jederzeit selbst in der Hand, unserem Leben eine neue Wendung oder Richtung zu geben. In der Auseinandersetzung mit den Problemen der Zeit und nicht durch Rückzug ins stille Kämmerchen, entscheidet sich, ob ein Leben gelingt. Wie Simone de Beauvoir und Hannah Arendt ist Rahel Varnhagen mit ihrer Maxime »Auf das Selbstdenken kommt alles an« bis heute ein Vorbild für ein selbstbestimmtes Leben.

16.

»Das Kriegsgesetz, das weiß ich wohl, soll herrschen,
jedoch die lieblichen Gefühle auch.«

»Prinz Friedrich von Homburg«
von Heinrich von Kleist (1777–1811)

Prinz Friedrich von Homburg, die Hauptfigur des gleichnamigen Stückes, ist kein typischer preußischer Offizier. Bei der Lagebesprechung vor der Schlacht von Fehrbellin (1675) nimmt er den Einsatzbefehl des Kurfürsten, erst auf sein Kommando die Schweden anzugreifen, nur halbherzig entgegen. Die Order missachtend prescht der Prinz mit seiner brandenburgischen Reiterei vorzeitig los. Er erringt dadurch zwar einen glänzenden Sieg, wird aber wegen Befehlsverweigerung vom Kurfürsten zum Tode verurteilt. Der Prinz ist sich ziemlich sicher, dass er vom Kurfürsten letztlich begnadigt wird – »Der Kurfürst hat getan, was Pflicht erheischte, und nun wird er dem Herzen auch gehorchen« –, doch mit der Zeit verdichten sich die Anzeichen, dass das Todesurteil gegen ihn tatsächlich vollstreckt wird. Der sonst so stolze Prinz fleht kniend um sein Leben, ein für einen preußischen Soldaten undenkbares Bild.

Als seine Geliebte, die Prinzessin Natalie, beim Kurfürsten um Gnade bittet, weist sie dieser darauf hin, welch negative Folgen ein Freispruch für das Vaterland haben könnte. Dagegen argumentiert Natalie, dass Gnade und Liebe die Härte der Gesetze ergänzen sollten: »Das Kriegsgesetz, das weiß ich wohl, soll herrschen, jedoch die lieblichen Gefühle auch«, das Vaterland werde an einem einzelnen Akt der Gnade nicht untergehen. Nun kommt es zur berühmten Wende: Der Kurfürst würde den Prinzen begnadigen, wenn dieser selbst das Todesurteil als ungerecht erachte: »Wenn er den Spruch für ungerecht kann halten, kassier ich die Artikel; er ist frei!« Der Appell an die Vernunft trägt Früchte. Der Prinz überwindet seine Angst vor dem Tod. Vom Kurfürsten zum Richter über seine eigene Schuld eingesetzt, erkennt er seine Verpflichtung gegenüber dem Staat und der Gemeinschaft an. Wie einst Sokrates vor den Athener Gesetzen sieht der Prinz von Homburg ein, dass der Mensch ohne die Beachtung der Gesetzte nicht leben kann. Der geläuterte Prinz nimmt das Urteil an. Erst daraufhin vermag der Kurfürst, Gnade vor Recht gelten zu lassen. Zum Schluss des Stückes wird der Prinz von Homburg mit verbundenen Augen in den Garten des Fehrbelliner Schlosses geführt. Der Kurfürst begnadigt ihn und führt Natalie zu ihm hin.

Heinrich von Kleist wurde im Jahr 1777 als Sohn einer märkischen Adelsfamilie in Frankfurt an der Oder geboren. Schon im Alter von 15 Jahren trat er in das Garderegiment Potsdam ein. Potsdam war damals eine Militärstadt, geprägt von Soldaten, Befehlen, Disziplin und Aufmärschen. Kleist nahm am Rheinfeldzug gegen die Franzosen teil, wurde Leutnant, gab aber als 22-Jähriger seine Offizierslaufbahn auf, um Philosophie und Rechtswissenschaft in Frankfurt an der Oder zu studieren. Er vertiefte sich in das Studium Kants, aber statt eine Antwort auf seine Lebensfragen zu erhalten, stürzt ihn Kants erkenntnistheoretischer Kritizismus nur noch mehr in seine Zweifel am Sinn des Lebens. Mit 23 Jahren schreibt er sein erstes Drama »Die Familie Schroffenstein«. Die geplante Heirat mit Wilhelmine von Zenge scheitert an seinen Selbstzweifeln, wie überhaupt fast alle Pläne von Kleist Bruchstücke bleiben. Von Rousseaus Motto »Zurück zur Natur« inspiriert, kauft er sich in der Schweiz ein Bauernhaus, um für einige Zeit zurückgezogen als Landwirt zu leben. Es folgen Reisen nach Bern, Mailand, Genf und Paris. 1804 tritt er in den preußischen Staatsdienst ein. Nach dem Zusammenbruch Preußens wird er als Spion verdächtigt und nach Frankreich verschleppt. Wieder freigelassen ruft er sein Vaterland auf, gegen Napoleon zu kämpfen. Der Versuch, sich als Verleger der Zeitschrift »Phöbus« zu etablieren, scheitert, weil es nicht gelingt, Goethe, Wieland und Jean Paul für eine Mitarbeit zu gewinnen. Im November 1811 fährt Kleist mit der seelenverwandten Henriette Vogel – sie war unheilbar an Krebs erkrankt – in aufgeräumter Stimmung zum Kleinen Wannsee und erschießt mit ihrem Einverständnis zuerst sie und dann sich selbst mit einer Pistole.

Der Mensch muss sich dem Sittengesetz unterwerfen, so die Essenz von Kleists Drama. Handelte jeder so eigenmächtig wie der Prinz, würde dies insbesondere in Kriegszeiten zu massiven Problemen führen; eine einheitliche Schlachtordnung wäre dann nicht möglich. Vielleicht war es nur Zufall, dass der Prinz die Schlacht gewann. Selbst wenn es kein Zufall war, kann niemand wissen, ob er das nächste Mal, wenn er wieder aus Eigeninitiative heraus handelte, Erfolg haben würde. Die Situation ändert sich, als der Prinz seinen Fehler einsieht. Erst dann wird er zu einem echten Staatsbürger, der die Idee des Ganzen erfasst hat. Allerdings wäre es unmenschlich, die Härte des Gesetzes rücksichtslos umzusetzen, daran erinnert Natalie den Kurfürsten. Sie weist darauf hin, dass die Einhaltung der Gesetze besonders im Krieg zwar wichtig ist, dass es aber auf der anderen Seite auch Gnade, Liebe und Menschlichkeit geben muss.

Mit dem »Prinz von Homburg« konnten sich die Preußen nie so recht anfreunden. Ein um Gnade flehender Offizier, das wollte nicht so recht ins Bild des pflichtbewussten Preußen passen. Schließlich war Preußen ein Staat, der allein seinem Militär seine Großmachtposition in Europa verdankte. Der echte Prinz von Homburg war von anderem Schrot und Korn, als er z. B. nach der Schlacht von Fehrbellin inmitten von mehr als 1000 Toten sein Frühstück einnahm und sich »dortselbst brav lustig gemacht« hat.

In Kleists Stück geht es um das Verhältnis zwischen der Freiheit des Individuums und der Staatsräson. Im Plädoyer für den vernunftgeprägten Gehorsam gegenüber dem Landesherrn ist der »Prinz von Homburg« ein typisch preußisches Stück, stammt doch der berühmte kategorische Imperativ – »Handle nur nach derjenigen Maxime, von der du zugleich wollen kannst, dass sie zum allgemeinen Gesetz werde« – von dem Königsberger Philosophen Immanuel Kant.

Bis heute ist Kleists »Prinz von Homburg« aufgrund dieser Spannung zwischen Individuum und Gesellschaft, Ausnahmeerscheinung und Regel aktuell. In fast allen seinen Stücken geht es Kleist um Menschen, die in Konflikt mit dem Sittengesetz kommen; nicht aus bösem Willen, sondern weil sie eigentlich das Gute wollen, wie zum Beispiel der Rosshändler Michael Kohlhaas, der im Kampf um sein Recht selbst zu einem gefährlichen Rechtsbrecher wird. Der Mensch ist – wie es Kant formuliert hat – »aus krummem Holz«. Kein Gesetz der Welt kann ihn zu einem Engel machen. Es wird immer Ausnahmeerscheinungen wie den Prinz von Homburg oder Michael Kohlhaas geben, die nicht der Norm entsprechen. Wenn wir für einen Moment auch das Alltagsleben als eine Art Kampf um Macht begreifen, kann Kleists Spruch »Das Kriegsgesetz, das weiß ich wohl, soll herrschen, jedoch die lieblichen Gefühle auch« als Maxime für unser Handeln begriffen werden. Im Einzelfall Gnade vor Recht ergehen zu lassen, ohne dabei die Gültigkeit der Gesetze zu gefährden, erfordert auf Seiten von Eltern, Lehrern, Richtern und Politkern viel Fingerspitzengefühl, das zu erlangen, die Lektüre von Kleist beitragen kann.

17.

»Anderssein erzeugt Hass.«

»Rot und Schwarz« von Stendhal (1783–1842)

»Rot und Schwarz« (»Le Rouge et le Noir«) ist die Geschichte vom Aufstieg und Fall des jungen Julien Sorel, Sohn des Besitzers eines kleinen Sägewerks in der fiktiven französischen Stadt Verrières. Julien wird von einem alles verzehrenden Ehrgeiz angetrieben. Er will unbedingt, wie einst Napoleon, aus dem Nichts kommend möglichst hoch in der Gesellschaftshierarchie aufsteigen. Als er in ein Priesterseminar in Besançon geschickt wird, fühlt er sich den anderen Seminaristen intellektuell überlegen. Seine Vernunft sagt ihm, dass ihm gerade diese Hybris oft schon geschadet hat: »›In meinem Dünkel habe ich mich schon oft erhaben gefühlt, weil ich anders bin als alle diese Bauernjungen‹, sagte er sich eines Morgens. ›Aber ich bin doch alt genug, um eines zu erkennen: Anderssein erzeugt Hass!‹« Um weiterzukommen, müsste er sich unauffällig und angepasst verhalten. Doch so sehr er sich bemüht, sich den Konventionen anzupassen, es will ihm einfach nicht gelingen, nicht aufzufallen. Allein schon der Blick seiner Augen verrät, dass er »selbst« denkt und kein Mitläufer ist.

Neben Flaubert und Balzac ist Stendhal, oder Marie-Henri Beyle, so sein bürgerlicher Name, einer der drei großen Autoren des französischen Realismus. Er war der Sohn eines großbürgerlichen Advokaten in Grenoble. Als 16-Jähriger geht er nach Paris, um Ruhm in der Literatur und im Staatsdienst zu suchen. Ein Verwandter, Pierre Daru, verhilft ihm zu Verwaltungsposten in der Armee und in Ministerien. 1800 nimmt er als Offizier am Italienfeldzug Napoleons teil, zwischen 1806 und 1808 hält sich Stendhal mit der französischen Armee in Deutschland auf. 1811 bricht er erneut nach Italien auf, wo er seine Liebe für die Musik (Mozart, Haydn, Rossini) und bildende Kunst entdeckt. Die nächsten Jahre stehen ganz unter dem Zeichen des Krieges. 1812 nimmt er am Russlandfeldzug Napoleons teil, nach der Niederlage von Waterloo siedelt er über nach Mailand, »dem schönsten Ort der Welt«. Von der österreichischen Regierung ausgewiesen, kehrt Stendhal im Jahre 1821 nach Paris zurück, wo er als Anhänger Napoleons den reaktionären Charakter der Restaurationsgesellschaft kritisiert. Ab

1831 amtiert er als französischer Konsul im italienischen Civitavecchia, fünf Jahre später lässt er sich für drei Jahre nach Paris beurlauben. Es entsteht das Meisterwerk »Die Kartause von Parma«, das uns in die Zeit der napoleonischen Kriege versetzt. Auch in diesem Roman geht es um einen Jüngling, Fabrice del Dongo, der nach seinem Glück strebt. Nach Civitavecchia zurückgekehrt, erleidet er 1841 einen ersten Schlaganfall und ein Jahr später einen zweiten, an dessen Folgen er 1842 in Paris stirbt.

Über seine Arbeitsweise schreibt Stendhal in einem Brief an Balzac: »Ich nehme einen Menschen, den ich gut kenne, und sage mir: Was würde er tun – mit denselben Gewohnheiten, die er angenommen hat in der Kunst, jeden Morgen auf die Jagd nach dem Glück zu gehen –, wenn er mehr Geist besäße?« Goethe schreibt in einem Brief an Zelter über Stendhal: »Er scheint einer von den talentvollen Menschen, die als Offizier, Employé oder Spion, wohl auch alles zugleich, durch den Kriegsbesen hin und her gepeitscht worden.« Über »Rot und Schwarz« notiert er, es zeuge »von großer Beobachtung und psychologischem Tiefblick, so dass man dem Autor einige Unwahrscheinlichkeiten des Details gern verzeihen kann«. Wie Goethe richtig vermutete, lebte Stendhal ein abenteuerliches Leben. Sein Pseudonym leitet sich von dem Ort Stendal her, in dem der von ihm verehrte Kunsthistoriker Johann Joachim Winckelmann geboren wurde. Von Winckelmann stammt das Wort »Der Mensch müsse sich seines Wertes bewusst sein, um sich vor der Niederträchtigkeit zu bewahren«. Wie Winckelmann distanzierte sich Stendhal vom Demutsbegriff der Kirche, den er als heuchlerisch empfand.

Stendhal hat seinem Roman »Rot und Schwarz« den Untertitel »Zeitbild von 1830«, also dem Jahr der Julirevolution gegen Karl X., gegeben. Darüber hinaus entwirft er dem

Leser ein Sittenbild von Frankreich zur Zeit der Restauration nach dem Wiener Kongress 1815. In den französischen Provinzstädten – so Stendhal – belauern sich die Menschen. Das Schlimmste ist, wenn man »ins Gerede kommt«. Stendhal vermutet, dass die Prüderie, die gegenseitige Überwachung und das Denunziantentum im Interesse der herrschenden Klasse sind. Die Farbe Rot im Titel des Romans symbolisiert die revolutionäre Radikalität, mit der Julien vorgeht, um seine Ziele zu erreichen, die Farbe Schwarz die konservative Gesellschaft, mit der er es zur Zeit der Restauration zu tun hat.

Für Stendahls Romane gab es häufig eine konkrete Vorlage. Bei »Rot und Schwarz« war es ein Prozess, über den eine Gerichtszeitung berichtete. Ein Hauslehrer namens Antoine Berthet hatte sich angeblich unsittlich der Mutter seiner Zöglinge genähert und wurde deswegen entlassen. Da er sich anschließend von ihr verfolgt fühlte, schoss er mit seiner Pistole während eines Gottesdienstes auf sie und wurde deswegen einige Monate später hingerichtet.

Im Roman entdeckt ein Pfarrer die geistigen Fähigkeiten des jungen Julien, der für schwere körperliche Arbeit ungeeignet ist, und empfiehlt ihm, das Priesteramt anzustreben. In dem Ort herrschen der Bürgermeister Monsieur de Rênal und der Vikar Malon. Rênal hat eine reiche Frau geheiratet, da er nichts so sehr liebt wie Geld. Wenn er durch den Ort geht, grüßen ihn die Bauern ehrfurchtsvoll. Als er vom Talent Juliens hört, holt er ihn als Hauslehrer seiner drei Söhne zu sich. Spätestens ab diesem Zeitpunkt plant Julien seinen gesellschaftlichen Aufstieg in der damaligen Adelsgesellschaft. Gegenüber dem Bürgermeister verstellt er sich, so erwähnt er z.B. Napoleon nur im Zusammenhang mit einem Schimpfwort, da Rênal eingefleischter Royalist ist, während Julien insgeheim Napoleon verehrt.

Es kommt zu einer Liebesaffäre zwischen Madame Rênal und Julien. Bald spricht sich die Affäre im Ort herum, der Bürgermeister erhält anonyme Briefe und Julien wird daraufhin in ein Priesterseminar nach Besançon gebracht. Der Leiter des Seminars, Abbé Pirard, ist ein durch und durch ehrlicher Mann, der jedoch vom Oberhaupt der Kongregation, der Hauptbehörde der katholischen Kirche, zum Rücktritt gezwungen wird, weil er Jansenist (reformorientierte Gegner der Jesuiten) ist. Er sucht in Paris Zuflucht beim Marquis de la Mole, einem Grandseigneur des *Ancien Régime* und Mann von Geist, der das Vergnügen liebt. In den gehobenen Kreisen der Restaurationsepoche herrscht gähnende Langeweile, die mit dem Versuch der Bourbonen zusammenhängt, das Rad der Geschichte nach der Französischen Revolution wieder zurückdrehen zu wollen. Das Leben wird beherrscht von der Angst, sich irgendwie konkret zu äußern, da die politischen Zustände ja bald wieder umschlagen könnten. Die Furcht der Adligen, dass sich der Schrecken der Jakobinerherrschaft von 1793 wiederholen könnte, sitzt noch zu tief.

Der Marquis de la Mole braucht einen Sekretär, der sich nicht von der Polizei bestechen lässt. Abbé Pirard schlägt ihm Julien vor, der bald darauf nach Paris geholt wird. Anfangs noch unsicher, gewöhnt sich der Parvenü auf dem neuen Parkett bald ein. Schon nach kurzer Zeit ist Julien weniger linkisch. Manchmal gelingt es ihm sogar, in der hohen Gesellschaft zu glänzen. Stendhal schildert ein wahrheitsgemäßes Bild der Salons im Faubourg Saint Germain. Die Adligen sind faul und betrachten die Arbeit immer noch als das schlimmste Übel. Sie haben Angst vor den Jakobinern und der Rückkehr der Republik, sodass sie sich mit allen möglichen Gruppen arrangieren wollen. Vor diesem Hintergrund kommt es zu einer erneuten Affäre Juliens. Er verführt die 19-jährige Tochter des Marquis, Mathilde, die einem jungen Rittmeister der königlichen Garde Karls X. versprochen war. Mademoiselle Mathilde verliebt sich in ihn, wird schwanger, sie heiraten. Julien verwandelt sich nun endgültig in einen Dandy. Auf dem Höhepunkt seiner Karriere schreibt Madame Rênal auf Einflüsterung ihres Beichtvaters einen Brief an den Marquis de la Mole, in dem Julien beschuldigt wird, sich über Frauen in reiche Häuser einzuschleichen.

Der empörte Marquis zeigt den Brief seiner Tochter, diese gibt ihn an Julien weiter. Voller Rachegelüste über sein Declassement fährt Julien in seine Heimatstadt. Als er in Verrières ankommt, ist Madame Rênal gerade in der Messe. Er geht in die Kirche und schießt aus nächster Nähe auf sie. Julien muss ins Gefängnis. Madame Rênal, die das Attentat überlebt, hofft, seine Begnadigung bewirken zu können, doch Julien wird zum Tode verurteilt und zur Verzweiflung von Frau Rênal und Mathilde, die ihn immer noch liebt, guillotiniert. Über den Tag seiner Hinrichtung schreibt Stendhal, dass sich Julien über das schöne Wetter freute, als er endlich aus dem dunklen Kerker treten kann: »Nie war sein Kopf so voller Poesie gewesen wie im Augenblick, als er fallen sollte. Die holden Stunden, die er einst in den Wäldern von Vergy erlebt hatte, tauchten ihm in der Erinnerung auf, greifbar, klar und deutlich, in reicher Fülle.« Er geht gefasst in den Tod.

In seinen Romanen besticht Stendhal durch seine psychologischen und gesellschaftskritischen Analysen. Geschildert werden die Leere und die Trivialität der oberen Zehntausend. Stendhals Held will in die Kreise des hohen Klerus und des Adels aufsteigen. Hierzu gehört es, zu taktieren, sich zu verbiegen, zu verstellen und Affären einzugehen. Julien wird zum Heuchler. Wie seine Romanfigur musste auch Stendhal in Paris als Provinzler hart an sich arbeiten, bis er »Parkettsicherheit« erlangte. Damals wie heute machen sich viele Menschen Hoffnung, auf der Karriereleiter emporzusteigen. Doch wer hoch steigt, kann auch tief fallen: »Anderssein erzeugt Hass.« Für Julien gibt es nichts Wichtigeres als Karriere zu machen. Man kann jedoch nicht behaupten, dass er ohne Herz ist. Im Gegenteil, oft muss er zu sich selbst sagen, dass er bei klarem Verstand bleiben muss, wenn er seine Ziele erreichen will: »Ich muss meine törichte Empfindsamkeit überwinden; sie kann mich verraten«, heißt es in einem inneren Monolog des Romanhelden. Bei allem Kalkül lässt sich Erfolg nicht berechnen. Die Meinung der Masse kann jederzeit umschlagen. Stendhal selbst war sich über die Schwankungen des Daseins jederzeit bewusst. Es heißt, er habe insgesamt 37 Testamente verfasst.

18.

»Ein neues Lied, ein besseres Lied, o Freunde,
will ich Euch dichten! Wir wollen hier auf Erden schon
das Himmelreich errichten.«

»Deutschland. Ein Wintermärchen«
von Heinrich Heine (1797–1856)

Am Ende des Jahres 1843 reist Heinrich Heine von Paris nach Hamburg, um seine Mutter zu besuchen. Er fährt mit der Postkutsche nach Lille und von dort nach Brüssel, wo er die Eisenbahn nimmt. Am 25. Oktober – also nicht im traurigen Monat November, wie es später im Gedicht heißt – kommt er mit dem Zug in Aachen an. Von Aachen aus fährt er mit der Postkutsche ohne großen Aufenthalt über Köln,

Hagen, Unna, Münster und Osnabrück nach Bremen, von wo er mit dem Schiff weiterreist und am 29. Oktober Hamburg erreicht. Die Rückreise findet zwischen dem 7. und 16. Dezember statt. Seine Eindrücke von dieser Reise hat Heine in »Deutschland. Ein Wintermärchen« festgehalten, wobei der Titelzusatz »ein Wintermärchen« eine Anleihe an Shakespeares »Sommernachtstraum« ist und darauf hinweist, dass Heine die politische und gesellschaftliche Lage in Deutschland als erstarrt und kalt empfindet. Satire und Ironie sind Heines Waffen im Kampf gegen politische Unterdrückung und Zwang. Ständig musste er sich mit der Zensur auseinandersetzen. Schon wenige Tage nach dem Erscheinen seines »Wintermärchens« Ende September 1844, wurde es am 4. Oktober wegen seiner »ruchlosen Ausfälle auf das Christentum« und »seiner revolutionären Tendenz« von den preußischen Behörden auf den Index gestellt.

In dem aus 27 Kapiteln bestehenden Versepos kritisiert Heine den Untertanengeist der Deutschen: »Denk ich an Deutschland in der Nacht, dann bin ich um den Schlaf gebracht.« Schon am Grenzübergang wird der Unterschied zwischen dem fortschrittlichen Frankreich und dem reaktionären Deutschland deutlich. Ein Harfenmädchen singt vom »Jenseits, wo die Seele schwelgt, verklärt in ewigen Wonnen«, während der Zoll Heines Koffer nach gefährlichem Schriftgut untersucht. Schonungslos rechnet Heine mit der Mentalität der Deutschen ab. Der deutsche Michel lässt sich einlullen von der Obrigkeit und den Pfarrern, dem »Eiapopeia vom Himmel«. Den in den deutschen Kleinstaaten herrschenden Fürsten und höheren Geistlichen wirft Heine vor, dass sie ihren Untertanen von Treue, Verzicht und den Vorzügen des einfachen Lebens schwärmen, während sie selbst ein Leben in Saus und Braus führen: »Ich weiß, sie tranken heimlich Wein und predigten öffentlich Wasser.«

Gleich zu Beginn des »Wintermärchens« entwickelt er seine Gegenutopie zum Christentum: »Ein neues Lied, ein besseres Lied, o Freunde, will ich Euch dichten! Wir wollen hier auf Erden schon das Himmelreich errichten.«

Heine war ein Anhänger der sensualistischen Philosophie des französischen Frühsozialisten Saint-Simon. Außerdem war er ein Epikuräer, der es verstand, sein Leben zu genießen. Im »Wintermärchen« gibt es eine Fülle von Versen, in denen von leckeren Speisen und leiblichen Genüssen berichtet wird. So heißt es von Köln: »Ich aß dort Eierkuchen mit Schinken, und da er sehr gesalzen war, mußt' ich auch Rheinwein trinken.« Über ein Essen mit seinem Verleger Campe in Hamburg kommt Heine geradezu ins Schwärmen: »Ich danke dem Schöpfer in der Höh', der, durch ein großes ›Werde‹, die Austern erschaffen in der See und den Rheinwein auf der Erde! Der auch Zitronen wachsen ließ, die Austern zu betauen - nun lass mich, Vater, diese Nacht das Essen gut verdauen.« Im Dezember 1843 war Heine in Paris Karl Marx zum ersten Mal begegnet. Aus den Gesprächen entstand in ihm die Überzeugung, dass das Proletariat die zukünftig herrschende Klasse sein würde. Zwar erhoffte sich Heine dadurch mehr soziale Gerechtigkeit und Wohlstand für alle, doch andererseits befürchtete er, dass unter den Bedingungen der Massendemokratie die Qualität der Kunst leiden könnte.

Heine wurde 1797 in Düsseldorf als Sohn eines angesehenen jüdischen Tuchhändlers geboren. Eigentlich sollte er bei seinem Onkel eine kaufmännische Lehre absolvieren, doch nach einiger Zeit stellte sich heraus, dass er dafür völlig ungeeignet war. Infolgedessen beginnt er in Bonn, Göttingen und Berlin die Rechte zu studieren. 1825 wurde er promoviert und trat zum protestantischen Glauben über, um eine Anstellung als Jurist zu bekommen. Als seine Bemühungen um eine entsprechende Professur scheiterten, begann er, als Journalist und freier Schriftsteller zu arbeiten. Heines »Reisebilder« (1826–1831), in denen er Gesellschaftskritik mit Humor verband, begründeten seinen Ruhm als Schriftsteller. In der Folge brachten ihn seine Kritik an der Epoche der Restauration nach dem Wiener Kongress (1815) und den Karlsbader Beschlüssen (1819) in andauernden Konflikt mit der Preußischen Zensur. In Karlsbad wurde vom König von Preußen beschlossen, den sogenannten »demagogischen Umtrieben« an den Universitäten etwas entgegenzusetzen, so wurden zum Beispiel Regierungsbeamte, sogenannte Kuratoren, eingesetzt, die die Professoren und Studenten streng überwachen sollten. Zeitungen und Bücher wurden der Zensur unterzogen.

Heine emigrierte im Mai 1831 schweren Herzens nach Frankreich: »Wer das Exil nicht kennt, begreift nicht, wie grell es unsere Schmerzen färbt, und wie es Nacht und Gift in unsere Gedanken gießt.« In Paris wurde er Korrespondent der Augsburger Allgemeinen Zeitung und nahm Kontakt zu den Theoretikern des Frühsozialismus und Kommunismus auf. Doch ein Parteipolitiker wurde Heine nicht, für ihn hatte die Kunst eine größere Bedeutung. Die letzten Jahre seines Lebens verbrachte er wegen einer schweren Krankheit ans Bett gefesselt in der berühmten »Matratzengruft«. Seine letzten Worte waren: »Papier … Bleistift«. Nach schweren Leiden und Siechtum starb er im Jahre 1856 in Paris, wo er auf dem Friedhof von Montmartre begraben liegt.

Seine Werke wurden von den Nationalsozialisten verbrannt. Im Ausland gilt Heine neben Goethe als der größte deutsche Dichter. Wie Jean Paul, Heinrich von Kleist und Friedrich Hölderlin steht Heine zwischen der Klassik und der Romantik. Von der Klassik übernimmt er die Liebe für das antike Griechenland mit ihren Idealen der Philosophie und Demokratie, von der Romantik insbesondere das Stilmittel der Ironie, um seine Kritik am Zeitalter der Restauration und an der preußischen Zensur wirksam anzubringen. Unter den Revolutionären des sogenannten »Jungen Deutschland« (Ludwig Börne, Georg Herwegh) war Heine eindeutig der begnadetste Dichter.

Die im »Wintermärchen« geschilderte Reise führt zunächst nach Aachen, in die Stadt Kaiser Karls des Großen. Das Straßenbild ist von preußischem Militär geprägt. Heine macht sich insbesondere über die vielen Pickelhauben lustig: »Nur fücht' ich, wenn ein Gewitter entsteht, zieht leicht so eine Spitze herab auf euer romantisches Haupt des Himmels modernste Blitze.« In Köln mokiert sich Heine – obwohl er selbst mit einer Spende zu dessen Bau beitrug, was nur einer der zahlreichen Widersprüche bei Heine ist – über den noch nicht fertigen Dom als Sinnbild fragwürdiger katholischer Glaubensherrschaft: »Die Flamme des Scheiterhaufens hat hier Bücher und Menschen verschlungen; die Glocken wurden geläutet dabei und Kyrie eleison gesungen.« Nun geht die Fahrt weiter über den »Vater Rhein«, mit dem der Dichter ein Gespräch über die 13 Jahre seiner Abwesenheit im Exil führt. »Vater Rhein« beklagt sich, dass er von den falschen, nämlich romantischen, Dichtern besungen worden sei, und sehnt sich nach den munteren Franzosen zurück. Doch Heine erklärt ihm, dass die Franzosen auch nicht mehr das sind, was sie zur Zeit der Französischen Revolution waren. Sie philosophierten jetzt lieber wie die Deutschen, als dass sie die Welt verändern wollten.

Weiter führt die Reise zum Schauplatz der Hermannsschlacht in den Teutoburger Wald. Seit 1838 ist hier als nationale Gedenkstätte das »Hermannsdenkmal« im Bau. Es wurde erst 1875 fertiggestellt. Während von Deutschnationalen die Schlacht im Teutoburger Wald als Befreiung Deutschlands von der Fremdherrschaft gefeiert wird, weist Heine darauf hin, dass sich damals ein Volk von Barbaren gegen eine schon recht entwickelte Zivilisation durchsetzte: »Wenn Hermann nicht die Schlacht gewann mit seinen blonden Horden, so gäb' es deutsche Freiheit nicht mehr, wir wären römisch geworden!« Doch wäre das so schlimm gewesen? Immerhin hat die römische Kultur einen Horaz, Seneca, Vergil und Ovid hervorgebracht!

Hinter Paderborn fällt Heine in seiner Kutsche in einen Schlaf, er träumt von Barbarossa, dem Kaiser Rotbart, der der Sage nach im Kyffhäuser (waldreicher Bergrücken südlich des Unterharzes) mit einer Riesenarmee darauf wartet, loszuschlagen, um Deutschland wieder zu einem Kaiserreich – Napoleon hatte 1806 das Heilige Römische Reich Deutscher Nation aufgelöst – zu machen. In seinem Traum erzählt Heine, was sich seit dem Mittelalter in Europa alles verändert hat, vor allem während der großen Französischen Revolution. Als er von einem gewissen Arzt namens Joseph-Ignace Guillotin, der den Vorschlag machte, die Todesstrafe durch eine Köpfmaschine zu vollziehen, berichtet, will Barbarossa natürlich nichts davon wissen: »Schweig still, von deiner Maschine.« Die Guillotine wurde in der Französischen Revolution vor allem gegen Adlige wie Barbarossa eingesetzt.

Heine wollte das Leben der Menschen verbessern und »hier auf Erden schon das Himmelreich errichten«:

»Wir wollen auf Erden glücklich sein,
und wollen nicht mehr darben;
verschlemmen soll nicht der fette Bauch,
was fleißige Hände erwarben.

Es wächst hienieden Brot genug
für alle Menschenkinder,
auch Rosen und Myrten, Schönheit und Lust,
und Zuckererbsen nicht minder.

Ja, Zuckererbsen für jedermann,
sobald die Schoten platzen!
Den Himmel überlassen wir
den Engeln und den Spatzen.«

Doch ihm war auch klar, welche Reaktionen seine Parolen beim einfachen Volk auslösen können. Davon zeugt ein Alptraum, der den Dichter in Köln quält: Heine schlendert im Mondschein durch die Stadt, als er bemerkt, dass er von einer schwarz gekleideten Person mit einem verborgenen Beil verfolgt wird. Dieser schwarze Mann symbolisiert gleichsam den Vollstrecker von Heines Gedanken. Die beiden kommen an das Grab der Heiligen Drei Könige, wo sich eine skurrile Szene abspielt: Die Totengerippe fangen an sich zu rühren. »Wie Hampelmänner bewegten sie die längstverstorbenen Knochen; die haben nach Moder und zugleich nach Weihrauchduft gerochen.« Heine fordert sie auf, in ihre Gruft zurückzugehen. Als sie seiner Aufforderung nicht nachkommen, sieht er seinen Begleiter nur stumm an. Der macht kurzen Prozess und zerschmetterte »die armen Skelette des Aberglaubens, er schlug sie nieder ohn' Erbarmen. Es dröhnte der Hiebe Widerhall aus allen Gewölben, entsetzlich, – Blutströme schossen aus meiner Brust, und ich erwachte plötzlich«. Die Stelle zeigt, dass Heine befürchtete, von einer zukünftigen Revolution gemäß dem Spruch »Die Revolution frisst ihre Kinder« selbst ins Verderben gerissen zu werden. Er war sicherlich ein Kritiker der Religion und des Jenseitsglaubens, aber er wusste auch, dass die Verwirklichung des Traums vom Himmelreich auf Erden ebenso missverstanden werden könnte. Den Glauben abzuschaffen, ist das eine, etwas Besseres an seine Stelle zu setzen ist das andere große Menschheitsproblem. Im Gegensatz zu Marx, der auf die größere Humanität der Proletarier setzte, war Heine in dieser Frage wesentlich skeptischer. Er befürchtete, dass in Zukunft gewissenlose Politiker an die Macht kommen, die »… von keiner Pietät etwas wissen wollen und erbarmungslos mit Schwert und Beil den Boden unseres europäischen Lebens durchwühlen, um auch die letzten Wurzeln der Vergangenheit auszurotten.« Ohne Religion und Glauben laufen die Menschen Gefahr, wurzellos zu werden, sie verfallen entweder in einen heillosen Materialismus oder einer politischen Ideologie. Heine selbst wurde im Alter wieder religiös, nicht im Sinne der Kirche, sondern weil er in Gott einen Trost für seine Schmerzen in der »Matratzengruft« suchte.

19.

»Alles hohl da unten!«

»Woyzeck« von Georg Büchner (1813–1837)

»Woyzeck« ist laut einer Aussage des Philologen Fritz Martini »die Tragödie des Ärmsten der Armen«. Dem Protagonisten wird alles genommen. Liebe und Eifersucht beherrschen Woyzeck; er wird vom Wahnsinn bedrängt, in ihm versammeln sich alle wichtigen Probleme der Moderne: die Frage der Biopolitik (der Arzt will, dass Woyzeck nichts als Erbsen isst), die soziale Frage (Woyzeck stammt aus dem untersten Milieu) sowie die Frage der Macht und der Militarisierung der Gesellschaft (das Stück spielt in einer Garnisonsstadt). Zum Schluss bringt Woyzeck seine treulose Geliebte Marie um und geht dann selbst ins Wasser. Der exzentrische Schauspieler Klaus Kinski hat in einer Inszenierung von Werner Herzog auf beeindruckende Weise dargestellt, welche dämonischen Mächte Woyzeck bedrohen. Der Komponist Alban Berg hat Büchners nachdenkliches Stück wirkungsvoll in Zwölftonmusik als Oper auf die Bühne gebracht. Woyzeck steht paradigmatisch für die Unterdrückten, Geschundenen und Gequälten dieser Welt. Für ihn bricht nach und nach der Boden unter den Füßen weg.

Die erste Szene des »Woyzeck« spielt auf einem Feld, die Stadt ist in der Ferne zu sehen. Woyzeck und sein Kamerad Andres schneiden aus einem Gebüsch Stöcke, um sich ihren kargen Sold etwas aufzubessern. Woyzeck beginnt zu fantasieren. Er stampft mit dem Fuß auf den Boden und ruft: »Alles hohl da unten! Die Freimaurer!« Er hat den Irrglauben, dass ihm die Freimaurer die Füße unter dem Boden wegziehen, in Wirklichkeit ist es die veränderte Welt der Industrialisierung. Mit diesem Bild will Büchner auf die Wertekrise zu Beginn des 19. Jahrhunderts hinweisen. Die alten Traditionen und Ideale werden ausgehöhlt. An was soll noch geglaubt werden, wenn es in der Welt des Frühkapitalismus, auch Manchesterkapitalismus genannt, auf dem Arbeitsmarkt ums nackte Überleben geht? Woyzeck gehört zu den Verlierern dieses frühen Modernisierungsprozesses. Der arme Soldat hat eine Geliebte und ein Kind. Um mit seiner Familie über die Runden zu kommen, muss er Geld dazu verdienen. Deshalb stellt er sich einem Arzt als »Versuchskaninchen« zur Verfügung. Dieser verordnet ihm, ein Vierteljahr lang ausschließlich Erbsen zu essen, ein ebenso sinnloses wie inhumanes Experiment. Damit wird auch klar, was wohl der Grund für Woyzecks Wahnvorstellungen ist: Er leidet wegen der vom Arzt verordneten Diät offenkundig an Mangelerscheinungen.

Von seinem Hauptmann wird Woyzeck drangsaliert, was dieser auch geduldig erträgt. Erst als ihn seine Marie mit dem Tambourmajor betrügt, dreht er durch und ersticht sie am Teich. Woyzeck ist Täter und Opfer zugleich, da ihn die sozialen Umstände zu seiner Tat getrieben haben. Lange vor Freud und ungefähr zeitgleich mit Marx sind es Büchner zufolge Triebe, unterbewusste Kräfte und soziale Strukturen, die den Menschen beherrschen und ihn zum Mörder und Wahnsinnigen machen können. Er hätte, wie einige Jahrzehnte später der 16-jährige französische Dichter Arthur Rimbaud, sagen können: »Ich ist ein anderer.« Wenn die Umstände so bleiben, wie sie sind, wird es immer Verbrechen und Unheil geben. Woyzeck hetzt im Stück über die Bühne wie ein waidwundes Tier. Wie alle Menschen hat er Sehnsucht nach Zuwendung und Liebe, doch die Umstände, unter denen er leben muss, sind zu schlecht, als dass er seine positiven Anlagen entfalten könnte.

Büchner war sicherlich auf Seiten der Unterdrückten und Armen, stilistisch war er jedoch kein Tendenzdichter, dem die politische Botschaft wichtiger gewesen wäre als die künstlerische Qualität. In Sprache und Stil war er einzigartig und einer der größten Dichter des realistischen Dramas. Als Sohn eines Landarztes in Goddelau im Großherzogtum Hessen-Darmstadt geboren, gehört Büchner zu den genialen »Frühvollendeten« der deutschen Literatur. Er studierte Naturwissenschaften, Medizin und Philosophie. 1833 gründete er die »Gesellschaft für Menschenrechte« und verbreitete 1834 die revolutionäre Flugschrift »Der Hessische Landbote« mit der berühmten Parole »Friede den Hütten! Krieg den Palästen!«. In der Kluft zwischen Arm und Reich sah Büchner den Motor für die Revolution: »Das Verhältnis zwischen Armen und Reichen ist das einzige revolutionäre Element in der Welt …«

In seiner nur kurzen Schaffenszeit verfasste Büchner so bedeutende Werke wie »Dantons Tod«, »Woyzeck«, »Lenz«, »Leonce und Lena«. Deutschlands wichtigster, mit 40 000 Euro dotierter Literaturpreis, ist nach ihm benannt. Wie kein anderer leitete Büchner die literarische Moderne ein. Er hat das Drama aus seinen alten Formen befreit. Ohne Büchner wäre Brecht nicht denkbar gewesen. Durch seine Sprache hat er die Kritik an der Moderne auf den Punkt gebracht: »Er stampft auf den Boden: ›Alles hohl.‹« Mit der Figur des Woyzeck hat er die »soziale Frage« auf die Bühne gebracht. Woyzeck steht auf der untersten Stufe der Gesellschaft. Er wird von seinem Vorgesetzten schikaniert, der Arzt führt seine zweifelhaften Experimente an ihm durch. Büchner setzte sich vehement für Demokratie und Gerechtigkeit ein. Wer den »Woyzeck« genau liest, bemerkt die Enttäuschung Büchners über das Scheitern der revolutionären Ideale. Die Unterdrückten sind sich ihrer Macht nicht bewusst. Das wird deutlich, als Woyzeck dem Hauptmann beim Rasieren das Messer an die Kehle setzt, ohne auch nur zu ahnen, was er eigentlich bewirken könnte. Der Hauptmann begreift besser, wie gefährlich Woyzeck sein könnte: »Er läuft ja wie ein offenes Rasiermesser durch die Welt«, bemerkt er über ihn, »man schneidet sich an ihm.«

Von der Romantik hielt Büchner nicht viel, ihm ging es um die Schaffung einer besseren Welt. Selbst das Mittel der Gewalt schien ihm dafür geeignet. Als 20-Jähriger schrieb er an seine Eltern: »Wenn in unserer Zeit etwas helfen soll, so ist es Gewalt.« Angesichts der demütigenden Verhältnisse zu Beginn der Industrialisierung ruft Büchner verzweifelt aus: »Was nennt ihr den gesetzlichen Zustand?« Mit revolutionärer Ungeduld schreibt er im »Hessischen Landboten«:

»Das Leben der Vornehmen ist ein langer Sonntag … Das Leben des Bauern ist ein langer Werktag. Fremde verzehren seinen Acker vor seinen Augen … sein Schweiß ist das Salz auf dem Tisch der Vornehmen.« Doch der von Büchner erhoffte Bauernaufstand bleibt aus. Die »Gesellschaft der Menschenrechte« wurde zerschlagen. Als seine geheime politische Tätigkeit aufflog, musste er ins Elsass fliehen und wurde dort steckbrieflich gesucht: »Alter: 21 Jahre; Größe: 6 Schuh, 9 Zoll …; Haare: blond; Stirne: sehr gewölbt; Augenbrauen: blond; Augen: grau; Nase: stark; Mund: klein; Bart: blond; Kinn: rund; Angesicht: oval; Gesichtsfarbe: frisch; Statur: kräftig, schlank; besondere Kennzeichen: Kurzsichtigkeit«. Büchner zog weiter nach Zürich. Vorher hatte er noch »Dantons Tod« verfasst und den »Woyzeck« begonnen. Als 23-Jähriger wurde er mit Studien über das Nervensystem promoviert. 1837 erlag er in Zürich dem Typhus.

Formal gibt es im »Woyzeck« keine Aufteilung in Akte. Die Sprache des Stückes ist teilweise recht vulgär, wir hören Gesang und Figuren, die im Dialekt und in der Sprache des Volkes reden. Büchner schreibt an der Schwelle zur Moderne, an der die alten Werte ins Wanken geraten sind. Es gibt nur noch Einzelmeinungen, die auf keinen gemeinsamen Nenner mehr zu bringen sind. Die gemeinsame Welt ist tot, jeder schaut, wie er selbst über die Runden kommt: »Unsereins hat nur ein Eckchen in der Welt und ein Stückchen Spiegel …« Jeder zieht sich in seine eigene Welt zurück: »Still, alles still, als wäre die Welt tot.« Woyzeck ernährt sich seit drei Monaten nur noch von Erbsen, dementsprechend schlecht geht es ihm. Doch er ist auf das Geld des Arztes angewiesen, da seine Familie ernährt werden will. Dem Doktor geht es nur darum, sein Experiment durchzuführen, während Woyzeck ans Geld, das er dafür bekommt, denkt.

Dem einen geht es um den persönlichen Erfolg und den Fortschritt in den Wissenschaften, dem anderen um das blanke Überleben.

Im Verhältnis zwischen Woyzeck und dem Hauptmann ist das Machtgefälle zwar eindeutig – der Hauptmann gibt den Ton an und Woyzeck pariert –, trotzdem wagt es Woyzeck, ihm Paroli zu bieten, wenn er ihm erklärt, dass er sein Gerede von der Tugend sein lassen soll. Die armen Leute seien immer die Gelackmeierten, ob im Diesseits oder im Jenseits: »Ich glaube, wenn wir in den Himmel kämen, so müssten wir donnern helfen.« Wenn er so reich wäre wie der Hauptmann, könnte er auch tugendhaft sein. In der Szene des Volksfestes will uns Büchner sagen, dass der Mensch von seiner Umgebung abhängt. Der Marktschreier erzählt etwas von einem Affen als der untersten Stufe des menschlichen Geschlechts. Affen kann man Kunststücke beibringen. Auch Menschen – scheint uns Büchner als ein Vorläufer der sogenannten Milieutheorie sagen zu wollen – kann man wie Tiere dressieren. Der Affe wird eigentlich wie Woyzeck behandelt, er soll funktionieren, man benutzt ihn als Versuchskaninchen. Als der Offizier Marie unter dem Aspekt der Gesundheit betrachtet, das heißt, ob sie »zum Fortpflanzen von Kürassieren« geeignet ist, nimmt Büchner schon Ideen der gegen Ende des 19. Jahrhunderts aufkommenden Rassentheorie vorweg.

Am Ende des Dramas wird deutlich, dass Woyzeck seine Tat nicht bereut. Er konnte einfach nicht anders, das Stück endet, wie es beginnt: Woyzeck hört Stimmen, spricht im Wahn. Er geht ins Wasser. Es bleibt offen, ob er dabei stirbt oder nicht. Die Interpretation von Büchners Stück ist umstritten. Nach marxistischer Lesart ist Woyzeck ein unterdrückter Proletarier. Nur die proletarische Revolution bzw. sozialistische Gesellschaft kann seine Verhältnisse verbessern. Man kann in ihm aber auch das Opfer einer falsch verstandenen Fortschrittsgläubigkeit, die Menschen normiert und funktionalisiert, sehen. In einer dritten Version ist Büchners Hauptthema die Gottlosigkeit in der modernen Welt und dass sich niemand mehr an die christlichen Werte hält. Neben diesen Theorien ist eines allerdings unumstritten. Büchner schuf mit dem Woyzeck ein Dokument, in dem wesentliche Probleme unserer Zeit antizipiert sind.

Bis heute ist Woyzeck ein Symbol für arme, unterdrückte Menschen, mit denen andere ihre Späße und Spiele der Macht treiben. Immer wieder liest man in der Zeitung, dass gerade wehrlose obdachlose Alkoholiker Opfer von Gewalttaten werden. Woyzeck hat nichts als sein nacktes Leben und seine Liebe zu Marie. Er ist in einer ähnlichen Situation wie die Maus in Kafkas berühmter Fabel: »›Ach‹, sagte die Maus, ›die Welt wird enger mit jedem Tag. Zuerst war sie so breit, dass ich Angst hatte, ich lief weiter und war glücklich, dass ich endlich rechts und links in der Ferne Mauern sah, aber diese langen Mauern eilen so schnell aufeinander zu, dass ich schon im letzten Zimmer bin, und dort im Winkel steht die Falle, in die ich laufe.‹ – ›Du musst nur die Laufrichtung ändern‹, sagte die Katze und fraß sie.« Was Woyzeck anpackt, geht schief, er ist ein gefallener Mensch, aber hat auch bzw. gerade als solcher unser Mitleid verdient.

20.

»Das ist ein weites Feld.«

»Effi Briest« von Theodor Fontane (1819–1898)

»Effi Briest«, das wohl bekannteste Werk Theodor Fontanes, bildete als Vorläufer der ersten Gesellschaftsromane eine Art Wendepunkt in der deutschen Literatur. Die 17-jährige Effi liebt es, unbeschwert im Garten zu schaukeln, weshalb sie von ihrer Mutter als »Tochter der Luft« bezeichnet wird. Der Ausdruck stammt aus dem Märchen »Die kleine Meerjungfrau« von Hans Christian Andersen, in dem sich eine Wassernixe in einen durchsichtigen Luftgeist verwandelt. Effis wesentlich älterer Ehemann, der Baron Gert von Innstetten, ist vom Charakter her das Gegenteil. Schon während der Hochzeitsreise nach Italien benimmt er sich Effi gegenüber wie ein Vater oder Lehrer und nicht wie ein Ehemann. Er führt sie von einer kulturellen Sehenswürdigkeit zur nächsten, hält aber ansonsten Abstand zu ihr. Er ist rücksichtsvoll, aber wenig spontan und anregend für das junge Mädchen. Als sie nach Kessin ziehen, fühlt sich Effi von ihm vernachlässigt und von der dortigen Gesellschaft gelangweilt.

Bei vorbeifahrenden Zügen verspürt Effi Sehnsucht und Heimweh. Auch die Geburt ihrer Tochter Annie kann daran wenig ändern. Erst als der Bezirkskommandant, Major von Crampas, im kleinen Kessin eintrifft, wird es ein wenig interessanter für sie. Crampas ist anders als Innstetten, kein Mann von Prinzipien, sondern ein Duellant und Frauenheld. Die sogenannte »Robbenszene« dient Fontane dazu, die unterschiedlichen Charaktere darzustellen. Man hat sich zu einem gemeinsamen Ausritt am Strand der Ostsee entschlossen. Das Auftauchen einer Robbe veranlasst Crampas, über die Robbenjagd zu philosophieren. Das nächste Mal werde er eine Büchse mitnehmen, »denn die Dinger haben ein festes Fell«. Der korrekte Baron erwähnt sofort die Hafenpolizei, die die Robbenjagd nicht erlaubt. Es entwickelt sich ein kleines Streitgespräch über die Geltung von Prinzipien und Normen. Innstetten besteht darauf, dass eine Gesellschaft ohne Prinzipien und Gesetze nicht funktionieren kann. Crampas hingegen findet das Leben ohne etwas Leichtsinn »langweilig«: »Alle Gesetzlichkeiten sind langweilig. (...) Überhaupt, ohne Leichtsinn ist das Leben keinen Schuss Pulver wert.« Effi und der Major nähern sich einander an, bis sie sich eines Tages in einer Kutsche küssen.

Fontane entstammte einer alten Hugenottenfamilie. Stets legte er Wert darauf, dass sein Name französisch ausgesprochen wurde. Zunächst verdiente er sein Geld als schlecht bezahlter Apothekergehilfe, um anschließend Journalist zu werden. In den 1840er-Jahren arbeitete er als Korrespondent und später als Redakteur bei der »Neuen Preußischen Zeitung« in Berlin. Später wurde er bei der »Vossischen Zeitung« Theaterrezensent. Mehrfach hielt sich Fontane in England auf. 1850 heiratete er seine langjährige Lebensgefährtin Emilie Rouanet-Kummer. Aus der Ehe gingen sieben Kinder hervor. Als er schon Mitte 50 war, übernahm er die begehrte Stelle des Ersten Sekretärs der Berliner Akademie der Künste. Doch zum Entsetzen seiner Frau quittierte er schon nach acht Wochen den Dienst, weil ihm sein Vorgesetzter nicht sympathisch war. »Man kann nicht gegen seine innerste Natur«, schrieb er in einem Brief. Von da an widmete er sich nur noch der Schriftstellerei. Als 60-Jähriger begann er, seine berühmten Romane zu schreiben. Bald stellte sich mit »Effi Briest« der ersehnte Erfolg ein. Fontane gelingt es auf einzigartige Weise, Gespräche, Plaudereien und Causerien in seinen Romanen künstlerisch zu gestalten.

Als Innstetten im weiteren Verlauf von »Effi Briest« ins Ministerium nach Berlin befördert wird, ist Effi froh, durch den Umzug ein neues Leben beginnen zu können. Doch nach einigen Jahren findet Innstetten durch einen Zufall Crampas alte Liebesbriefe an Effi. Er fühlt sich in seiner Ehre verletzt und will sich mit ihm duellieren. Sein Motiv für das Duell sind keine leidenschaftlichen Gefühle, sondern gewisse Handlungszwänge, die ihm von der Gesellschaft auferlegt werden oder, wie Fontane formuliert, vom »tyrannisierende(n) Gesellschafts-Etwas, das nicht nach Charme und nicht nach Liebe und nicht nach Verjährung« fragt. Dieses »Gesellschafts-Etwas« treibt ihn dazu, einer veralteten und sinnentleerten Tradition wie dem Ehrenkodex nachzugeben und Crampas zu erschießen. »Man gehört einem Ganzen an, und auf das Ganze haben wir beständig Rücksicht zu nehmen, wir sind durchaus abhängig von ihm.« In seinem berühmten Roman »Der Ekel« bezeichnet der französische Philosoph Jean-Paul Sartre Versuche, sich durch gesellschaftliche Handlungszwänge zu rechtfertigen, als *mauvaise foi*, als »Unaufrichtigkeit«. Wie Sartre empfindet Effi vor dieser Haltung nur Abscheu: »Mich ekelt, was ich getan; aber was mich noch mehr ekelt, das ist eure Tugend.«

Das folgende Zitat zeigt sehr gut, wie »außengeleitet« (David Riesman) der Charakter Innstettens ist. Aus Angst vor der Gesellschaft fühlt er sich verpflichtet, eine »Komödie« zu spielen und Effi zu verstoßen, obwohl er es eigentlich gar nicht möchte: »Und diese Komödie muss ich nun fortsetzen und muss Effi wegschicken und sie ruinieren, und mich mit …« Er lässt sich scheiden, Effi zieht in eine bescheidene Berliner Mietswohnung, das Kind bleibt bei Innstetten.

Der einzige Mensch, der Effi bleibt, ist ihr Kindermädchen Roswitha. Selbst zu ihren Eltern darf sie nicht zurück, weil ihre Mutter Angst vor übler Nachrede hat. In der viktorianischen Gesellschaft herrschten strenge Sitten, über die besonders die Frauen wachten. In einem Brief an Effi begründet die Mutter, warum sie nicht nach Hause kommen kann: »... auch das elterliche Haus wird dir verschlossen sein, wir können dir keinen stillen Platz in Hohen-Cremmen anbieten, keine Zuflucht in unserem Haus, denn es hieße das, dies Haus von aller Welt abschließen, und das zu tun, sind wir entschieden nicht geneigt.« So verlangten es die strengen »Sitten« im *Fin de Siècle*. Wer sich ihnen nicht unterwarf, wurde ausgegrenzt. Effi lebt noch drei Jahre lang einsam und unglücklich in ihrer Wohnung. Nach einem Nervenzusammenbruch stirbt sie im Alter von nur 29 Jahren.

Fontanes berühmte Bemerkung »Das ist ein weites Feld« bezieht sich auf die schwierig zu beantwortende Frage, wer an Effis frühem Tod schuld ist. War es ihre eigene Schuld, da sie die Affäre mit Crampas einging, oder hat sie der Prinzipienreiter Innstetten auf dem Gewissen? Fontane selbst lässt an seiner Kritik am Duell keinen Zweifel: »Ich bin schon ohnehin gegen totschießen, Mord, aus dem Affekt heraus, geht viel eher, aber nun gar totschießen wegen einer sieben Jahre zurückliegenden Courmacherei – an die sich in der Regel ein anständiger Ehemann mit Vergnügen erinnert –, das wäre denn doch über den Spaß.« Effis Schicksal wirft ein Schlaglicht auf die Situation der Frauen gegen Ende des 19. Jahrhunderts. Eine Kritik stammt von dem Arbeiterführer August Bebel. In seinem Buch »Die Frau und der Sozialismus« aus dem Jahre 1895 forderte er die Gleichberechtigung der Frau, »auf allen Gebieten, für die ihre Kräfte und Fähigkeiten reichen, und für die zivilrechtliche und politische Gleichberechtigung mit dem Manne«. Es sollte noch etwa 25 Jahre dauern, bis Frauen in der Weimarer Republik zum ersten Mal wählen durften.

Bismarcks Zeitalter war eines der Prinzipien; der Kanzler selbst legte äußersten Wert auf die strikte Einhaltung von Etiketten, bestand auf genauester Verwendung von Titeln und Anreden. Sein Minister Innstetten verkörpert diesen Charakterzug des Preußentums. Als Prinzipienmensch kann er nicht über seinen Schatten springen und Effi nach so vielen Jahren verzeihen. Will uns Fontane sagen, dass er Effi hätte verzeihen sollen? Für diese Botschaft spräche das berühmte Gleichnis von Jesus und der Ehebrecherin. Die Pharisäer brachten zu Jesus eine Frau, die beim Ehebruch ertappt worden war und nach geltendem Recht hätte gesteinigt werden sollen: »›Nun, was sagst du?‹ Mit dieser Frage wollten sie ihn auf die Probe stellen, um einen Grund zu haben, ihn zu verklagen. Jesus aber bückte sich und schrieb mit dem Finger auf die Erde. Als sie hartnäckig weiterfragten, richtete er sich auf und sagte zu ihnen: ›Wer von euch ohne Sünde ist, werfe als erster einen Stein auf sie.‹ Und er bückte sich wieder und schrieb auf die Erde. Als sie seine Antwort gehört hatten, ging einer nach dem anderen fort, zuerst die Ältesten. Jesus blieb allein zurück mit der Frau, die noch in der Mitte stand. Er richtete sich auf und sagte zu ihr: ›Frau, wo sind sie geblieben? Hat dich keiner verurteilt?‹ Sie antwortete: ›Keiner, Herr.‹ Da sagte Jesus zu ihr: ›Auch ich verurteile dich nicht. Geh und sündige von jetzt an nicht mehr!‹«

21.

»Glaubst du nicht, dass ein allerwinzigstes Verbrechen durch Tausende von guten Taten wettgemacht wird?«

»SCHULD UND SÜHNE« VON FJODOR DOSTOJEWSKI (1821–1881)

»Anfang Juli, an einem außergewöhnlich heißen Tag, verließ ein junger Mann gegen Abend seine Dachstube, die er in einem Haus der S.schen Querstraße als Untermieter bewohnte, trat auf die Straße hinaus und ging langsam, wie unentschlossen, in der Richtung zur Kukuschkin-Brücke«, heißt es zu Beginn des Romans »Schuld und Sühne« von Fjodor Dostojewski. Auffällig ist die Formulierung »wie unentschlossen«, die das Geschehen in der Schwebe lässt und Alternativen in der Handlung und der Interpretation ermöglicht. Der Protagonist, der verarmte Student Rodion Romanowitsch Raskolnikow, scheint selbst nicht zu wissen, was er will. Anderthalb Monate zuvor hat er in einer Wirtschaft ein Gespräch zweier Billardspieler über eine alte Pfandleiherin, Aljona Iwanowna, mit angehört, das ihm nicht aus dem Kopf gehen will. Einer der beiden sagte: »Diese verfluchte Alte möchte ich totschlagen und berauben, (...) ich versichere dir, dass ich es ohne Gewissensbisse tun würde.« Er bezeichnete die Wucherin als »ein dummes, bedeutungsloses, minderwertiges, böses, krankes altes Weib, das kein Mensch braucht, das im Gegenteil allen schadet und selbst nicht weiß, wozu es lebt, und morgen von selbst sterben wird. (...) Hundert, tausend gute Taten könnte man für das Geld der Alten tun.«

Raskolnikow fragt: »Glaubst du nicht, dass ein allerwinzigstes Verbrechen durch Tausende von guten Taten wettgemacht wird?« Und eignet sich die Logik des Billardspielers an: »... ein Tod gegen hundert Leben, das ist doch Arithmetik.« Ein teuflisches Zahlenspiel! Mit ähnlichen Argumenten versuchten im 20. Jahrhundert totalitäre Regime wie der Nationalsozialismus und der Stalinismus, ihre Verbrechen zu rechtfertigen. Die Argumentation lautete, dass man zum Wohl der Gesellschaft »Säuberungen« vornehmen müsse. Es wurden millionenfach Menschen geopfert, um angeblich für die Gesellschaft »Gutes« zu tun, sie etwa vor dem schädlichen Einfluss von Kulaken (Stalinismus) oder Juden (Nationalsozialismus) zu schützen. Raskolnikow nennt die Pfandleiherin eine schädliche »Laus«, die eigentlich kein Recht mehr habe zu leben. Als er den Mord an ihr plant, glaubt er, die besten Gründe zu haben. Die alte Pfandleiherin wird ja ohnehin nicht mehr lange leben, sie hat schon genug Menschen ins Unglück gestürzt. Es sei deshalb nur in Ordnung, dass sie stirbt und er sich mit ihrem Geld sein Studium finanziert oder seine Schwester Awdotja vor den sexuellen Übergriffen eines Herrn Swidrigailow beschützt, bei dem sie aus Geldnot als Gesellschafterin arbeiten muss. Mit solchen Überlegungen hat sich Raskolnikow jedoch von jeder Moral abgespalten. *Raskol* heißt auf russisch »Abspaltung«.

Raskolnikow teilt die Menschen in zwei Klassen ein, eine, die dazu geboren ist zu herrschen, und die gewöhnlichen Sterblichen, für die es besser ist zu gehorchen. Zu welcher Klasse gehört er selbst? Genau dies will er mit seiner Tat, dem Mord an der Pfandleiherin, herausbekommen: »Ich wollte ein für allemal und schnell herausfinden«, erklärt er seiner Geliebten Sonja, »ob ich wie jeder andere eine Laus war oder ein Mensch. Ob ich Schranken überschreiten könnte oder nicht, ob ich eine zitternde Kreatur war ...« Raskolnikow wird ein Mörder aus einer Idee heraus. Ist er stark genug, eine außerordentliche Tat zu begehen, oder ist er letztendlich ein schwacher Mensch wie alle anderen? Tagelang beschäftigt ihn der Plan, die Pfandleiherin zu töten. Dennoch plagen ihn Skrupel, bis er zufällig mitbekommt, dass Lisaweta, die Schwester der Pfandleiherin, mit der sie zusammenwohnt, am nächsten Tag einen Termin auf dem Heumarkt hat, was den idealen Zeitpunkt für das Verbrechen abgibt. Als er am nächsten Tag aufwacht, wird ihm schlagartig klar, dass er die Tat jetzt oder nie durchführen muss.

Nach dem Verbrechen – er erschlägt die Pfandleiherin und ihre unerwartet auftauchende Schwester mit dem Beil – verfällt er in ein tagelanges Delirium. Raskolnikow hatte alles »logisch« geplant und gerechtfertigt, aber kaum war die Sache durchgeführt, setzte die »irrationale« Reaktion ein. Nach und nach zeigt sich, dass sich sein Gewissen, wenn auch zunächst nur unbewusst, zu melden beginnt. Ihn plagen Fieberanfälle, Wahnvorstellungen und Ekel vor sich selbst. Hinzu kommen die bohrenden Fragen des Untersuchungsrichters Porfiri, der ihn in die Enge treibt und ihm schließlich rät, sich zu stellen. Am Ende des Romans wird Raskolnikow aus seiner psychischen Verlassenheit durch die Liebe der engelsgleichen Prostituierten Sonja gerettet. Sie fordert ihn auf, sich zu stellen und den Doppelmord zu gestehen, damit er endlich mit seinem Gewissen ins Reine kommt: »Geh zu einem Kreuzweg, verbeuge dich vor allem Volk, küsse die Erde, weil du dich auch gegen sie versündigt hast, und sage laut zur ganzen Welt: Ich bin ein Mörder!« Nachdem er sein Geständnis abgelegt hat und verurteilt ist, besucht sie ihn im sibirischen Gefangenenlager. Raskolnikow erkennt, dass er Sonja liebt, kniet vor ihr nieder und beginnt zu weinen. »Sie wollten einander wohl etwas sagen, aber sie konnten es beide nicht.«

Dostojewski gehört zweifelsohne zu den großen Autoren der Weltliteratur. Auf seine Romanidee kam er durch einen Zeitungsbericht, wonach im Jahre 1865 ein Mord an zwei Frauen mit einem Beil verübt wurde. Geboren wurde Dostojewski als Sohn eines Moskauer Armenarztes. Nach dem Tod der Mutter im Jahre 1837 zieht er mit seinem Bruder nach St. Petersburg, wo er von 1838 bis 1843 an der Militärakademie ein Bauingenieursstudium absolviert. Nach dem Studium übernahm er den Posten als technischer Zeichner im Kriegsministerium. 1844 verabschiedet sich Dostojewski aus der Armee, um fortan als freier Schriftsteller zu arbeiten. Durch seinen Roman »Arme Leute« wird der 24-jährige Autor im Jahre 1846 auf einen Schlag berühmt. Doch dann gerät Dostojewski unter den Einfluss des Anarchisten Alexander Herzen und wird Mitglied des revolutionären Petraschewski-Kreises. 1849 wird er aufgrund einer Denunziation verhaftet und zum Tode verurteilt, jedoch von Zar Nikolaus I. unmittelbar vor seiner Hinrichtung in Form einer Strafmilderung – vier Jahre Zwangsarbeit und vier Jahre Militärdienst in Sibirien – begnadigt. Die Jahre 1850 bis 1854 verbrachte Dostojewski im Arbeitslager der westsibirischen Stadt Omsk, bevor er zum Militärdienst nahe der mongolischen Grenze abkommandiert wurde. Dostojewski stirbt 1881 im Alter von 59 Jahren. Am Ende seines Lebens hatte er sich von einem linken Sozialrevolutionär zu einem christlichen Konservativen gewandelt. Kaum ein anderer Schriftsteller hat sich in seinen Werken so intensiv mit den Außenseitern, Verbrechern, Kranken und Armen beschäftigt wie Dostojewski. Interessanterweise kennt die russische Sprache für Unglückliche und Verbrecher nur ein Wort.

»Schuld und Sühne« handelt von der Macht des Gewissens. Nach Sigmund Freud ist das Gewissen eine von der Kultur vermittelte zweite Bewusstseinsinstanz, ein Über-Ich, das die Handlungen und Gedanken des Ichs einer Prüfung unterzieht. Während das Ich unser Triebleben nach dem Kosten-Nutzen-Prinzip kontrolliert, bewertet das Gewissen nach sittlichen Maßstäben. Das Ich sagt Raskolnikow, dass es für seine Tat eine klare Rechtfertigung gibt, auch Napoleon sei über Leichen gegangen. Wer nicht für seine Sache kämpft, hat schon von vorneherein verloren usw. Ein junges Leben ist wertvoller als das der alten Wucherin. Doch es nutzt nichts. Statt Genugtuung stellt sich nach der Tat bei Raskolnikow ein Gefühl der Vereinsamung ein. Er selbst hat sich aus der Gemeinschaft der Menschen gelöst. Seine »Gewissensbisse« quälen und verfolgen ihn weit schlimmer als jedes Gericht. An dieser Stelle drängt sich die Frage auf, wie es in unserer Gesellschaft um die Instanz des Gewissens steht. Was, wenn diese ihre Wächterfunktion verliert, weil die Menschen weder an Gott noch an die Moral glauben? Menschen ohne Gewissen sind unberechenbar. Wenn das Gewissen nicht mehr funktioniert, muss man andere Kontrollorgane einsetzen. In der Großstadt London sollen schon 50 Prozent der gesamten Stadtfläche unter Beobachtung durch Kameras stehen. Doch auch noch so viele Kameras und Überwachungsmaßnahmen können gewissenlose Menschen nicht davon abhalten, ihre skrupellosen Taten zu begehen.

22.

»Es gibt nichts, nichts Gewisses, außer der Nichtigkeit alles dessen, was ich begreifen kann, und der Größe des Unbegreiflichen, das aber das Allerwichtigste ist.«

»KRIEG UND FRIEDEN« VON LEO TOLSTOI (1828–1910)

Als der russische Fürst Andrej Bolkonski in der Schlacht gegen Napoleon verletzt wird, blickt er am Boden liegend und vom Blutverlust geschwächt in den Himmel. Ihm ist, als ob er diesen Himmel eben zum ersten Mal in seinem Leben sehen würde. Vor ihm steht der siegreiche Napoleon, den er aufgrund seiner Verwundung nur schemenhaft wahrnimmt. Napoleons von Egoismus und Ruhmsucht getriebener Ehrgeiz erscheint dem Fürsten in dieser Sekunde nur noch lächerlich – kurz vor seiner Verwundung hatte er Napoleons Genius allerdings noch bewundert! Doch im Angesicht des Todes ist alles anders. Plötzlich erscheint ihm Napoleon wie eine Witzfigur. Fürst Andrej bewegen jetzt andere Fragen: »Es gibt nichts, nichts Gewisses, außer der Nichtigkeit alles dessen, was ich begreifen kann, und der Größe des Unbegreiflichen, das aber das Allerwichtigste ist.« In diesem Moment begreift Fürst Andrej die Nichtigkeit seiner nur auf Ruhm und Ehre ausgerichteten Existenz. Unser Wissen und Streben ist im Vergleich zu dem, was wir nicht wissen, unerheblich.

Lew Nikolajewitsch Tolstoi stammt aus einem alten russischen Adelsgeschlecht. Er wurde 1828 auf dem Gut Jasnaja Poljana im Gouvernement Tula geboren. Zwei Jahre nach seiner Geburt starb seine Mutter, seinen Vater verlor er im Alter von neun Jahren. 1841 übersiedelt Tolstoi nach Kasan, wo er von seiner Tante erzogen wurde und später an der Universität orientalische Sprachen studierte. Von Jean-Jacques Rousseau übernahm er die hohe Wertschätzung der Natur und einer möglichst einfachen Lebensführung. Im Unterschied zu Dostojewski finden sich bei Tolstoi wunderbare Naturbeschreibungen. Im Jahr 1847 brach er das Studium plötzlich ab, um sich in sein geerbtes Landhaus in Jasnaja Poljana zurückzuziehen. Dort versuchte er ohne Erfolg, für seine 350 Leibeigenen Sozialreformen einzuführen. Um seine Enttäuschung darüber zu betäuben, stürzte sich Tolstoi in das Gesellschaftsleben der Salons von Moskau und Sankt Petersburg.

Ähnlich wie der antike Philosoph und Kirchenvater Aurelius Augustinus haderte Tolstoi ständig mit sich selbst und seinem »sündhaften Leben«. In einem Rückblick auf die Zeit, als er 20 bis 30 Jahre alt war, heißt es: »Ich kann an diese Jahre nicht ohne Schrecken, Abscheu und Herzenspein denken. Ich tötete Menschen im Krieg und trieb Menschen zu Duellen an, um sie zu töten. Ich verspielte große Summen beim Kartenspiel, lebte von den Mühen der Bauern, verurteilte sie zu Strafen, lebte ausschweifend und betrog die Menschen.« 1862 heiratete er die 18-jährige deutschstämmige Sofja Andrejewna Behrs, mit der er 13 Kinder hatte. Im Alter begann sich Tolstoi intensiver mit religiösen Fragen zu beschäftigten. Damit die Menschen den wahren Jesus der Nächstenliebe kennenlernen sollten, übersetzte er die Bibel erneut ins Russische. Von 1882 an wurde Tolstoi polizeilich überwacht. Im Jahre 1901 erfolgte die Exkommunizierung seitens der griechisch-orthodoxen Kirche. Nach einer Hausdurchsuchung im Jahre 1908 wurden alle seine auffindbaren Texte konfisziert. 1910 verließ der 82-Jährige heimlich Haus und Familie. Er starb kurz darauf auf einer Pilgerreise zu den Klöstern Konstantinopels an einer Lungenentzündung.

In dem in sechs Jahren (1863–1869) geschriebenen und aus vier Bänden bestehenden Roman »Krieg und Frieden« treten rund 560 Figuren auf, doch sind die Akteure nur Schachfiguren auf dem großen Brett der Geschichte. Hauptsächlich handelt der Roman vom russischen Adel um den verarmten Grafen Rostow, den Fürsten Bolkonski und Kuragin. Geschildert wird der Einfall Napoleons in Russland und der katastrophale Rückzug der Großen Armee, doch man erfährt auch viel über das damalige Leben in russischen Landhäusern oder gesellschaftliche Anlässe und Empfänge in den großen Städten. Heitere Familienidylle und die Schrecken des Krieges wechseln einander ab. Tolstoi erweist sich als Großmeister realistischer Erzählkunst. Dabei begreift er die historische Entwicklung nicht als Weg zum Fortschritt, sondern als ein zufälliges Geschehen von ineinandergreifenden Ereignissen. Der einzelne Mensch besitzt Tolstoi zufolge wenig Macht, auch Napoleon ist letztendlich nur ein »nichtiges Werkzeug der Geschichte«. Zar Alexander wird von Tolstoi idealisiert, Napoleon schildert er als größenwahnsinnigen Diktator, der jede Bodenhaftung verloren hat und sich als Herr über die Geschichte erhebt, in Wirklichkeit aber auch nicht seinem eigenen Schicksal entgehen kann. Napoleon glaubt, alle Fäden in der Hand zu halten, doch er unterschätzt seinen Gegenspieler, General Kutusow, den russischen Winter und die Opferbereitschaft des russischen Volkes. Kutusow ist kein so großer Stratege wie Napoleon, aber er folgt seiner Intuition und dem Willen der Vorsehung, was ihn letztendlich die Franzosen besiegen lässt.

Auf dem Gut der Rostows herrscht eine herzliche Atmosphäre. Der Sohn Nikolai verliebt sich in die entfernte Verwandte Sonja. Ganz anders die Familie Bolkonski. Dort führt der Vater ein strenges Regiment über seinen Sohn Andrej und seine Tochter Maria. Fürst Andrej ist ein ehrgeiziger Aristokrat, der sich in Natascha, die Tochter der Rostows verliebt hat. Als er sie auf der Stelle heiraten will, rät der Vater, abzuwarten und sie ein Jahr lang auf die Probe zu stellen. In einem Jahr kann viel passieren. Natascha geht eine Affäre mit dem »Don Juan« Anatol Kuragin ein. Fürst Andrej wird in einer Schlacht schwer verwundet und stirbt. Die Erzählung bewegt sich von einer Familie zur anderen. Letztendlich verrät Nikolai Rostow seine Liebe zu Sonja, um die reiche Maria Bolkonski zu heiraten und seine Familie vor dem finanziellen Ruin zu bewahren. Zu den Hauptpersonen des Romans gehört auch der mit den Rostows eng verbundene Pierre Besuchow, ein illegitimer Sohn eines einflussreichen Adligen, dessen Reichtum er erbt. Pierre heiratet die moralisch verdorbene Frau Helene Kuragin, die Schwester Anatols. Pierre ist ein guter Kerl, der ständig auf der Suche nach dem Sinn des Lebens ist, während seine Frau nur am oberflächlichen Gesellschaftsleben interessiert ist. Die unglückliche Ehe bringt Pierre nahe an den Abgrund. Als Helene nach dem Abzug der Franzosen aus Moskau an den Folgen einer Abtreibung stirbt – sie hatte eine Affäre mit einem französischen Offizier –, geht Pierre die Ehe mit Natascha ein.

Durch sein Werk »Krieg und Frieden« schildert Tolstoi eindrucksvoll, dass Krieg, Ruhm und Geldsucht die falschen Ziele sind. Der Sinn des Lebens ist gemäß der christlichen Lehre in tätiger Nächstenliebe zu sehen. Der gutmütige Pierre und die herzliche Natascha kommen am Ende zusammen. Menschen, die guten Willens sind, brauchen keinen Reichtum, keinen Ruhm und keine Kriege. Sie sind, was materielle Dinge betrifft, nicht besonders anspruchsvoll und leben ein zurückgezogenes Leben. Mit dieser Lehre beeinflusste Tolstoi zahlreiche Menschen. So beschloss zum Beispiel der österreichische Philosoph Ludwig Wittgenstein unter ihrem Einfluss, sein Leben zu ändern. Er verzichtete auf das Millionenerbe seines Vaters, um in einem abgelegenen Ort in den Bergen ein Volksschullehrer zu werden. Er nahm am einfachen Leben der Dorfbewohner teil und entwickelte ein Wörterbuch für Volksschulen.

23.

»Diesen Fluss hinaufzufahren, war wie eine Reise zurück zu den frühesten Anfängen der Welt …«

»Herz der Finsternis« von Joseph Conrad (1857–1924)

Conrads Erzählung »Herz der Finsternis« (»Heart of Darkness«) – der Filmregisseur Francis Ford Coppola entnahm ihr wesentliche Motive für sein Kriegsdrama »Apocalypse Now« – handelt von der gefährlichen Fahrt Kapitän Marlows durch die Wildnis des Kongo. Conrad hat das Werk im Jahre 1899 auf der Grundlage eigener Erlebnisse auf seiner letzten großen Reise, die ihn in den Kongo führte, geschrieben. Viele Details der Erzählung basieren auf Notizen aus seinem Reisetagebuch. Der junge Marlow bricht im Auftrag einer belgischen Handelsgesellschaft zu einer Mission in Zentralafrika auf. Er soll mit einem Dampfschiff den Kongo aufwärtsfahren und Nachforschungen über den berüchtigten Elfenbein-Agenten Kurtz anstellen, der unter den Einheimischen ein Schreckensregime errichtet hat. Die Fahrt auf dem Kongo wird für Marlow zu einer Reise in sein innerstes Selbst und zu einer existenziellen Erfahrung: »Diesen Fluss hinaufzufahren, war wie eine Reise zurück zu den frühesten Anfängen der Welt, als noch die Pflanzen zügellos die Erde überwucherten und die großen Bäume Könige waren.«

Nicht nur die Pflanzen wachsen im Dschungel zügellos, auch die menschlichen Triebe lassen sich nicht mehr bändigen. Wie bei dem korrupten und verwahrlosten Glücksritter Kurtz, der schon seit Jahren in dieser Wildnis lebt und sich während dieser Zeit von einer sensiblen Künstlerpersönlichkeit zu einem unvorstellbar grausamen Mann verändert hat. Er misshandelt die Einheimischen, führt sich wie ein Halbgott auf und feiert wüste Orgien. Überall versetzt sein Name die Menschen in Angst und Schrecken. Als Marlow nach der langen Fahrt auf dem Kongo auf Kurtz trifft, ist es schon zu spät. Kurtz leidet an einer tödlichen Krankheit. Seine letzten Worte sind: »Das Grauen, das Grauen.« Am Ende erkennt Kurtz schließlich doch, trotz all seiner Grenzüberschreitungen, das Frevelhafte seines Tuns.

Joseph Conrad (eigentlich Józef Teodor Konrad Nal'cz Korzeniowski) wurde 1857 in Berditschew (heute Ukraine) als einziger Sohn von Apollo Korzeniowski und Eva, geb. Bobrowska, geboren. Seine Eltern kämpften für die Unabhängigkeit Polens vom zaristischen Russland. Als Kind musste er seinen Eltern in die Verbannung nach Wologda im nördlichen Russland folgen. Mit 16 Jahren verfolgte Conrad den Plan, ein Seemann zu werden, und wanderte deshalb nach Frankreich aus, wo er seine Laufbahn bei der französischen Handelsmarine begann. Nach insgesamt drei Fahrten unter französischer Flagge in die Karibik wechselte er zur britischen Handelsmarine. 1886 erwarb Conrad das Kapitänspatent und fuhr als Kapitän eines Schiffes nach Bangkok und Australien. Außerdem leitete er jene Flussfahrt auf einem Schrottdampfer ein paar hundert Kilometer den Kongo hinauf, die zum Vorbild für seinen Roman »Herz der Finsternis« wurde. 1894 quittierte Conrad die Seefahrt, um fortan als Schriftsteller zu arbeiten. Mit Romanen wie »Der Verdammte der Inseln«, »Lord Jim« und »Nostromo« wurde er weltbekannt. Conrad starb 1924 in der Nähe von Canterbury an Herzversagen. Zu seiner Zeit war Conrad einer der populärsten Autoren, auch heute noch werden seine in einem bestechend klaren Sprachstil geschriebenen Bücher über Menschen in Grenzsituationen gerne gelesen. Gottfried Benn schrieb über Conrad: »... mich fesselt jeder Satz.« Von Ernest Hemingway stammen die Worte: »Nichts, was ich gelesen habe, hat mir je so viel gegeben, wie mir jedes Buch von Conrad gegeben hat.«

In »Herz der Finsternis« gelingt Conrad eine atmosphärisch dichte Beschreibung des Urwalds. Darüber hinaus verbindet er die Naturbetrachtung mit psychologisch-philosophischen Gedanken. Es scheint, als würde sich der Dschungel der Menschen bemächtigen und nicht umgekehrt: »Es gab Augenblicke, da einem die Vergangenheit vor Augen stand, wie es manchmal geschieht, wenn man gerade keinen Augenblick Zeit für sich selbst übrig hat; doch die Vergangenheit kam in der Gestalt eines unruhigen, lauten Traumes und weckte Verwunderung, im Vergleich zu der überwältigenden Wirklichkeit dieser fremden Welt aus Pflanzen, Wasser und Schweigen. Die Stille dieses Lebens hatte mit Frieden nicht das geringste zu tun. Es war die Ruhe einer unversöhnlichen Kraft, die über unerforschlichen Ratschlüssen brütete. Sie blickte einem rachedurstig entgegen.«

Der Mensch wird fast erdrückt von der Fülle der Vegetation und der Erscheinungen, die ihm die Orientierung nehmen. Marlow spricht »vom stummen Bann der Wildnis«, dem Kurtz erliegt. Als Conrad im Kongogebiet weilte, war diese Gegend besonders unzugänglich, kaum ein Weißer hatte sich bis dorthin vorgewagt. Sie bestand aus tiefem Urwald und dem riesigen Strom, der das Wasser eines weit verzweigten Flussgebietes ins Meer führt. Auf seinen letzten Kilometern ist der Kongo wegen der Livingstonefälle für die Schifffahrt unzugänglich. Conrad kam als Angestellter der belgischen *Compagnie du Congo pour le Commerce et l'Industrie* in den »Freistaat Kongo«, der entgegen seinem Namen in Wirklichkeit völlig unter der Kontrolle des belgischen Königs Leopold II. war. In der Figur des Kurtz sehen viele geradezu das Porträt des belgischen Königs, der jenen Teil Afrikas für seinen Privatbesitz hielt. Ähnlich wird über Kurtz gesagt: »Ihr hättet ihn hören sollen, wie er ›Mein Elfenbein‹ sagte, (…) ›Meine Braut, mein Elfenbein, meine Station, mein Fluss, mein …‹ – alles gehörte ihm.« Die »Eingeborenen« wurden von den Agenten der *Compagnie* zur Zwangsarbeit gezwungen, erniedrigt und gequält. Für jeden getöteten Rebellen wurden den belgischen Beamten Prämien gezahlt. Als Beweis mussten die Hände der Rebellen vorgezeigt werden, was dazu führte, dass Tausenden von Ureinwohnern bei lebendigem Leib die Hände abgehackt wurden. Conrad erfuhr von diesen Machenschaften von Roger David Casement, einem 26 Jahre alten Iren, der beim Bau der Eisenbahn zum Stanley-Pool hinauf mitwirkte.

»Herz der Finsternis« spiegelt das Entsetzen über die Machenschaften der Belgier im Kongo und darüber hinaus die koloniale Ausbeutung Afrikas wider. Zwar beinhaltet die Erzählung viel Symbolik und Traumhaftes, aber auch genaue Beschreibungen der Unterdrückung. So wurden die schwarzen Zwangsarbeiter, wie Conrad schildert, wirklich in Ketten gehalten. Der einheimischen Bevölkerung wurde unter den unwürdigsten Bedingungen das Elfenbein entrissen. Conrads Meisterwerk ist jedoch nicht nur eine antikolonialistische Erzählung, sondern wird zunehmend zu einer Reise ins Innere des Menschen. Warum wird der Handelsagent Kurtz in der Wildnis zu einem Tyrannen? Kurtz behauptet, dass ihm alles gehört, doch in Wirklichkeit hat er im Gegensatz zu Marlow – er erliegt nicht dem Lockruf der Wildnis und versucht, seine Gedanken beisammenzuhalten – im Dschungel die Selbstkontrolle verloren. Er mordet, raubt, verliert sich in orgiastischen Ausschweifungen. Er verkörpert für Conrad alle Mächte der Finsternis: »Es geht darum herauszufinden, zu was er gehörte, wie viele Mächte der Finsternis ihn für sich beanspruchten.«

Triebe und Wünsche nach Ekstase und Grausamkeit bestimmen auch heute noch die Menschen in der Zivilisation. Im modernen Menschen lauern atavistische Triebe, die jederzeit wieder ausbrechen können. Marlow sieht sich im Charakter von Kurtz mit Ambivalenzen seiner eigenen Persönlichkeit konfrontiert. In gewisser Weise erzählt die Novelle mehr über die Europäer und deren seelische Abgründe als über Afrika. Freud sprach von einer nur dünnen Schicht der Kultur. Das Bewusstsein ist nur die Spitze des Eisberges. Umstände können bewirken, dass sich das Wesen eines Menschen verändert. Im anfangs erwähnten Film von Francis Ford Coppola spielt der Schauspieler Marlon Brando das Alter Ego von Kurtz. Er hat im Dschungel von Kambodscha eine Diktatur errichtet und soll im Auftrag der US-Armee liquidiert werden. Wie Kurtz verkörpert er Conrads Vermutung, dass unsere Zivilisation brüchig ist und im Menschen noch viel Finsternis steckt. Über Joseph Conrad schreibt Christa Wolf, dass er gewusst hat, »was Trauer ist. Er hat sich nicht nur in Gedanken, mitten hineinbegeben in den blinden Fleck jener Kultur, der auch er angehörte. Unerschrocken ins Herz der Finsternis.«

Mit seinem Werk »Herz der Finsternis« scheint Conrad sagen zu wollen, dass wir nicht wissen können, wie wir in Grenzsituationen reagieren würden. Unter den Bedingungen der Zivilgesellschaft ist es recht leicht, Haltung zu bewahren und sich an die allgemein geltenden Sitten und Regeln zu halten. Doch was wäre, wenn es uns in den Urwald verschlüge oder es in unserer Gesellschaft zu ernsthaften krisenhaften Entwicklungen käme, wo es ums tägliche Überleben ginge? Keiner kann im Voraus sagen, wie er sich unter extremen Umständen verhalten oder charakterlich entwickeln würde.

24.

»Und dann war mit einem Male die Erinnerung da.«

»Auf der Suche nach der verlorenen Zeit«
von Marcel Proust (1871–1922)

Es war ein langer Weg, bis Marcel Proust als Schriftsteller Erfolg hatte. Sein erstes Werk »Freuden und Tage« (1888) blieb trotz eines Vorwortes von Anatole France weitgehend unbeachtet. Nur wenige Exemplare wurden verkauft, wobei Proust vom Schreiben finanziell nie abhängig war. Als Sohn eines reichen Arztes verfügte er über die nötigen Mittel, um in Paris ein mondänes Leben zu führen. Ab 1906 zog sich Frankreichs berühmtester Romancier in ein Appartement am Boulevard Haussmann zurück und begann, an seinem Roman »Auf der Suche nach der verlorenen Zeit« (»À la recherche du temps perdu«) zu schreiben. Proust verglich sich selbst einmal mit einer Eule, die »einigermaßen klar nur im Dunkeln sieht«. In seinem Jahrhundertwerk geht es um die Erinnerungen eines Ich-Erzählers von der Kindheit bis ins Erwachsenenalter. Schon als Kind träumt er davon, Schriftsteller zu werden, doch alle seine diesbezüglichen Bemühungen bleiben lange Zeit erfolglos. Erst im letzten Teil des

Buches, das den Titel »Die wiedergefundene Zeit« trägt, findet er zu seiner Berufung.

Im ersten Teil versucht sich der Protagonist mit dem Namen Marcel, den man aber nicht mit Proust verwechseln sollte, an seine Kindheit zu erinnern. Doch von der Kinderlandschaft des städtischen Combray kommt ihm nur das Drama des Zubettgehens und die allabendliche Trennung von der Mutter in den Sinn. Die Vergangenheit wird erst wieder lebendig, als Marcel an einem Wintertag entgegen seiner Gewohnheit »eines jener dicken ovalen Sandtörtchen (...), die man ›Madeleine‹ nennt«, zu sich nimmt. In dem Augenblick, als der mit Kuchengeschmack gemischte Schluck Tee seinen Gaumen erreicht, öffnet sich ihm die ganze vergangene Welt. »In der Sekunde, wo dieser mit dem Kuchengeschmack gemischte Schluck Tee meinen Gaumen berührte, zuckte ich zusammen und war wie gebannt durch etwas Ungewöhnliches, das sich in mir vollzog. (...) Und dann war mit einem Male die Erinnerung da.« Es handelte sich nämlich um genau jenen Geschmack, wie Marcel ihn aus den Tagen seiner Kindheit von den Sonntagmorgen bei seiner Tante Léonie kannte: »Sobald ich den Geschmack jener Madeleine wiedererkannt hatte, (...) trat das graue Haus mit seiner Straßenfront hinzu, und mit dem Hause die Stadt, der Platz, auf den man mich vor dem Mittagessen schickte, die Straßen ...«

Es sind Gerüche, Düfte, Geschmäcker, Stimmen, die die ganze Atmosphäre der verlorenen Zeit wieder lebendig werden lassen. Wer die Erfahrung einer solchen unwillkürlichen Erinnerung macht, ist in einer anderen Welt. Die besten »Entdeckungsreisen macht man nicht in fremden Ländern, sondern indem man die Augen aufmacht«, sagt Proust. Er unterscheidet zwischen einer »willkürlichen« Erinnerung, mittels der wir uns jederzeit vergangene Erlebnisse ins Gedächtnis rufen können, und der *mémoire involontaire*: einer unwillkürlichen Erinnerung, die ekstatisch aufscheint und uns mit unseren Gedanken in die vergangene Welt entführt. Alles, was starke Gefühle auslöst, kommt in Prousts Roman aus der Vergangenheit. Einmal ist es eine bestimmte schon lange nicht mehr gehörte Melodie – im Roman die berühmte Sonate von Vinteuil –, welche die vergangene Welt wieder entstehen lässt, dann sind es Klänge, Ortsnamen usw. Die Verzauberung durch Namen und Melodien finden wir bei vielen Schriftstellern und Philosophen, z. B. bei Martin Heidegger und Theodor W. Adorno. Letzterer traute »den Sprachklängen« – zum Beispiel dem Ortsnamen Amorbach – »die Kraft einer philosophischen Vorschule zu«, weil sie in uns eine ganz bestimmte Stimmung auslösen, die zum weiteren Nachdenken inspiriert.

Proust zeigt uns, wie jeder Mensch sein ganz gewöhnliches Leben in einem mystischen Licht sehen kann. Wir können von ihm lernen, die »kleinen Dinge« im Auge zu behalten. In seinem Werk »Auf der Suche nach der verlorenen Zeit« zweifelt der Ich-Erzähler lange, ob er fähig ist, seinen eigenen Stil zu finden, bis es ihm auf einmal gelingt, Dinge so zu beschreiben, dass sie zeitlos schön sind. Analog dazu bietet Proust keine fotografische, sondern phänomenologische Beschreibung der Welt. In der phänomenologischen Beschreibung wird das scheinbar Selbstverständliche einer alltäglichen Erfahrung mit einer mystischen Tiefe versehen. Mit seinem ureigenen Blick gelingt es Proust, die Dinge von ihrer Banalität zu befreien und sie in eine höhere Sphäre zu heben, wofür hier als Beispiel die Beschreibung des Pariser Bahnhofs Saint-Lazare und ein Telefonat mit der Großmutter herangezogen werden sollen.

Der Ich-Erzähler bricht eines Tages zu dem Städtchen Balbec am Atlantik auf. Mit dem Eintritt in den Pariser Bahnhof Saint-Lazare bricht für ihn die gewohnte Welt zusammen und es beginnt etwas Neues, nicht Berechenbares, das er so beschreibt: »Man muss jede Hoffnung fahren lassen, am Abend zu Hause zu schlafen, sobald man sich entschlossen hat, die verpestete Höhle zu betreten, durch die man Zutritt findet zum Mysterium, eine jener großen, glasverkleideten Werkstätten, wie der Bahnhof Saint-Lazare eine ist, in dem ich den Zug nach Balbec nahm …« Das zur damaligen Zeit noch seltene Telefongespräch mit der geliebten Großmutter beschreibt Proust so, dass sich Mythos und Moderne durchdringen: »Wir sind dann wie eine Gestalt im Märchen, der auf ihren Wunsch eine Zauberin in übernatürlicher Helle die Großmutter oder Verlobte erscheinen lässt, wie sie gerade in einem Buche blättert, Tränen vergießt, Blumen pflückt, ganz dicht bei dem Betrachter und dennoch fern (…) Wir brauchen, damit sich dieses Wunder vollzieht, unsere Lippen nur der magischen Membrane zu nähern …«

Laut Proust ist die Schönheit jederzeit und in allen Gegenständen, der Natur und der Gesellschaft erfahrbar. Im Moment einer Erfahrung mag es uns vielleicht gar nicht so gut gehen, doch in der Erinnerung kann das gleiche Erlebnis in einem Glanz erscheinen. Proust zufolge stellt sich die Schönheit erst aus der Retrospektive ein: »Das einzige Paradies ist das verlorene Paradies.« Was im Erlebnis selbst heterogen ist, kann im Nachhinein in eine schöne Einheit gebracht werden. Der Künstler muss nur seiner inneren Stimme folgen. Es lohnt, sich ganz auf ein Detail einzulassen, in ihm das Ganze zu sehen. Wie kaum ein Schriftsteller zuvor, beschreibt Proust in mikroskopisch genauer Darstellung die kleinsten Nuancen und Schattierungen menschlicher Gefühle. Die Welt ist voller verborgener Schönheit und Harmonie, die des Künstlers bedarf, um sie zum Ausdruck zu bringen. Jedes Individuum spiegelt in seinen Wahrnehmungen den

Kosmos wider, lehrte schon der von Proust verehrte deutsche Philosoph Gottfried Wilhelm Leibniz.

Am Ende von Prousts Monumentalwerk kommt der Erzähler von einem Sanatoriumsaufenthalt nach Paris zurück und besucht den Salon der Guermantes. Beim Betreten der unebenen Pflastersteine im Hof des Palastes erfährt er jene Beseligung, »die mir zu verschiedenen Epochen meines Lebens einmal der Anblick von Bäumen geschenkt hatte, die ich auf einer Wagenfahrt in der Nähe von Balbec wiederzuerkennen gemeint hatte, ein andermal der Anblick der Kirchtürme von Martinville …« Als sich kurz danach noch zwei weitere spontane Erinnerungen – beim Klang eines Löffels, der an einen Teller schlägt, und beim Fühlen einer gestärkten Serviette – einstellen, beschließt er endgültig, seinen Roman zu schreiben. Proust war der Überzeugung, dass unser gewöhnliches Leben eine Chimäre ist und wir erst, wenn wir uns an frühere Zeiten erinnern, der Wahrheit am nächsten sind. Und hatte er nicht recht, auf die Bedeutung der Erinnerung hinzuweisen, entführt sie uns doch zu einer »Wirklichkeit, von der wir so weit entfernt leben und die doch ganz einfach unser Leben ist«?

25.

»Was galt ihm noch Kunst und Tugend gegenüber den Vorteilen des Chaos?«

»Der Tod in Venedig« von Thomas Mann (1875–1955)

Die 1911/12 verfasste Novelle »Der Tod in Venedig« handelt von dem 50-jährigen Schriftsteller Gustav von Aschenbach, der in einer Art Midlife-Crisis von München nach

Venedig aufbricht, wo er in seinem Hotel dem 14-jährigen polnischen Jungen Tadzio begegnet. Zunächst begeistert sich Aschenbach nur für dessen vollkommene Schönheit – er vergleicht ihn mit griechischen Götterstatuen –, doch allmählich gerät er in den Wirbel seiner Leidenschaft. Obwohl er weiß, dass in Venedig die indische Cholera tobt, versäumt er es, die Stadt rechtzeitig zu verlassen. Der einst so pflichtbewusste Künstler hat die Kontrolle über sein Leben verloren. Immer mehr setzt sich in ihm das von Nietzsche sogenannte Dionysische (das Sinnlich-Rauschhafte) durch. Frühere Werte wie »Haltung«, »Leistung«, »Würde« bedeuten ihm nichts mehr: »Was galt ihm noch Kunst und Tugend gegenüber den Vorteilen des Chaos?« Thomas Mann beschreibt den sukzessiven Verfall einer einstmals ehrenwerten Persönlichkeit in der Lagunenstadt. So wie sein Künstlertum auf den tönernen Füßen eines rigorosen Pflichtbewusstseins ruht, steht auch die Stadt Venedig in ihrer Pracht auf dem dunklen Untergrund eines unergründlichen Meeres. Zuletzt stirbt Aschenbach am Strand an der Cholera – »am Narrenseile geleitet von seiner Passion« –, während er Tadzio betrachtet, der als Hermes-Figur wie ein Führer ins »Verheißungsvoll-Ungeheure« vorausschreitet.

Thomas Mann stammte aus einer alteingesessenen Lübecker Handelsfamilie; seine Mutter war Brasilianerin. Er selbst sah die Charaktereigenschaften des kühlen Norddeutschen mit denen eines südlichen Temperamentes in sich vereint. Im Jahre 1929 erhielt er den Literaturnobelpreis für seine Familiensaga »Buddenbrooks«. Von den Nationalsozialisten wurden Manns Werke verboten und öffentlich verbrannt, was seinen Ruhm als wichtigster deutscher Schriftsteller des 20. Jahrhunderts eher förderte. 1933 emigrierte er zunächst in die Schweiz, später nach Amerika. Von den USA aus rief Mann in Rundfunksendungen zum Widerstand gegen die Hitler-Diktatur auf. Seine letzten Lebensjahre verbrachte er in Klichberg bei Zürich.

Hauptthema bei Thomas Mann ist die Opposition zwischen Kunst und Leben. Wie viele Intellektuelle um die Jahrhundertwende war er der Meinung, dass es nur einen schmalen Grat zwischen Genie und Wahnsinn gibt. Diese These wurde schon in der griechischen Antike von dem Philosophen Platon vertreten. In dem platonischen Dialog »Ion« heißt es, dass die Dichter aus einer göttlichen Eingebung und Beseelung heraus ihre Werke schaffen: »... sobald sie in Harmonie und Rhythmus geraten, sind sie in bacchischer Besessenheit befangen.« Davon spürt man bei Aschenbach zunächst recht wenig. Zu Beginn der Geschichte wird sein Tagesablauf wie folgt geschildert: frühes Aufstehen, kaltes Duschen, Arbeiten, Ausruhen, Arbeiten ... Er ist ein »Leistungsethiker«, dessen wichtigste Parole »durchhalten« heißt. Doch wer sich selbst zu sehr diszipliniert, läuft Gefahr, seine Kreativität zu verlieren. Aschenbach gerät in eine Schaffenskrise. Als er in München einer seltsamen hochgewachsenen und in ihrer Physiognomie an den Tod erinnernden Gestalt begegnet, wird er von einem diffusen Reisefieber gepackt, das ihn über einige Umwege bis nach Venedig treibt. Wie im Wahn irrt Aschenbach in der Lagunenstadt dem geliebten Tadzio hinterher. Es ist die Stadt, in der auch Richard Wagner, Marcel Proust und Henry James, von den Gondeln und dem Glanz der großen Häuserfassaden betört, in einen Sinnesrausch gerieten.

Kompositorisch fügt sich in »Der Tod in Venedig« alles in stilvoller Einheit zusammen. Die Novelle ist wie eine antike Tragödie in fünf Kapitel gegliedert. Der Name des Künstlers Aschenbach weist auf den Titel »Der Tod in Venedig« hin. Viele Verweise – z. B. die Figur des Fremden, dem Aschenbach in der Nähe eines Friedhofes in München begegnet –

symbolisieren den Tod. So heißt es über die Gondel, mit der Aschenbach nach Venedig gebracht wird: »Das seltsame Fahrzeug [ist] (…) so eigentümlich schwarz, wie sonst unter allen Dingen nur Särge sind.« Der Gondoliere wird zum antiken Fährmann Charon, der die Toten über den Fluss Styx in den Hades bringt. Der Verstand sagt Gustav von Aschenbach, dass er Venedig wegen der Cholera verlassen muss. Doch seine Gefühle sprechen dagegen. Als er dennoch abreisen will, dient ihm eine Verwechselung bei der Gepäckabgabe als Vorwand, um in Venedig zu bleiben. Der eigentliche Grund ist Tadzio, den Aschenbach liebt, ohne dass er auf Gegenliebe hoffen könnte. Doch darauf scheint es ihm gar nicht anzukommen. Thomas Mann zitiert in seiner Novelle aus Platons Schriften, um zu verdeutlichen, dass Aschenbachs Liebe zu Tadzio nicht mit den Maßstäben der damaligen Zeit gemessen werden darf, sondern dass es sich um eine Spielart des antiken Eros handelt, über den die Philosophin Martha C. Nussbaum schreibt: »Wichtig ist (…), dass der Eros in der griechischen Gesellschaft ausdrücklich der Philia gegenübergestellt wird, womit eine Art von Liebe gemeint ist, die ein gewisses Maß an Gegenseitigkeit (…) beinhaltet.«

In jedem Menschen gibt es Seelenregungen, Triebe und Affekte. Es kommt darauf an, sie in ein harmonisches Verhältnis zueinander zu bringen. In seiner Jugend hatte Aschenbach den Leidenschaften viel Raum gegeben, doch als arrivierter Schriftsteller lässt er lediglich die strenge klassische Form gelten. Aschenbachs Grundhaltung wurzelt im Preußentum. Sie beschert ihm zwar Erfolg und Berühmtheit, doch die Gefahr seiner rigorosen Haltung besteht darin, dass sie sein Triebleben unterdrückt. Als Folge kann es zu unkontrollierten Gefühlsausbrüchen kommen. Genau dies passiert Aschenbach in Venedig. Der ungarische Philosoph

Georg Lukács sieht in Aschenbachs Tod das Schicksal des gesamten deutschen Volkes vorgezeichnet: »In der Novelle ›Der Tod in Venedig‹ wirft die während und nach dem Krieg entstandene weltanschauliche Krise bereits dichterisch ihre Schatten voraus (…) Die ›Unterwelt‹ wurde in der Zeit Hitlers zur gesellschaftlichen Wirklichkeit …«

So betrachtet war es gut, dass es in den 1960er-Jahren in Deutschland zu einer Auflockerung der rigiden Sexualmoral gekommen ist. Doch die Sexualisierung und Lust-Maximierung des Lebens nimmt heute für viele Menschen eine zu dominante Rolle ein. Es gibt auch so etwas wie eine »repressive Entsublimierung« von Lustgefühlen, ein Begriff, der von dem Philosophen Herbert Marcuse stammt. Schon in den 1970er-Jahren wies er darauf hin, dass im Unterschied zum wilhelminischen Zeitalter heute zwar mehr Lust zugelassen wird, aber doch auch immer nur so viel, dass die Gesellschaftsordnung nicht gefährdet wird. Das könne man besonders an den Vorbildern und Helden der Unterhaltungsindustrie nachweisen: »Der Vamp, der Nationalheld, der Beatnik, die neurotische Hausfrau, der Gangster, der Star, der charismatische Industriekapitän (….) sind keine Bilder einer anderen Lebensweise mehr, sondern eher Launen und Typen desselben Lebens, die mehr als Affirmation denn als Negation der bestehenden Ordnung dienen.« Nach Marcuse handelt es sich lediglich um eine oberflächliche und billige Lust, die den Leuten am Wochenende geboten wird. Wirklich befreiend wirke der Eros unter diesen Umständen nicht.

26.

»Ich lerne sehen – ja, ich fange an!«

»Die Aufzeichnungen des Malte Laurids Brigge« von Rainer Maria Rilke (1875–1926)

Wie kein anderer Dichter verstand es Rainer Maria Rilke, mit dem Zauber seiner Worte dem Wesen der Dinge, Pflanzen, Tiere und Menschen auf den Grund zu gehen. Er wollte mit seiner Dichtung zu einer Versöhnung des Menschen mit sich und seiner Umwelt beitragen: »Kunst erscheint mir als das Bestreben des Einzelnen, (…) eine Verständigung zu finden mit allen Dingen, mit den kleinsten, wie mit den größten, und in solchen ständigen Zwiegesprächen näher zu kommen zu den letzten leisen Quellen alles Lebens.« In Rilkes sogenannten »Dinggedichten« versenkt sich der Dichter vollständig in seinen Gegenstand, fühlt sich gleichsam in ihn ein, um sein wahres Wesen zu ergründen. Dabei geht es Rilke weder um eine »objektive« Abbildung des Gegenstandes noch um subjektive Stimmungslyrik, sondern darum, wie beide Gesichtspunkte im gelungenen Gedicht zu Grundfiguren menschlichen Erlebens vermittelt werden können. Als Beispiel dafür, wie Rilke versucht, mittels Sprache eine Perspektive jenseits von Subjekt und Objekt einzunehmen, sei folgende Strophe des berühmten Gedichtes »Der Panther« angeführt:

»Sein Blick ist vom Vorübergehen der Stäbe
so müd geworden, dass er nichts mehr hält.
Ihm ist, als ob es tausend Stäbe gäbe
und hinter tausend Stäben keine Welt.«

Durch die Gefangenschaft hat das Raubtier seine Bestimmung – das Jagen in der freien Wildbahn – verloren. Die Menschen haben dem Panther die Freiheit genommen und ihn zum Schauobjekt gemacht. Doch es scheint eine Dialektik zu geben. Das Schicksal des Raubtieres weist auf das des Menschen hin. Etwa seit 1890 spricht man von der Moderne und meint damit die zunehmende Säkularisierung, Industrialisierung und Urbanisierung. Was für den Panther die Gitterstäbe sind, sind für den modernen Menschen zahlreiche Zwänge, die er sich selbst auferlegt. Auch er ist seiner natürlichen Lebensweise beraubt. »Der Mensch ist frei geboren und liegt doch überall in Ketten«, hatte schon Jean-Jacques Rousseau formuliert. Als Rilke nach Paris kam, fühlte er sich vom Moloch der Großstadt fast erdrückt. In seinem Schaffen sah er einen Ausweg aus seiner Sinnkrise. »Arbeiten und nichts als arbeiten und Geduld haben«, war sein dem Bildhauer Auguste Rodin, dessen Privatsekretär er eine Zeit lang war, entlehntes Motto. In seinen letzten Jahren steigerte sich Rilke in seinem Walliser Schloss Muzot in einen wahren Schaffensrausch hinein. Aus dieser Zeit stammen die »Duineser Elegien« und die »Sonette an Orpheus«, in denen es um die Liebe und den Lobpreis des Seins geht: »Hiersein ist herrlich.«

In dem Tagebuchroman »Die Aufzeichnungen des Malte Laurids Brigge« schrieb sich Rilke seine Ängste von der Seele. Das Buch handelt von dem 28-jährigen dänischen Adelssohn Malte Laurids Brigge, den es nach Paris verschlagen hat. Es wird keine durchgehende Handlung erzählt, es gibt Zeitsprünge und Rückblicke. Rilke selbst bezeichnete das Werk nicht als Roman, sondern als Prosabuch. Bis dahin hatte es eine derartige Schreibweise noch nicht gegeben. Der sensible junge Mann wird von der Industriestadt mit ihren krassen Gegensätzen von Schönem und Hässlichem (Armut,

Krankheit, Verfall) überwältigt: »So, also hierher kommen Leute, um zu leben, ich würde eher meinen, es stürbe sich hier. Ich bin ausgewesen. Ich habe gesehen Hospitäler. Ich habe einen Menschen gesehen, welcher schwankte und umsank. Die Leute versammelten sich um ihn (...) Es roch, soviel es sich unterscheiden ließ, nach Jodoform, nach dem Fett von pommes frites, nach Angst. Alle Städte riechen im Sommer.« Doch die Konfrontation mit der harten Wirklichkeit führt auch zu Einsichten. Malte lernt, genauer zu beobachten und zu sehen. Ein »Ding« kann in der künstlerischen Wahrnehmung neue Beziehungen eingehen. Die auf Malte einstürzenden Sinneseindrücke und Erfahrungen der Metropole führen zur Erkenntnis, dass er an seiner Einstellung zum Leben noch arbeiten muss. Zuerst will er seine neuen Weisheiten in Briefform mitteilen, doch dann beschließt er, seine Gedanken in Tagebuchform festzuhalten: »Wozu soll ich jemandem schreiben, dass ich mich verändere? Wenn ich mich verändere, bleibe ich doch nicht der, der ich war, und bin ich etwas anderes als bisher, so ist klar, dass ich keine Bekannten habe. Und an fremde Leute, an Leute, die mich nicht kennen, kann ich unmöglich schreiben.«

Nachdem sich die Eltern im Jahre 1884 trennten, lebte René Karl Wilhelm Johann Josef Maria Rilke in Prag bei der Mutter Sophie Entz, die ihn wie ein Mädchen erzog. Auf Kindheitsfotos trägt er lange Haare und ein Kleid. 1886 wird der Junge zum Militär eingezogen und erleidet in der für ihn völlig ungewohnten Männergesellschaft einen Schock. Noch im selben Jahr wird er wegen gesundheitlicher Probleme entlassen. Nach dem Abitur nimmt Rilke 1895 sein Studium der Kunstgeschichte, Literatur und Philosophie an der Prager Universität auf. 1896 wechselt er nach München, um dort Jura zu studieren. Doch seine wahren Interessen waren die Literatur und die Philosophie.

1897 verliebt er sich in die ehemalige Freundin von Friederich Nietzsche: Lou Andreas-Salomé. Auf ihr Drängen ändert er seinen Vornamen von René in Rainer, da sie ihn für männlicher hält. Zu einem entscheidenden Erlebnis wurden für Rilke zwei Reisen mit ihr nach Russland. Die Weite der Landschaft und die Frömmigkeit der Menschen beeindruckten ihn tief. Die Beziehung zur wesentlich älteren und verheirateten Lou Andreas-Salomé dauerte bis 1900. Ein Jahr darauf heiratete er die Bildhauerin Clara Westhoff. Nach einem längeren Aufenthalt in der Künstlerkolonie Worpswede bei Bremen zog Rilke nach Paris, wo er Privatsekretär bei dem Bildhauer Auguste Rodin wurde. Letzterer wurde ihm zu einer Art Vaterfigur. Nach Reisen nach Italien, Nordafrika und Spanien lebte er ab 1921 zurückgezogen im Schlösschen Muzot im schweizerischen Kanton Wallis. Ab 1923 verschlechterte sich sein Gesundheitszustand. 1925 diagnostizierte man Leukämie. Rilke stirbt am 29. Dezember 1926 im Sanatorium in der Schweiz.

Seine Weltanschauung bringt Rilke in seinem Protagonisten Malte zum Ausdruck. Dieser sieht ein, dass er sein Leben ändern und lernen muss, einen positiven Bezug zu seiner neuen Umwelt zu finden. Die Dinge stehen in komplexen Zusammenhängen. Malte lernt sehen – »Ich lerne sehen – ja, ich fange an!« Das heißt, dass er mit der Zeit die Zusammenhänge versteht. Er gelangt zu einer speziellen Art des Beobachtens, das sich in den Gegenständen verliert. Am Beispiel eines Abrissgebäudes in Paris führt Rilke vor, wie man die Dinge neu sehen lernen kann: »Man sah in den verschiedenen Stockwerken Zimmerwände, an denen noch die Tapeten klebten (…) Am unvergesslichsten aber waren die Wände selbst. Das zähe Leben dieser Zimmer hatte sich nicht zertreten lassen.« Das Leben der Menschen, die Zimmer und die Dinge gehen Rilke zufolge eine Einheit ein.

»Und aus diesen blau, grün und gelb gewesenen Wänden, die eingerahmt waren von den Bruchbahnen der zerstörten Zwischenmauern, stand die Luft dieser Leben heraus (…) Da standen die Mittage und die Krankheiten und das Ausgeatmete und der jahrealte Rauch und der Schweiß …« Rilke wollte allen Dingen so nahe wie möglich kommen. Für ihn sind das Innere und das Äußere, Seelisches und Gegenständliches nicht strikt voneinander getrennt, sondern können im von ihm so benannten »Weltinnenraum« eine neue Einheit eingehen. Der Mensch ist kein aus dem Gesamtzusammenhang des Seins herausgefallenes Wesen, sondern alles ist mit allem verbunden. Um dies zu zeigen, muss der Dichter zum Sprecher der stummen Dinge werden, nicht nur der »schönen«. »Ich fürchte mich so vor der Menschen Wort«, heißt es bei Rilke. Demgegenüber liegt in den Dingen ein Trost: »Die Dinge singen hör ich so gern!«

In einem seiner letzten Gedichte mit dem Titel »Es winkt zu Fühlung« heißt es:

»Es winkt zu Fühlung fast aus allen Dingen,
aus jeder Wendung weht es her: Gedenk!
Ein Tag, an dem wir fremd vorübergingen,
entschließt im künftigen sich zum Geschenk.
(…)
Durch alle Wesen reicht der eine Raum:
Weltinnenraum. Die Vögel fliegen still
durch uns hindurch. O, der ich wachsen will,
ich seh hinaus, und in mir wächst der Baum.
(…)

Ein Vogel, der durch einen Menschen fliegt, ein Baum, der in ihm wächst, solche Bilder erscheinen auf den ersten Blick wahnsinnig. Die Philosophen des logischen Positivismus hätten solche Formulierungen als »unsinnig« bezeichnet. Doch vielleicht können wir die Utopie einer Versöhnung zwischen Mensch und Natur nur in – widersprüchlichen – dichterischen Worten beschreiben. Wenn wir wie der Barockdichter Angelus Silesius fragen, wie der Mensch wesentlich werden kann, lautet Rilkes Antwort: Nicht, indem sich der Mensch die Natur und die Dinge mittels Technik vom Leibe hält, sondern indem wir uns neue Erfahrungen und Perspektiven erschließen. Wesentliches lässt sich nur wahrnehmen, indem man sich der Welt öffnet und sich stimmungsmäßig auf sie einzulassen versucht. Der Philosoph Martin Heidegger – er mochte Rilkes Gedichte sehr – spricht vom »Gestimmt-Sein« als einem wichtigen Existenzmerkmal des Menschen. Heidegger bezweifelt, dass sich mittels Technik die Menschen wirklich näherkommen. Beschleunigung allein schafft keine Nähe, wenn das Gestimmt-Sein fehlt.

27.

»Ich wollte ja nichts als das zu leben versuchen,
was von selber aus mir heraus wollte.
Warum war das so schwer?«

»Demian« von Hermann Hesse (1877–1962)

Hermann Hesses Roman »Demian« erschien kurz nach dem Ersten Weltkrieg und beschreibt den Selbstfindungsprozess des jungen Emil Sinclair (Sinclair war auch der Name eines Freundes von Friedrich Hölderlin). Sinclair wird dabei unterstützt von seinem Mitschüler Max Demian, dessen Mutter »Frau Eva« und einem sonderbaren Musiker namens

Pistorius. Der Name Demian – er fiel Hesse während eines Traumes ein – spielt auf das griechische Wort *daimon* an. Der Athener Philosoph Sokrates hat bei schwierigen Gewissensfragen seinen *daimon* befragt. Genauer betrachtet, ist Max Demian keine eigene Person, sondern die innere Stimme des Protagonisten selbst. Langsam löst sich Sinclair von seiner Familie und seiner konventionellen Erziehung und entdeckt sein inneres Wesen. Hesse war der Meinung, dass jeder Mensch die Aufgabe hat, sich trotz oder gerade wegen aller Niederlagen, Rückschläge und Widersprüche zu einer eigenen Persönlichkeit zu entwickeln. »Ich wollte ja nichts als das zu leben versuchen, was von selber aus mir heraus wollte. Warum war das so schwer?«, heißt das berühmte Motto, das Hesse seinem Roman voranstellt.

»Das Leben eines jeden Menschen«, heißt es im Vorwort, »ist ein Weg zu sich selbst hin, der Versuch eines Weges, die Andeutung eines Pfades. Kein Mensch ist jemals ganz und gar er selbst gewesen; jeder strebt dennoch, es zu werden ...«. Der Roman löste unter der deutschen Jugend eine »elektrisierende Wirkung aus«, weil er »mit unheimlicher Genauigkeit den Nerv der Zeit traf und eine ganze Jugend (...) zu dankbarem Entzücken hinriss« (Thomas Mann). Die deutsche Jugend war mit Hurra-Patriotismus in den Krieg gezogen und völlig desillusioniert zurückgekehrt. Millionen von Menschen fühlten sich getäuscht. Hesse erhob daraus die Forderung, zukünftig nicht mehr der Obrigkeit oder der öffentlichen Meinung zu vertrauen, sondern auf seine eigene innere Stimme zu hören. Wie viele Intellektuelle seiner Zeit setzte er seine Hoffnung in einen »neuen Menschen« und einen politischen Neuanfang in Europa, der auf einer »übernationalen Menschlichkeit« aufbauen sollte.

Hesse war der Sohn eines Missionarsehepaars in Calw (Württemberg). Nach einer schwierigen Jugend (Flucht aus dem Internat Kloster Maulbronn) wurde er in Tübingen Buchhändler. 1899 zog er in die Schweiz. Ab 1904 widmete er sich ausschließlich der Dichtung. Zahlreiche Reisen führten ihn u.a. nach Indien. Ab 1912 lebte Hesse in Montagnola bei Lugano. Am Kriegsgeschehen nahm er zwar selbst nicht teil, war jedoch tief darüber erschüttert. In einem am 3. November 1914 veröffentlichten Aufsatz »O Freunde, nicht diese Töne« in der »Neuen Zürcher Zeitung« hieß es, »dass Liebe höher sei als Hass, Verständnis höher als Zorn, Friede edler als Krieg, das muss ja eben dieser unselige Weltkrieg uns tiefer einbrennen, als wir es je gefühlt«. Hauptthemen seiner frühen Werke – »Peter Camenzind«, »Knulp«, »Unterm Rad« – sind die Probleme der Jugend- und Reifejahre. In seinem Spätwerk – »Siddharta«, »Narziss und Goldmund«, »Das Glasperlenspiel« – geht Hesse immer entschlossener den Weg nach innen und versucht, östliche Mystik mit europäischem Bildungsoptimismus zu verbinden. »Hesses Sprache ist warm, klingend und voller Empfindung …«, heißt es in der Literaturgeschichte von Stephan Ankenbrand. 1946 erhielt Hesse den Nobelpreis für Literatur.

Emil Sinclair wird streng religiös erzogen. Als er an sich auch dunkle Seiten entdeckt, führt dies zu einer inneren Zerrissenheit. Der Gassenjunge Kromer, Repräsentant einer dämonischen Gegenwelt, übt eine gefährliche Faszination auf ihn aus. Kromer erpresst ihn und nur durch die Hilfe von Demian kann sich Sinclair aus den Fängen Kromers befreien. Demian verfügt über einen durch Meditation geschulten starken Geist und ein ausgezeichnetes psychologisches Gespür, mit dem er Kromer einschüchtert. Er erkennt Sinclairs Problematik, die »zwei Seelen in seiner Brust«, und versucht, ihm durch Neuinterpretationen von Bibelstellen und Erzählungen über einen Gott Abraxas, der in sich Gut und

Böse vereint, über seinen Zwiespalt hinwegzuhelfen. Er erklärt ihm, dass es Gutes ohne Böses nicht geben kann: »Der Vogel kämpft sich aus dem Ei. Das Ei ist die Welt. Wer geboren werden will, muss eine Welt zerstören.« Kein Mensch kommt fertig auf die Welt, jeder muss sich immer wieder aufs Neue beweisen.

Mithilfe von Demian versucht Sinclair, Klarheit über sich selbst zu erlangen. Doch bei seiner Suche gerät er auch auf falsche Wege. Eine Zeit lang schließt er sich studentischen Saufkumpanen an und lungert in den städtischen Kneipen herum. Doch er bemerkt bald, dass das nicht sein Weg sein kann. Mit Demian und dessen Mutter bildet er einen kleinen Zirkel, wie es damals üblich war, man denke zum Beispiel an den Kreis um den Dichter Stefan George. In diesen kleinen Gemeinschaften wusste man zwar nicht, wie die neue Zeit aussehen sollte, hielt sich aber bereit für das Neue. Vom normalen Philosophiestudium gelangweilt, vertieft sich Sinclair in die Lektüre Friedrich Nietzsches: »Mit ihm lebte ich, fühlte die Einsamkeit seiner Seele, witterte das Schicksal, das ihn unaufhaltsam trieb, litt mit ihm und war selig, dass es einen gegeben hatte, der so unerbittlich seinen Weg gegangen war.«

Der Roman endet damit, dass Sinclair und Demian in den Krieg ziehen, nicht um das Vaterland zu verteidigen, sondern damit das Neue beginnen kann. An der Front wird Sinclair durch eine Granate lebensgefährlich verletzt. Im Lazarett trifft er noch einmal auf Demian, der schwer verwundet neben ihm stirbt. Jetzt muss Sinclair ohne die Hilfe seines Freundes auskommen. »Du musst (…) in dich hinein hören, dann merkst du, dass ich in dir drinnen bin«, lauten Demians letzte Worte. Von nun an vertraut Sinclair in wichtigen Fragen ganz auf seine innere Stimme. Er ist aus der Eierschale geschlüpft, das Leben bedeutet Verwandlung. »Es ist immer schwer, geboren zu werden. Sie wissen, der Vogel hat Mühe, aus dem Ei zu kommen«, erläuterte ihm während einer der Gespräche im Kreis Frau Eva.

Der in meditativer Sprache geschriebene Roman ist ein Versuch der Selbstdeutung: Wer will ich sein, wer kann ich sein? Es geht hier nicht darum, welchen bürgerlichen Beruf man ergreift: »Wahrer Beruf für jeden (ist) nur das eine: zu sich selbst zu kommen, (...) das eigene Schicksal zu finden, nicht ein beliebiges, und es in sich auszuleben, ganz und ungebrochen.« Hesse zufolge muss »jeder (...) einmal den Schritt tun, der ihn von seinem Vater, von seinen Lehrern trennt, jeder muss etwas von der Härte der Einsamkeit spüren, wenn auch die meisten Menschen wenig davon ertragen können und bald wieder unterkriechen«. Vieles bei Hesse lässt an die ungefähr zur gleichen Zeit entstandene Existenzphilosophie (Heidegger, Jaspers) denken, wonach jeder Mensch sein unverwechselbares Sein leben soll. Doch gibt es überhaupt einen Wesenskern in uns selbst, den es zu entdecken gilt? Ist das Leben nicht vielmehr ein Fluss, ein einziges Werden und Vergehen von Bedeutungen? Vor übertriebenem Bestreben, möglichst authentisch zu sein, warnte schon der Stoiker Epiktet: »Bedenke, dass du nur Schauspieler bist in einem Stücke, das der Spielleiter bestimmt.« Dennoch bleibt es wichtig, dass wir uns nicht nur nach außen hin orientieren, sondern versuchen, in uns hineinzuhören und, soweit es geht, unser Schicksal in die eigenen Hände zu nehmen.

28.

»Berlin ist groß. Wo tausend leben, wird noch einer leben.«

»Berlin Alexanderplatz« von Alfred Döblin (1878–1957)

»Berlin Alexanderplatz« handelt vom Zusammenprall des ehemaligen Strafgefangenen Franz Biberkopf mit der Großstadt Berlin. Der leicht beeinflussbare und hinters Licht zu führende Protagonist ist nicht fähig, in der modernen Großstadt zu überleben. Insgesamt drei Mal versucht er, die Stadt für sich zu erobern, jedes Mal scheitert er; bis es zu einem Nahtoderlebnis und zu seiner Läuterung kommt.

Der 1929 erschienene Roman beginnt an dem Tag, als Biberkopf aus Tegel entlassen wird. Aus dem Gefängnis unvorbereitet in das hektische Leben Berlins geworfen, fällt es ihm schwer, wieder Fuß zu fassen. Während seiner Haft hat sich alles noch einmal beschleunigt. Zwar nimmt sich Biberkopf vor, »anständig« zu bleiben, aber die Großstadt, von Döblin mit der Hure Babylon verglichen, macht es ihm nicht leicht. Benommen vom Gewimmel auf den Straßen steht Biberkopf in einem Hausflur, wo ihn ein mit einem Kaftan bekleideter Jude sieht und ihm Mut zuspricht: »Berlin ist groß. Wo tausend leben, wird noch einer leben.« Biberkopf blickt daraufhin in den Hinterhof: »Ein hoher finsterer Hof war da. Neben dem Müllkasten stand er. Und plötzlich sang er schallend los, sang die Wände an. Den Hut nahm er vom Kopf wie ein Leierkastenmann.« Biberkopf singt das chauvinistische Lied »Die Wacht am Rhein«: »Es braust ein Ruf wie Donnerhall.« Jemand, der in Kriegsliedern seine Selbstbestätigung sucht, hat offenbar sein Verbrechen weder seelisch noch moralisch verarbeitet. Es beachtet ihn keiner, nur der Jude sagt: »Ihr habt schön gesungen. Ihr habt wirklich schön gesungen.« Er nimmt Biberkopf in den Arm und spricht ihm weiter gut zu, nimmt ihn sogar mit in eine warme Stube: »Setzt Euch nur ruhig hin. Könnt den Hut aufbehalten oder hinlegen, wie Ihr wollt.«

Alfred Döblin entstammt einer jüdischen Kaufsmannsfamilie aus Stettin. Er studierte in Berlin und Freiburg Medizin und ließ sich 1911 als Kassenarzt in Berlin nieder. 1933 emigrierte er über Zürich nach Paris und floh 1940 weiter nach Amerika, wo er zum Katholizismus übertrat. Er war nach Auskunft seines heute in Paris lebenden Sohnes Stephan ein ruheloser Gottessucher, der das Judentum »als eine zu enge, clanhafte Religionsgemeinschaft empfand«. Döblin wollte seine Konversion geheim halten, u.a. weil er die Abwendung seiner Freunde befürchtete. Nach dem Krieg kam er als französischer Offizier nach Deutschland zurück. Enttäuscht darüber, dass er sich im Nachkriegsdeutschland als Schriftsteller nicht etablieren konnte, siedelte er 1953 nach Paris über. Er starb 1957 in Emmendingen.

Zeitlebens störte Döblin, dass sein Erfolgsroman »Berlin Alexanderplatz«, den er nicht für sein bestes Werk hielt, sein gesamtes übriges Schaffen in den Schatten stellte. Doch wie in keinem anderen seiner Werke gelang es ihm in »Berlin Alexanderplatz«, durch die Montagetechnik – Einschub von Zeitungsmeldungen, Liedtexten, Bibelzitaten, Wetterberichten, Straßenplakaten – das Lebensgefühl eines Großstadtmenschen aus der Unterschicht auszudrücken.

Gleich nach seiner Freilassung kommt Biberkopf in die Wohnung seiner toten Exgeliebten Ida, in der inzwischen deren Schwester Minna mit Mann und Kind wohnt. Er vergewaltigt Minna. Offenbar versucht er, seine eigene Unsicherheit durch eine Gewalttat zu kompensieren. Doch er bereut die Tat und unterstellt sich der Schutzaufsicht der Gefangenenfürsorge, bei der er sich monatlich melden muss. Wochenlang bleibt er »anständig« und arbeitet als Hausierer am Alexanderplatz, bis er den Schwerverbrecher Reinhold kennenlernt, der ihn wieder auf die schiefe Bahn bringt. Nach einem Raubüberfall gerät Biberkopf unter ein Polizeiauto und verliert bei einer Notoperation seinen Arm.

Als Biberkopf die Prostituierte Mieze kennenlernt, Tochter eines Straßenbahnschaffners aus Bernau, bahnt sich sein größtes Unglück an. Reinhold bittet Biberkopf, ihm seine neue Freundin zu zeigen, aber unerkannt. Voller Stolz versteckt Biberkopf ihn hinter einem Vorhang. Mieze kommt und beichtet Biberkopf, dass sie sich in einen ihrer Verehrer verliebt hat, worauf er wie von Sinnen auf sie einschlägt. Reinhold tritt hinter dem Vorhang hervor und trennt die beiden. In der Folge macht Reinhold sich an Mieze heran und tötet sie bei einem Ausflug nach Freienwalde. Dies führt dazu, dass Biberkopf und Reinhold steckbrieflich gesucht werden. Bei einer Razzia in einem Lokal am Alexanderplatz schießt Biberkopf auf einen Polizisten und wird festgenommen. In der Untersuchungshaft tritt er in einen Hungerstreik und wird daraufhin in eine Irrenanstalt gebracht. Erst nach einer spirituellen Begegnung mit dem Tod sieht er ein, dass er an Miezes Ermordung mitschuldig ist. Reinhold wird gefasst und zu zehn Jahren Zuchthaus verurteilt. Biberkopf rappelt sich auf, um wieder Fuß zu fassen, und tritt eine Stelle als Hilfsportier in einer Fabrik an.

Das Ende des Romans verdeutlicht die Janusköpfigkeit der Großstadt Berlin. Auf der einen Seite macht sie es Menschen wie Biberkopf fast unmöglich, »anständig« zu bleiben, auf der anderen Seite bietet sie immer wieder Möglichkeiten für einen Neuanfang. Franz Biberkopf steht für das Durchhalten und Weitermachen in der Moderne. »Die

Kunst ist, einmal mehr aufzustehen, als man umgeworfen wird«, sagte Winston Churchill. Vielleicht war es dieser Stehaufmännchen-Effekt des Franz Biberkopf, der den Filmemacher Rainer Werner Fassbinder in Döblins Roman faszinierte und ihn zu seinem 930-Minuten-Film »Berlin Alexanderplatz« inspirierte.

29.

»... in der Glorie und dem Klingeln und dem seltsamen hohen Singen eines Aeroplans da oben war, was sie liebte; Leben; London; dieser Juni-Augenblick.«

»MRS DALLOWAY« VON VIRGINIA WOOLF (1882–1941)

Es ist ein heißer Junitag in London im Jahre 1923. Der strahlende Sommertag erfüllt Clarissa Dalloway, Ehefrau eines Parlamentsabgeordneten, mit Glücksgefühlen: »In den Augen der Leute, in dem Schwung, Schritt und Gang; in dem Brüllen und dem Tosen; den Kutschen, Automobilen, Omnibussen, Lieferwagen, den schlurfenden und schwankenden Sandwichmännern; den Blaskapellen; den Drehorgeln; in der Glorie und dem Klingeln und dem seltsamen hohen Singen eines Aeroplans da oben war, was sie liebte; Leben; London; dieser Juni-Augenblick.« In den 1920er-Jahren herrschte in Europa eine Aufbruchsstimmung. In den Künsten (Picasso, Gropius, Schönberg) und den Wissenschaften (Einstein, Heisenberg, Freud) kam es zu großen bis heute nachwirkenden Entdeckungen. Das Alltagsleben begann sich infolge der technischen Entwicklungen (Telefon, Automobile, Flugzeuge ...) zu revolutionieren. Nach dem strengen viktorianischen Zeitalter lockerten sich die Sitten, man wollte endlich freier, spontaner und authentischer leben. Gleichzeitig drohte in der Hektik der modernen Zeit der Mensch zum bloßen Rädchen im Getriebe zu werden. Das Zitat aus »Mrs Dalloway« spiegelt diese Janusköpfigkeit gut wider. Da wird zum einen die Lebensfreude der Protagonisten geschildert, andererseits deuten die »schlurfenden und schwankenden Sandwichmänner« auf Entfremdungsverhältnisse hin.

Wir begleiten Mrs Dalloway auf ihrem Weg durch das pulsierende London. Dabei hängt sie Erinnerungen an ihre Jugend nach. War es ein Fehler gewesen, nicht den Dandy Peter Walsh, sondern den langweiligen Politiker Richard geheiratet zu haben? Die inneren Monologe des Romans bilden den Kern der Handlung. Er beginnt und endet unspektakulär. Der erste Satz lautet: »Mrs Dalloway sagte, sie wolle selber gehen und Blumen kaufen.« Am Ende heißt es: »Denn da war sie.« Alles erscheint eher belanglos und zufällig, wenn nicht sogar sinnlos: »›Ich gehe so gern in London spazieren‹, sagte Mrs Dalloway. ›Wirklich, das ist besser als auf dem Lande spazieren zu gehen.‹« War sie damals wirklich so verliebt in Walsh gewesen? Oder war das auch nur so etwas Vorübergehendes wie dieser schöne Junitag in London gewesen?

Virginia Woolf war die Tochter des wohlhabenden Londoner Schriftstellers und Essayisten Sir Leslie Stephen und dessen zweiter Ehefrau Julia Prinsep Jackson. Im Haus ihrer Familie gingen geistige Größen wie George Eliot und Henry James ein und aus. Man gab Gesellschaften, bei denen Tee mit Gurkenbrötchen gereicht wurden und die Frauen große viktorianische Hüte trugen. Es heißt, dass Virginia Woolf in ihrer Kindheit von einem sexuell zudringlichen Halbbruder missbraucht wurde. Später wird ihr Essay »Ein eigenes Zimmer« (»A Room of One's Own«) einer der wichtigsten Texte der Frauenbewegung. Sie stellt darin die Frage, was wohl aus einer Schwester Shakespeares geworden wäre, die »… nehmen wir einmal an, ebenso abenteuerlustig, ebenso phantasievoll, ebenso begierig (war), die Welt zu sehen, wie er. Aber sie wurde nicht in die Schule geschickt. Sie hatte keine Gelegenheit, Grammatik und Logik zu lernen, von Horaz und Vergil ganz zu schweigen.«

1905 lebte Woolf, nach dem Tod ihrer Eltern, mit ihrer Schwester Vanessa und ihren Brüdern Adrian und Thoba unter wechselnden Adressen im Londoner Stadtteil Bloomsbury. Sie gehörte der sogenannten »Bloomsbury Group« an, einer Gruppe von Künstlern, Wissenschaftlern und Intellektuellen, die für ihr unkonventionelles und freizügiges Denken bekannt war. Alles war unter den Bohemiens erlaubt, außer Dummheit und Stillosigkeit. Berühmt ist der sogenannte Dreadnought-Streich. Im Jahre 1910 verkleidete sich Virginia mit einem Turban, einem Kaftan, das Gesicht schwarz geschminkt und mit angeklebtem Bart, um mit drei Freunden in ähnlichem Aufzug als Kaiser von Abessinien die *Navy* zu verspotten. Die Gruppe begab sich in den Küstenort Weymouth, um das geheime Kriegsschiff HMS Dreadnought zu besichtigen. Die Maskerade hatte Erfolg. Es wurden die Flaggen gehisst, die Kapelle spielte zu Ehren des Kaisers. Einer aus der Gruppe übersetzte, was Virginia Woolf an Kauderwelsch aus dem Altgriechischen von sich gab. Die Abordnung wurde von den Offizieren durch das hochgeheime Schiff geführt. Mit dieser Aktion wollte Woolf auf die Fragwürdigkeit von Etikette und überlebten Formen hinweisen. Als die Sache an die Presse kam, verlangte die *Royal Navy*, dass der Anstifter, Horace Cole, bestraft würde, wozu es jedoch nie kam.

1912 heiratete Woolf den Juden und Sozialisten Leonard Woolf. 1915 veröffentlichte sie ihren ersten Roman »Die

Fahrt hinaus« (»The Voyage Out«) und gründete im Jahr 1917 mit ihrem Mann zusammen den Verlag *Hogarth Press* für moderne Literatur. Einen Ehrendoktortitel der Universität Liverpool lehnte sie im Jahr 1939 ab, da sie dem akademischen Betrieb gegenüber kritisch eingestellt war. Als 1940 die Deutschen in Holland und Belgien einfielen, fasste das Ehepaar Woolf den Entschluss, gemeinsam aus dem Leben zu gehen, falls es zu einer Invasion in England kommen sollte. Im März 1941 wählte Virginia Woolf, die zeitlebens an starken Depressionen litt und Stimmen hörte, den Freitod. Sie ertränkte sich in dem Fluss Ouse bei Lewes in der Nähe ihres Wochenendhauses in Sussex im Alter von 59 Jahren. Im Abschiedsbrief an ihren Ehemann heißt es: »Ich glaube nicht, dass zwei Menschen glücklicher hätten sein können, als wir gewesen sind.«

In dem 1925 veröffentlichten Roman »Mrs Dalloway« bedient sich Woolf der Erzähltechnik des Bewusstseinsstroms (stream of conciousness), um die inneren, psychischen Prozesse der Personen zu entwickeln. Demgegenüber rückt die Handlung eindeutig in den Hintergrund. Es passiert nicht viel, zum Beispiel geht Mrs Dalloway durch den St. James Park und kauft Blumen: »... (sie) stieß die Schwingtür zu Mulberrys Blumenladen auf. Sie trat ein leichten Schritts, schlank, sehr aufrecht, und wurde sogleich von der knopfgesichtigen Miss Pym begrüßt, deren Hände stets knallrot waren, als hätten sie zusammen mit den Blumen in kaltem Wasser gestanden. Ja, das waren Blumen: Rittersporn, wohlriechende Wicken, Sträuße von Flieder; und Nelken, eine Unmenge Nelken, Rosen waren da; Schwertlilien waren da. Ah, ja – so atmete sie den erdigen Wohlgeruch ein, während sie mit Miss Pym sprach ...«

Durch die besondere Erzählweise entsteht ein außergewöhnliches Porträt der britischen Gesellschaft nach dem

Ersten Weltkrieg. Wir nehmen Teil an den endlosen Reflexionen der Protagonisten. Was würde Peter Walsh sagen, wenn er Mrs Dalloway nach so vielen Jahren wiedersähe? »Dass sie älter geworden sei? Würde er das sagen oder würde sie ihm (…) den Gedanken ansehen, dass sie älter geworden sei?« Dabei fühlt sich Mrs Dalloway noch gar nicht mal so alt. »Sie hatte gerade ihr zweiundfünfzigstes Jahr angebrochen. Monate und Monate von ihm waren noch unangetastet. Juni, Juli, August! (…) (als sie in den Spiegel blickte), sah (sie) das zarte rosige Gesicht der Frau, die heute Abend eine Gesellschaft geben würde; Clarissa Dalloways, ihres.«

Nach 30 Jahren besucht sie – am Vormittag der Dinnerparty – tatsächlich überraschend der aus Indien zurückgekehrte Peter Walsh. Er berichtet, dass er sich von seiner Frau scheiden lassen möchte, weil er sich in die 44-jährige Daisy, die Ehefrau eines Majors der indischen Armee, verliebt hat. Der Besuch verwirrt Mrs Dalloway. Sie überlegt, ob sie damals als 18-Jährige einen Fehler gemacht hat, als sie Richard, ihren jetzigen Ehemann, heiratete. Letztendlich kommt sie zu dem Fazit, das Richtige getan zu haben. Allerdings weiß sie, dass sie Richard nicht gerade aus Liebe geheiratet hat, sondern eher, weil er ihr im Vergleich zu dem sprunghaften Peter mehr Sicherheit bieten konnte. Gerade will Peter Walsh Clarissa Dalloway fragen, ob sie glücklich mit Richard ist, als die Tür aufgeht und die 17-jährige Tochter Elizabeth erscheint. Die Art, wie Mrs Dalloway sie vorstellt, lässt Peter überstürzt den Besuch abbrechen: »Die Art, wie sie sagte, ›Da ist meine Elizabeth!‹ – das verdroß ihn. Warum nicht einfach, ›Da ist Elizabeth!‹?« Woolf war der Meinung, dass der Erzählstil des inneren Monologs das adäquate Stilmittel sei, um die Wirklichkeitserfahrung der modernen Menschen realistisch wiederzugeben. »Das Bewusstsein empfängt eine Myriade von Eindrücken – triviale, phantastische, vorbeihuschende oder solche, die sich mit stählernem Griffel eingraben«, Aufgabe des Dichters sei es, diese so wirklichkeitsgetreu wie möglich wiederzugeben.

Einen zweiten Handlungsstrang bildet der Selbstmord des nervenkranken Dichters und Kriegsheimkehrers Septimus Warren Smith, eines alten Freundes von Mrs Dalloway. Er stürzt sich an diesem Nachmittag aus seinem Fenster in das Vorhofgitter, weil er sich der Einweisung in eine Nervenheilanstalt entziehen will. Im Krieg hatte er miterlebt, wie ein Freund vor seinen Augen von einer Granate zerfetzt wurde. Als Zivilist fühlt er sich verfolgt und hört Stimmen. Als man sich auf der Abendgesellschaft über seinen Tod unterhält, zeigt sich Clarissa Dalloway tief betroffen: »Herrgott, der Tod mitten in meiner Gesellschaft.« Aus Trauer und Schmerz um ihren verstorbenen Freund, aber auch aus allgemeiner Unzufriedenheit mit ihrem Leben, hegt auch Mrs Dalloway Suizidgedanken – »Sehr ähnlich fühlt sie sich ihm, dem jungen Menschen, der sich umgebracht hatte« –, die sie aber schnell wieder verwirft. Der ganze letzte Teil des Romans lebt von dem schroffen Gegensatz zwischen den oberflächlichen Konventionen der Partygesellschaft und den Gedanken des Geisteskranken in seinen letzten Stunden.

In ihrem Abschiedsbrief schrieb Virginia Woolf: »Liebster, ich spüre genau, dass ich wieder wahnsinnig werde. (…) Ich höre Stimmen, und ich kann mich nicht konzentrieren.« In ihrem Leben wechselten sich kreative, lebensfrohe Phasen schnell mit depressiven Schüben ab. Woolf lebte in einer Zeit und Gesellschaft, die sich vor kaum etwas mehr ängstigte als dem Wahnsinn. Über den vom Krieg traumatisierten Septimus Warren Smith heißt es: »Er wollte nicht sterben. Das Leben war gut. Die Sonne heiß. Nur die Menschen?« Smith fühlte sich von einem gefühlskalten Psychiater verfolgt, der ihn in eine Klinik einweisen wollte. Seit den Zeiten, in denen Virginia Woolf gelebt hat, hat sich viel im Umgang mit dem Wahnsinn und der Ausbildung von Psychiatern verändert. Doch noch immer tut sich unsere Gesellschaft mit Geisteskranken, Nervenkranken oder »Irren« schwer. In einer durch und durch leistungsorientierten Gesellschaft stört nichts so sehr wie der Wahnsinn. In anderen Kulturen kann er sich im Rahmen von religiösen Riten und Tänzen, man denke etwa an die entrückten Tänze der Derwische, in bestimmten Grenzen entfalten. Doch so einfach lässt sich der Wahnsinn auch bei uns nicht beschränken. Heute greifen viele Menschen zu Alkohol oder Drogen, um sich gleichsam in einen künstlichen Wahnsinn oder Rauschzustand zu versetzen. Vielleicht ist eine der Ursachen dafür die von Martin Heidegger diagnostizierte Seinsvergessenheit in der Moderne. Der moderne Mensch ist heimatlos geworden. Es fällt ihm schwer, gerade im Einfachen eines Junitages, im »Juni-Augenblick«, das Schöne zu sehen. In den Worten von Martin Heidegger: »Das Sein ist das Nächste, doch die Nähe bleibt dem Menschen am weitesten.«

30.

»... und das Herz ging ihm wie verrückt
und ich hab ja gesagt ja ich will Ja.«

»Ulysses« von James Joyce (1882–1941)

»... und wie er mich geküsst hat unter der maurischen Mauer und ich hab gedacht na schön er so gut wie jeder andere und hab ihn mit den Augen gebeten er soll doch noch mal fragen ja und dann hat er mich gefragt ob ich will ja sag ja meine Bergblume und ich hab ihm zuerst die Arme um den Hals gelegt und ihn zu mir niedergezogen dass er meine Brüste fühlen konnte wie sie dufteten und das Herz ging ihm wie verrückt und ich hab ja gesagt ja ich will Ja.« Dies ist der Schluss des 1000 Seiten umfassenden Romans »Ulysses« des irischen Dichters James Joyce; ein wegen seiner Komplexität und Unübersichtlichkeit alles andere als leicht zu lesendes Werk. Das letzte Kapitel besteht aus einem über 50 Seiten langen Gedankenfluss einer der Hauptfiguren, der Sängerin Marion Tweedy Bloom, genannt Molly. Es handelt sich dabei um den längsten inneren Monolog der Weltliteratur. Die Tochter eines irischen Offiziers, der in Gibraltar stationiert war, und einer spanischen Jüdin ist 33 Jahre alt und reflektiert über die Beziehung zu ihrem Mann Leopold Bloom, den sie liebevoll »Poldy« nennt. Während sie einschläft, erinnert sich Molly, wie sie Leopold, den sie gelegentlich mit dem Konzertmanager Hugh E. Boylan betrügt, einst das Eheversprechen gab. Alles Mögliche geht ihr durch den Kopf. Aber das Hauptthema ist die Beziehung zu ihrem Mann, den sie gleichzeitig verachtet und liebt, und dass sie letztlich nicht bereut, ihn geheiratet zu haben. Joyce's Roman endet nicht zufällig mit dem Wort »Ja«, geht es ihm doch darum, trotz aller Ambivalenzen und Widersprüche eine positive Grundhaltung zum Leben zu finden.

In seinem Jahrhundertroman beschreibt Joyce einen Tag, den 16. Juni 1904, im Leben des Leopold Bloom, wie er morgens um acht Uhr sein Haus in Dublin verlässt und nachts um drei Uhr zurückkommt. Über die Absicht, die er mit seinem Werk verband, bemerkte Joyce: »Ich möchte ein Abbild von Dublin erschaffen, so vollständig, daß, wenn die Stadt eines Tages plötzlich vom Erdboden verschwände, sie aus meinem Buch heraus vollständig wieder aufgebaut werden könnte.« Der Roman heißt »Ulysses«, weil Blooms Irrfahrten im Alltagsleben an Homers Irrfahrten des Odysseus angelehnt sind, wobei Blooms »Meer« Dublin ist. Joyce's Werk ist eine Hommage an seine Vaterstadt. Der Sinn dieses einzelnen Tages bleibt so unklar wie das moderne Leben, komplex und undurchschaubar. Nur gelegentlich hat der Leser das Gefühl, dass sich der Nebel etwas lichtet. Joyce hat solche fast schon mystischen Momente »Epiphanien« genannt. Eine Epiphanie ist eine »jähe geistige Manifestation«, so wie sie einst die drei Weisen aus dem Morgenland hatten, als sie das Kind in der Krippe erkannten. Manchmal geschieht es, dass sich in einem unerwarteten Moment der Schleier lüftet. Joyce war ein Sammler solcher »leuchtender Momente« mitten im Alltagsleben. Als Student notierte er sich Äußerungen seiner Kommilitonen, die etwas Wesentliches über ihr Inneres verrieten.

James Joyce wurde am 2. Februar 1882 in Dublin geboren. Nach dem Willen seiner Eltern hätte er Priester werden sollen; er studierte jedoch am *University College Dublin* Philosophie und Sprachen und wandte sich frühzeitig von der römisch-katholischen Kirche ab. 1902 siedelte er nach Paris über, geriet aber bald in wirtschaftliche Schwierigkeiten, sodass er 1903 nach Dublin zurückkehren musste, um als Privatlehrer zu arbeiten. Am 16. Juni 1904 begegnete er erstmals dem Zimmermädchen Nora Barnacle, Joyce sollte diesen Tag später als »Bloomsday« verewigen. Das Paar heiratete erst am 4. Juli 1931 in London. Sie hatten zwei Kinder und lebten an unterschiedlichen Orten (Italien, Frankreich, Großbritannien). Seinen Lebensunterhalt verdiente Joyce mit wechselnden Berufen, unter anderem als Journalist und Sprachlehrer. Wie schon sein Vater war James Joyce geschickt darin, seine Familie mit geliehenem oder geschenktem Geld zu ernähren. Zeit seines Lebens war er auf die finanzielle Unterstützung seines Bruders Stanislaus angewiesen. Aufgrund einer Augenkrankheit nahezu erblindet, starb James Joyce am 13. Januar 1941 in Zürich mit 58 Jahren. Seine wichtigsten Werke sind »Dubliner«, »Finnegans Wake« und »Ulysses«.

»Ulysses« gilt als richtungweisend für den modernen Roman. Das Werk entstand zwischen 1914 und 1921. Auszugsweise erschien der Roman zunächst 1918 in einer amerikanischen Zeitschrift *(Little Review)*. Wegen Obszönität waren die entsprechenden Ausgaben des *Little Review* mehrfach vom *United States Post Office* beschlagnahmt worden. Die Erstverlegung erfolgte 1922 in Paris in einer zensierten Version. Der Roman begleitet die drei Hauptfiguren, Leopold Bloom, dessen Frau Molly und den Hilfslehrer Stephen Dedalus, auf ihren verschlungenen Wegen durch die Stadt. Um diese Figuren gruppieren sich dann weitere Bürger Dublins, mit denen sie im Laufe des Tages zusammenkommen, wobei es sich zum Teil um Personen handelt, die schon in anderen Werken von Joyce vorkamen.

Stephen Dedalus ist ein Gegenspieler von Bloom und das eigentliche Alter Ego von Joyce. Der Name ist mit Bedacht gewählt, erinnert er doch an eine Figur aus der griechischen Mythologie. Der Künstler und Erfinder Dädalus hatte für König Minos ein Labyrinth entworfen und für seine Flucht aus Kreta für sich selbst und seinen Sohn Ikarus künstliche Flügel gebaut. »Stephen« wiederum war einer der ersten christlichen Märtyrer. Auch Joyce sah sich als Märtyrer, der sein Leben der Kunst geopfert hat. Beide, Leopold Bloom und Stephen Dedalus, sind gutmütige Menschen, die betrogen werden, Leopold von seiner Frau Molly, Stephen von seinem Freund Mulligan, der ihn beleidigt hat.

Der Roman beginnt damit, dass Stephen zusammen mit seinem Freund Buck Mulligan und dem Oxfordstudenten Haines in seiner Wohnung, dem Martello Tower, einem alten Festungsturm in der Dubliner Bucht, frühstückt. Nach einem Streit mit Mulligan verlässt Stephen den Turm und begibt sich zur Schule von Mr Deasy, an der er Geschichte unterrichtet. Nach dem Unterricht geht er an den Strand von Sandymount – »Stephen schloss die Augen und hörte seine Stiefel krachend Tang und Muscheln malen« – , wo er ausführliche Selbstgespräche führt. Er hat Gewissensbisse, weil er am Sterbebett seiner Mutter deren letzten Wunsch, zu beten, nicht erfüllt hat. Im Laufe des Tages zieht er dann von Pub zu Pub, diskutiert in der Bibliothek mit Dubliner Literaturgrößen über Shakespeare und trifft immer wieder auf Leopold Bloom als eine Art Gegenfigur. Auf der einen Seite steht der Intellektuelle Dedalus, der weder dem britischen Empire noch der katholischen Kirche dienen will, auf der anderen der bodenständige Leopold Bloom. Letzterer tritt erst im vierten Kapitel auf, als er das Frühstück für Molly bereitet und einen Brief seiner Tochter Milly liest. Er verlässt die Wohnung, kauft beim Metzger eine Niere, kehrt zurück, bringt seiner Frau die Post ans Bett, isst, geht aufs Klo, wo er in einer Illustrierten eine Kurzgeschichte liest. Danach verlässt er die Wohnung und geht zum Postamt, um einen Brief abzuholen, denn er unterhält eine heimliche amouröse Brieffreundschaft mit der Stenotypistin Martha Clifford.

Danach besucht Bloom einen Gottesdienst, kauft ein Stück Seife, denkt an seinen verstorbenen Sohn Rudy, besucht ein öffentliches Badehaus, nimmt an der Beerdigung eines gewissen Patrick Dignam teil, geht ins Büro, wieder auf die Straße … und immer so fort. Zwischendurch denkt er an Molly, die im Roman die Rolle von Odysseus' Frau Penelope einnimmt. Er besucht diverse Pubs, trifft mehrmals zufällig mit Stephen Dedalus zusammen, beobachtet drei junge Frauen am Strand und landet schließlich bei einer Party, die feuchtfröhlich in einen Pub verlegt wird und schließlich in einem Bordell endet. Bloom nimmt sich schließlich des heillos betrunkenen Dedalus an und bringt ihn zu sich nach Hause, wo die beiden gemeinsam im Garten ihre Blasen erleichtern, bis Dedalus schließlich geht, worauf Bloom sich wie Odysseus nach langen Irrfahrten zu seiner Frau ins Bett legt, deren innerer Monolog den Schluss des Romans bildet.

Ein Hauptthema des nicht enden wollenden, ohne Punkt und Komma geschriebenen Bewusstseinsstroms sind Mollys Gedanken über ihre Liebhaber. Sie war nicht immer treu, beruhigt sich aber in diesem Punkt: »Also wenn das alles ist an Schlimmem was wir in diesem Jammertal getan haben weiß Gott dann ist das nicht viel …« Über ihren Ehemann macht sich Molly keine Illusionen. Poldy ist ein Schürzenjäger und etwas größenwahnsinnig. Aber er hat auch gute Seiten, trinkt nicht übermäßig und wenn sie ihn mit den vielen Liebhabern in ihrem Leben vergleicht, schneidet er gar nicht so schlecht ab. Ihr derzeitiger, Hugh Boylan, benimmt sich zum Beispiel wie ein Flegel, wenn er ihr zum Abschied auf den Hintern klatscht, wohingegen Poldy immer noch jemand ist, mit dem man es aushalten kann.

Das Leben ist nun einmal so, wie es ist, und man darf sich nicht zu hohe Maßstäbe setzen. Molly versucht das Beste daraus zu machen. Am wichtigsten ist es, weiterzumachen, so wie auch Mollys Monolog nie zu enden scheint, und auf bessere Momente zu hoffen, zum Beispiel einen herrlichen Sonnenuntergang an der Küste Dublins: »Der Sommerabend hatte begonnen, die Welt in seine geheimnisvolle Umarmung zu nehmen.« Mollys Monolog beginnt und endet mit dem Wort »Ja«. Joyce will zum Jasagen ermutigen, Jasagen zum Leben, wie es ist. Das Leben ist launisch, flatterhaft, tyrannisch, nicht in einfache Kategorien zu bringen. Es nutzt nichts, darüber zu klagen, es ist weit besser, eine positive Grundhaltung zu entwickeln. Der Held unserer Zeit muss sich zwar nicht mit Zyklopen, Sirenen, gefährlichen Meeresklippen und ähnlichen Ungeheuern herumschlagen; seine »Marter« ist weniger physischer als psychischer Natur. Doch auch der moderne Mensch ist ein Held, wenn er trotz aller Widrigkeiten und Versagensängste durchhält und weitermacht so wie Molly und Leopold Bloom und Stephan Dedalus.

31.

»Jemand musste Josef K. verleumdet haben, denn ohne dass er etwas Böses getan hätte, wurde er eines Morgens verhaftet.«

»DER PROZESS« VON FRANZ KAFKA (1883–1924)

Hatte Kafka die Schrecken des 20. Jahrhunderts – Geheimpolizei, Krieg, Deportationen, Konzentrationslager – vorausgeahnt, als er den ersten Satz seines Romans »Der Prozess« schrieb? »Jemand musste Josef K. verleumdet haben, denn ohne dass er etwas Böses getan hätte, wurde er eines Morgens verhaftet« – in den totalitären Systemen des Nationalsozialismus und Kommunismus konnte niemand sicher sein, ob er nicht von der Geheimpolizei abgeholt würde. Doch in »Der Prozess« geht es nicht um politische Verfolgung. Während der ganzen Erzählung bleibt unklar, weshalb Josef K. an seinem 30. Geburtstag von zwei Männern verhaftet wird. Zunächst glaubt er an »einen groben Spaß, den ihm aus unbekannten Gründen, vielleicht weil heute sein dreißigster Geburtstag war, die Kollegen von der Bank veranstaltet hatten«. Doch dann wird ihm die Sache immer unheimlicher. Seine Schuld wird nicht genannt, auch nicht, von welcher Behörde er verfolgt wird. Es ist immer nur von einem »Gericht« die Rede. Kafka beschreibt eine furchteinflößende ominöse Macht, die zwar nicht direkt zugreift – ein sogenannter »Aufseher« erklärt, dass K. trotz seiner Verhaftung zur Arbeit gehen kann –, die deswegen aber nicht weniger gefährlich zu sein scheint.

K. bewohnt ein möbliertes Zimmer in einer Pension und führt ein geregeltes Leben. Sein ganzer Stolz ist seine berufliche Karriere, denn in der Bank hat er es bis zum Prokuristen gebracht. Doch als er von den beiden Wächtern verhaftet wird, scheint ihm das alles nichts zu nützen. Nach seiner Festnahme bemerkt er bald, dass seine Selbstsicherheit nur eingebildet war. Je länger sein Prozess dauert, desto schuldiger scheint er sich zu fühlen. Alle Versuche, in seinem Verfahren einen Ausweg zu finden, schlagen fehl. Was immer er unternimmt, wird letztlich gegen ihn verwendet. Beteuert er vehement seine Unschuld, gereicht ihm das ebenso zum Nachteil, wie wenn er klein beizugeben versucht. Einmal heißt es, dass das Gericht noch nie jemanden freigesprochen hat. Man findet in Kafkas Roman eine Menge Paradoxien, zum Beispiel wenn K. vom Gericht für Sonntag eine Vorladung erhält, ohne dass eine Uhrzeit genannt wird, oder wenn sich das Gericht auf dem Dachboden einer ganz normalen Mietskaserne in einem heruntergekommenen Vorstadtviertel befindet. Das erscheint alles absurd und doch kommt uns manches davon bekannt vor. Auch uns ist die Welt fremd geworden, auch wir fühlen uns in den Amtsgebäuden wie eine anonyme Wartenummer.

Das Kapitel »Erste Untersuchung« erzählt davon, wie K. an spielenden Kindern und Hausbewohnern vorbei zum Verhandlungsraum in die fünfte Etage eines Wohngebäudes geht. In einem mittelgroßen Zimmer drängt sich das Publikum, um sein Verhör zu verfolgen. Die im Vergleich zu den repräsentativen Räumen seiner Bank ärmliche Atmosphäre lässt K. jeden Respekt vor dem Gericht verlieren. Anstatt auf Fragen zu antworten, hebt er zu einer Verteidigungsrede an, mit dem Ziel, das Publikum auf seine Seite zu ziehen: »Hören Sie: Ich bin vor etwa zehn Tagen verhaftet worden, über die Tatsache der Verhaftung selbst lache ich, aber das gehört jetzt nicht hierher. Ich wurde früh im Bett überfallen, (…) es ist kein Zweifel, dass hinter allen Äußerungen dieses Gerichtes, in meinem Fall also hinter der Verhaftung und der heutigen Untersuchung, eine große Organisation sich befindet. (…) Und der Sinn dieser großen Organisation, meine Herren? Er besteht darin, dass unschuldige Personen verhaftet und gegen sie ein sinnloses und meistens, wie in meinem Fall, ergebnisloses Verfahren eingeleitet wird.« Mit seiner Rede kann K. niemanden im Saal beeindrucken, seine Anhörung verläuft so sinn- und ergebnislos wie letztendlich alles in seinem Prozess.

Am Ende weist die – von einem Gefängniskaplan erzählte – berühmte Parabel »Vor dem Gesetz« auf die grundsätzliche Vergeblichkeit all seiner Bemühungen hin. Ein Mann vom Lande tritt vor die Tür des Gesetzes und bittet einen dort postierten Türsteher um Einlass. »Aber der Türhüter sagt, dass er ihm jetzt den Eintritt nicht gewähren könne.« Und selbst wenn er ihm Einlass gewähren würde, so sei er doch nur der unterste Türhüter in einer großen Reihe. Daraufhin entschließt sich der Mann zu warten. Es vergehen viele Jahre, er wird älter und schwächer und als sich sein Leben dem Ende zuneigt, fragt er den Türhüter, wie es möglich sei, dass er im Laufe dieser vielen Jahre der Einzige gewesen sei, der um Einlass gebeten habe: »Alle Menschen streben nach dem Gesetz, wieso kommt es, dass in den vielen Jahren niemand außer mir Einlass verlangt hat?« Darauf antwortet der Türhüter: »Hier konnte niemand sonst Einlass erhalten, denn dieser Eingang war nur für dich bestimmt. Ich gehe jetzt und schließe ihn.« Mit dieser Parabel kann Kafka als ein früher Vorläufer des absurden Theaters aufgefasst werden (vgl. S. 207 ff., Samuel Beckett: »Warten auf Godot«).

Franz Kafka entstammte einer jüdischen Prager Kaufmannsfamilie, studierte Jura und wurde Versicherungsangestellter. Im Jahre 1914 verlobte sich Kafka mit der Berliner Büroangestellten Felice Bauer. Doch schon nach kurzer Zeit kamen ihm Zweifel, ob eine Ehe nicht seiner Schriftstellerei entgegenstehen könnte. In einer Tagebucheintragung heißt es: »Aus Berlin zurück. War gebunden wie ein Verbrecher ...« Schon nach sechs Wochen kommt es in einem Zimmer des Berliner Hotels »Askanischer Hof« zur Auflösung der Verlobung. Unter Kafkas Tagebuchaufzeichnungen findet sich unter der Überschrift »Gerichtshof im Hotel« eine Beschreibung der Szene, in der Felice als Klägerin und ihre Freundin Grete Bloch als Richterin fungieren. Vielleicht war dies die Urszene für den Roman »Der Prozess«. Kafka selbst begriff sein Schreiben als therapeutischen Versuch sein »irrsinniges, junggesellenmäßiges Leben« zu rechtfertigen. Nach einem Leben ohne äußere Höhepunkte starb Kafka früh an Tuberkulose. Als Jude und kranker Mensch musste er sich in der damaligen Zeit fast zwangsläufig isoliert fühlen. In einer Literaturgeschichte heißt es über ihn: »Kontaktarmut, Scheu und Krankheit ließen ihn früh vereinsamen.« Seine wichtigsten Werke, »Das Schloss«, »Der Prozess« und »Amerika«, sind erst nach seinem Tod erschienen. Wir verdanken die Veröffentlichung dieser Werke seinem Freund und Nachlassverwalter Max Brod, der von Kafka eigentlich den Auftrag hatte, sie nach seinem Tod zu vernichten. In Kafkas Werken sucht der Einzelne vergeblich nach einem echten Kontakt zu den Mitmenschen. Kafkas Figuren werden eigentümlich schematisch und wie seelenlos geschildert.

»Der Prozess« ist in einer Sprache zwischen Traum und Realität geschrieben, jedoch nicht in romantisch-märchenhaftem Stil, sondern in drückender Alptraumhaftigkeit. Überall sucht Josef K. nach Hilfe, um in seinem Fall weiterzukommen. »Du suchst die Hilfe zu sehr bei den Frauen«, mahnt ihn der Gefängniskaplan im berühmten Domkapitel. Immer wenn K. endlich einem Beamten der Justiz gegenübersteht, zeigt es sich, dass dieser nur ein ganz kleines Rad im Getriebe des riesigen »Prozesses« ist. Immer noch in Unkenntnis seiner Anklage und Schuld unterwirft er sich ein Jahr nach der Verhaftung seinem Todesurteil, das er nicht versteht, aber dennoch zu akzeptieren scheint. Am Ende wird K. »wie ein Hund« niedergestochen. Nirgends gibt uns Kafka auch nur einen Fingerzeig zur Auflösung der Frage nach der Schuld. Walter Benjamin war der Meinung, dass Kafka »alle erdenklichen Vorkehrungen gegen die Auslegung seiner Texte getroffen hat«. Es scheint sich bei dem Justizapparat um eine Instanz zu handeln, die das menschliche Fassungsvermögen übersteigt. Trotzdem ist der Mensch ihr hoffnungslos ausgeliefert. Diese unbegreifliche Instanz greift ein, »von der Schuld angezogen«, wie es im Roman heißt.

Laut Elias Canetti finden wir bei Kafka vor allem eine detaillierte Beschreibung der modernen Macht: »Unter allen Dichtern ist Kafka der größte Experte der Macht. Er hat sie in jedem ihrer Aspekte erlebt und gestaltet.« Heute sind es anonyme Bürokratien, Überwachungskameras, staatliche Direktiven und Kontrollen, die bis in das Innerste der Menschen eingreifen oder »kafkaeske« Situationen entstehen lassen, in denen sich der moderne Mensch undurchschaubaren anonymen Mächten wie z.B. der Bürokratie gegenübersieht. Reinhard Mey hat zu diesem Thema einen Song geschrieben: »Seit dem Tag, an dem die Aktenhauptverwertungsstelle Nord mich per Einschreiben aufforderte: Schicken Sie uns sofort einen Antrag auf Erteilung eines Antragformulars zur Bestätigung der Nichtigkeit des Durchschriftexemplars …«

Zu Beginn wird Josef K. aus seinem Bett – also seiner intimsten Privatsphäre – heraus verhaftet. Die moderne Macht gibt sich nicht damit zufrieden, die Menschen äußerlich zu beobachten. Ihre Imperative bemächtigen sich der gesamten Psyche. In den Schulen werden Aktenordner geführt, in denen auffälliges Verhalten eingetragen wird. Wer nicht ab einem bestimmten Alter Lesen, Schreiben und Rechnen kann, fällt aus dem Raster. Überall herrschen Normen, die zu erfüllen sind. Der auf sich allein gestellte Mensch findet keine Sicherheit, weder im Glauben noch in der Gesellschaft, fühlt sich ständig beobachtet und ist voller Angst sich zu blamieren. »… es war, als sollte die Scham ihn überleben«, lautet der vielbeachtete Schlusssatz in Kafkas Roman. In einer kalten emotionslosen Sprache hat Kafka wie kein anderer die Vereinsamung des modernen Individuums beschrieben. Oft verliert sich die Schilderung in irgendwelchen Details – zum Beispiel wenn K. schweigend zusieht, wie Frau Gruber ihren Strickstrumpf hervorholt –, aber hat nicht auch der moderne Mensch schon längst den Überblick über das Ganze verloren? Kafka beschreibt in einer verfremdeten Form das, was an Entfremdung tatsächlich um uns herum passiert. Nach dem Philosophen Theodor W. Adorno ist das ein Siegel jeder großen Kunst, nämlich »… eben diesen Charakter der Entfremdung selber auszudrücken und ihn durch seinen Ausdruck zu überwinden.« Liest man Kafka, erinnert man sich an stundenlange Wartezeiten in den Fluren von Verwaltungsgebäuden. Irgendwann leuchtet eine Nummer auf, man wird vorgelassen, um zu erfahren, dass noch ein Formular fehlt und man folglich vergeblich gewartet hat.

32.

»Mich sensationiert eben das Wort.«

»Schöpferische Konfession« von Gottfried Benn (1886–1956)

Gottfried Benn war ein Vertreter der sogenannten *L'art pour l'art*-These, wonach es in der Kunst ausschließlich um die Ästhetik geht. In einem Rundfunkinterview zum Thema »Können die Dichter die Welt verändern?« vertrat er die Meinung, dass die Literatur allein nach ästhetischen Gesichtspunkten zu bemessen ist. Dichtung hat Benn zufolge keinen didaktischen, ethischen oder sozialen Auftrag, sondern legitimiert sich aus sich selbst heraus. Gute Kunst äußert sich darin, dass es ein Künstler versteht, seinem Werk seinen unverwechselbaren Stil zu geben. Benn war ein Einzelgänger, dessen Werk sich nur schwer in eine bestimmte Literaturepoche einordnen lässt. Gipfel aller Kunst war für Benn die Lyrik: »Die Krone bleibt das Gedicht«, schreibt er in einem Brief an den Freund Wilhelm Oelze.

Eine Zeit lang nahm Benn Drogen (es ist nicht klar, wie lange und wie intensiv), weil er sich der einfachen Substanz der Dinge nähern wollte. In einer berühmten Gedichtzeile heißt es: »O, Nacht! Ich nahm schon Kokain, und Blutverteilung ist im Gange.« Außerdem beschäftigte er sich mit der fernöstlichen Philosophie, weil er durch Meditation eine Auflösung des Bewusstseins erreichen wollte. Gegen den

Fortschrittsglauben des 19. Jahrhunderts vertrat er eine eher zivilisationskritische Einstellung, was um die Jahrhundertwende allerdings keine Seltenheit war. Denker wie Oswald Spengler, Ludwig Klages und Theodor Lessing wiesen auf die Kehrseite des Fortschritts, zum Beispiel den Glaubensverlust des modernen Menschen und seine Neigung zum Nihilismus, hin. »Die Wüste wächst, weh dem, der Wüsten birgt!«, heißt es schon bei Nietzsche. Besonders in zwei Gedichten mit dem Titel »Gesänge« kommt Benns Skepsis gegenüber dem Fortschrittsgedanken zum Ausdruck: »Oh, dass wir unsere Ur-ur-ahnen wären. Ein Klümpchen Schleim in einem warmen Moor. Leben und Tod, Befruchten und Gebären glitte aus unseren stummen Säften vor.«

Benn stammte aus einer brandenburgischen protestantischen Pastorenfamilie. Auf Wunsch des Vaters hatte er zunächst Theologie studiert, wechselte aber in die Medizin und wurde Facharzt für Geschlechtskrankheiten. Bekannt wurde er durch die Gedichtsammlung »Morgue und andere Gedichte« aus dem Jahre 1912, in denen er Motive wie Leichenhallen (französisch *morgue*) und Obduktionsbefunde, die man bisher in noch keinem Gedicht gefunden hatte, mit altehrwürdigen Sujets wie Kirchenliedern oder Bibelstellen verknüpfte. Auch Hässliches wird aufgezählt: »Jeder drei Näpfe voll: von Hirn bis Hoden.« Stets ist der sezierende Blick des Arztes in seinem Werk präsent. War schon im Naturalismus das Hässliche für die Kunst nichts Fremdes mehr – zum Beispiel in den Beschreibungen sozialen Elends, von Krankheiten, Bettlern, Dirnen usw. –, so übertrifft Benn doch alles Bisherige. Das Revolutionäre der Gedichte Benns liegt jedoch nicht in der fotografischen Wiedergabe, sondern in seinem Talent und Mut, Motive unterschiedlichster Herkunft (Religion, Philosophie, Biologie, Medizin) miteinander zu verknüpfen.

Kurz vor dem Ersten Weltkrieg ging Benn die Ehe mit Edith Brosin, geb. Osterloh, die er während eines Sommeraufenthalts in Hiddensee kennengelernt hatte, ein. Im Krieg nahm er als Militärarzt an Kämpfen bei Antwerpen teil. Zwischen 1915 und 1917 wohnte er in einem herrschaftlichen Haus in Brüssel, eine Zeit, die er im Rückblick als seine schönste empfand: »Frühjahr 1916 in Brüssel; ich war Arzt am Prostituiertenkrankenhaus, ein ganz isolierter Posten, lebte in einem konfiszierten Haus, elf Zimmer, allein mit meinem Burschen, hatte wenig Dienst, durfte in Zivil gehen, (...) strich durch Straßen, fremdes Volk; eigentümlicher Frühling, drei Monate ganz ohne Vergleich, (...) ich lebte am Rande, wo das Dasein fällt und das Ich beginnt, ich denke oft an diese Wochen zurück, sie waren das Leben, sie werden nicht wiederkommen, alles andere war Bruch.« In Brüssel entstehen die »Rönne-Novellen« um die Kunstfigur des Arztes Dr. Rönne als Benns Alter Ego. Ab 1917 beginnt er in Berlin als Arzt für Haut- und Geschlechtskrankheiten zu praktizieren. 1922 stirbt seine erste Frau Edith. Anfang der 1930er-Jahre kommt es zur Zusammenarbeit mit dem Komponisten Paul Hindemith, im Jahr 1931 wird das Oratorium »Das Unaufhörliche« uraufgeführt.

Eine Zäsur bedeutet das Jahr 1932, in dem Benn Mitglied der Preußischen Akademie der Künste im Bereich Dichtung wird. Auch Thomas Mann gehörte dem Gremium an. Ein Jahr später geschieht, was man als unverzeihlichen Irrtum oder sogar Verrat von Gottfried Benn bezeichnet. Er gerät in den Bannkreis nationalsozialistischen Gedankengutes. Ausgerechnet von den Nazis erhofft er sich eine Erneuerung Europas gegen dekadente Verfallserscheinungen. Der Irrtum dauert bis zum Tag des sogenannten »Röhm-Putsches« im Juni/Juli 1934 in dessen Verlauf Hitler seine innerparteilichen Gegner ermorden lässt. »Wie groß fing das an, wie dreckig sieht es heute aus«, schreibt Benn am 27. August an Ina Seidel, um hinzuzufügen: »Aber es ist noch lange nicht zu Ende.« Im Jahr 1935 werden im »Völkischen Beobachter« die ersten Angriffe gegen ihn geführt. 1938 heiratet er seine zweite Frau Herta von Wedemeyer, die sich 1945 auf der Flucht vor den Russen mit Morphium das Leben nimmt. »Ich bin so hart geworden, um nicht selber zu zerschmelzen ...«, schreibt Benn.

Sein Biograf Walter Lennig betont, dass Benn ein Dichter war, den man nur vor dem Hintergrund der Stadt Berlin richtig verstehen kann. »Wie hat mich diese Stadt wieder erregt, ihre Abendstunde am Sonnabend zwischen 5 und 6, (...) Stadt meines Lebens, meines Schicksals, meiner schönsten Jahre. (...) Wir sind aus Riesenstädten, in der City, nur in ihr, schwärmen und klagen die Musen«, schrieb Benn in einem seiner Briefe. Für ihn gab es keinen Fortschritt in der Geschichte. Er glaubte nur an das schöpferische Wort bzw. an die Kunst, die dem Nichts für kurze Zeit etwas entgegensetzen kann, bevor auch die Zeit des größten Kunstwerkes abgelaufen und es in Vergessenheit geraten ist. »Leben als biologische Wirklichkeit ist ihm medioker. Leben als soziale Realität ist ihm verächtlich. Leben als Entwicklung ist ihm Farce«, schreibt Fritz Raddatz. Für Benn war nicht die Wahrheit, sondern der Stil das Entscheidende: »Soll der Dichter wie ein Nationalökonom, ein Pädagoge, ein Geistlicher, ein Staatsanwalt agieren? Sechsunddreißigtausend offen Tuberkulöse leben in Berlin und finden keine Stätte, vierzigtausend Frauen sterben in Deutschland jährlich an den Folgen eines verbotenen Eingriffs (...) da sieht der Dichter zu? Ja, der Dichter sieht zu, er weiß, dass der schuldlose Jammer der Welt niemals durch Fürsorgemaßnahmen behoben, niemals durch materielle Verbesserungen überwunden werden kann.«

Nach dem Krieg arbeitete Benn als praktizierender Arzt in Berlin. Er wohnte im Bayerischen Viertel in der Bozener Straße, man konnte ihn fast jeden Abend in einer Eckkneipe sein Bier trinken sehen. 1946 heiratete er Ilse L. Kaul, am 21. Oktober 1951 wurde ihm in Darmstadt der Georg-Büchner-Preis verliehen. Benn starb 1956 im Alter von 70 Jahren. Kurz zuvor fasste er seine stoische Lebensphilosophie in dem Gedicht »Nur zwei Dinge« zusammen:

»Durch so viel Formen geschritten,
durch Ich und Wir und Du,
doch alles blieb erlitten
durch die ewige Frage: wozu?

Das ist eine Kinderfrage.
Dir wurde erst spät bewusst,
es gibt nur eines: ertrage
– ob Sinn, ob Sucht, ob Sage –
dein fernbestimmtes: Du musst.

Ob Rosen, ob Schnee, ob Meere,
was alles erblühte, verblich,
es gibt nur zwei Dinge: die Leere
und das gezeichnete Ich.«

In seiner Kunst ging Benn bis zum Äußersten, sprengte mit seiner Sprache alte Formen, um immer wieder Neues zu erproben. Demgegenüber war sein Alltag als Arzt von einem stoischen Pflichtgefühl geprägt. Zeitlebens war Benn bemüht, äußere Normen korrekt einzuhalten, er war kein extrovertierter Künstlertyp. »Verhaltenslehre der Kälte« hat der Germanist Helmut Lethen Benns Zusammenspiel von äußerer Haltung und Suche nach vertiefter Innerlichkeit genannt. Eine solche Grundhaltung muss nicht unmenschlich oder gefühllos sein. Vielmehr ging es Benn und ähnlich Gesinnten laut Helmuth Plessner um die Erlernung von Techniken, »mit denen sich die Menschen nahekommen, ohne sich zu treffen, mit denen sie sich voneinander entfernen, ohne sich durch Gleichgültigkeit zu verletzen«. In einer von Massenphänomenen beherrschten Zeit interessierten Benn weniger die großen Schlagzeilen als die Feinarbeit an seinen Gedichten: »Mich sensationiert eben das Wort«, notierte er im Jahre 1919 in dem Aufsatz »Schöpferische Konfession«. Ähnlich wie für Martin Heidegger – »Die Sprache ist das Haus des Seins« – sind für Benn Fragen des sprachlichen Stils nichts Sekundäres. »Ein Wort, ein Satz –: aus Chiffren steigen erkanntes Leben, jäher Sinn,« heißt es in »Das Wort«. In einer immer pragmatischer werdenden und unter dem Zwang der Verwertbarkeit stehenden Welt erscheint das Gedicht als eine der letzten Bastionen, wo nur die Ästhetik als »interesseloses Wohlgefallen« (Kant) zählt.

33.

»Denn die einen sind im Dunkeln und die andern sind im Licht. Und man siehet die im Lichte, die im Dunkeln sieht man nicht.«

»Die Dreigroschenoper« von Bertolt Brecht (1898–1956)

Brecht wollte mit seiner Kunst die Mauer zwischen sogenannter ernster Kultur und Unterhaltungskultur durchbrechen und die Massen erreichen. Für ihn gibt es keinen Gegensatz zwischen Erkenntnis und Vergnügen. »… Brecht,

Heine und vor allem Shakespeare (...) unterhalten bestens und – drei Groschen! – sehr billig, aber nicht dämlich«, meint die bekannte Schauspielerin Katharina Thalbach. Als Marxist war Brecht ein radikaler Kritiker der bürgerlichen Gesellschaft. Seine Figuren sind jedoch nie eindimensional, also keinesfalls jene Charaktermasken, von denen Marx unter den Bedingungen der Klassengesellschaft sprach. Brechts Stücke lassen sich nicht auf ein einfaches Schema reduzieren, er bleibt immer Künstler genug, sich nicht von der Politik völlig vereinnahmen zu lassen. Das Leitzitat dieses Kapitels befindet sich gleich am Anfang der »Dreigroschenoper«. Ein Moritatensänger schildert die Untaten des Londoner Gangsters Mackie Messer: »An der Themse grünem Wasser fallen plötzlich Leute um! Es ist weder Pest noch Cholera, doch es heißt: Mackie geht um ...« Nach außen hin kann man Mackie nichts nachweisen, er steht glänzend da, doch sein Reichtum ist auf Mord und Totschlag aufgebaut: »Denn die einen sind im Dunkeln und die andern sind im Licht. Und man siehet die im Lichte, die im Dunkeln sieht man nicht.«

Brecht war der Sohn des Direktors einer Augsburger Papierfabrik. 1914/15 schreibt er erste Gedichte für die »Augsburger Neusten Nachrichten«. 1917/18 studierte er in München kurz Medizin, wandte sich aber bald ganz der Literatur zu. 1918 wurde er kurz vor Ende des Krieges noch zum Militärdienst verpflichtet und diente als Sanitätssoldat im Augsburger Seuchenlazarett. 1919 bis 1920 setzte er sein Studium in München fort, wo er Kontakte zu Schriftstellern und Theaterleuten, u.a. zu Karl Valentin unterhielt. 1922 bekam er für sein Stück »Trommeln in der Nacht« den Kleist-Preis. 1924 ging Brecht nach Berlin, damals die bedeutendste Kulturmetropole in Deutschland. Er arbeitete am »Deutschen Theater« Max Reinhards, an dem seine Stücke dann uraufgeführt wurden. Brechts Schaffen stand ganz im Dienst der Arbeiterbewegung. Unter den Bedingungen des Kapitalismus kann es nach Brecht weder Gerechtigkeit noch »gute« Menschen geben. Am Tag nach dem Reichstagsbrand im Jahre 1933 emigrierte er rechtzeitig nach Dänemark, wo er bis 1939 in Svendborg lebte. Kurz vor der Besetzung Dänemarks floh er weiter über Schweden und Finnland bis in die Sowjetunion, von wo er in die USA einreiste. In Kalifornien, wo er in Santa Monica lebte, schloss er Freundschaft mit Charlie Chaplin. Nachdem Brecht 1947 vom Komitee für unamerikanisches Verhalten (Mc-Carthy-Ausschuss) als Kommunist verhört wurde, verließ er die USA und ging nach Zürich. Da ihm eine Einreisegenehmigung nach Westdeutschland verweigert wurde, zog er nach Ost-Berlin, wo er mit seiner Frau Helene Weigel das legendäre »Berliner Ensemble« gründete. Brecht starb 1956 an einem Herzinfarkt.

Mit seiner »Dreigroschenoper« (1928) erlangte Brecht frühen Ruhm. Die Handlung kreist um den Konkurrenz- und Existenzkampf von Peachum, dem Kopf der Londoner Bettlermafia, und Raubmörder und Einbrecherkönig Macheath, genannt Mackie Messer, der gute Beziehungen zum Polizeichef von London hat. Der Konflikt zwischen Mackie Messer und Peachum entzündet sich, als Peachums Tochter Polly Mackie Messer gegen den Willen ihrer Eltern heiratet. Peachum und seine Frau beschließen, die »Spelunken-Jenny« zu bestechen, dass sie Mackie Messer an die Polizei verrät. Als dieser schon den Kopf in der Schlinge des Galgens hat, verkündet in letzter Sekunde ein Bote des Königs, dass Mackie Messer sofort freigelassen werden soll. Außerdem erhält er eine lebenslange Rente und wird in den Adelsstand erhoben. Am Ende kann er Polly in seine Arme schließen. Alles versammelt sich zum Schlussgesang:

»Verfolgt das Unrecht nicht zu sehr, in Bälde
erfriert es schon von selbst, denn es ist kalt.
Bedenkt, das Dunkel und die große Kälte
in diesem Tale, das von Jammer schallt.«

In der »Dreigroschenoper« will Brecht darauf hinweisen, wie ähnlich die Methoden der bürgerlichen Geschäftemacher und der Verbrecher sind: »Was ist der Einbruch in eine Bank gegen die Gründung einer Bank?« Zwischen »ehrbaren« Bürgern und Verbrechern ist der Unterschied gar nicht so groß. Der gute Freund von Mackie Messer, »Tiger« Brown, hat es durch Bestechung zum Londoner Polizeichef gebracht. Wenn es ums Geld geht, hört die Freundschaft auf, werden ethische Gefühle zurückgestellt. Moral, Liebe, Freundschaft, Ehe, alles untersteht dem Diktat des Geldes. Ein jeder ist käuflich. Die Helden in der »Dreigroschenoper« halten sich an den Grundsatz: »Erst kommt das Fressen, dann kommt die Moral.« Im Song »Von der Unzulänglichkeit des menschlichen Strebens« singt der Bettlerkönig Peachum davon, dass man das Leben nie meistern oder gar verstehen kann: »Denn für dieses Leben ist der Mensch nicht schlau genug.« Die Menschen haben Ideen, schöne Pläne, doch am Ende wird ihnen in einer Wirtschaftskrise alles weggenommen.

Brechts »Stück mit Musik in einem Vorspiel und acht Bildern« wurde die erfolgreichste deutsche Theateraufführung der Weimarer Republik. Der Theaterkritiker Herbert Ihering schrieb: »Brecht holt das Theater in die Publikumszone zurück.« Bereits im Januar 1929 wurde das Stück an 19 deutschen Theatern sowie in Wien, Prag und Budapest gespielt. Songs wie die »Moritat« und die »Seeräuberjenny« wurden überall nachgepfiffen. Ende der Saison 1928/29 verzeichnete man 4000 Aufführungen in 200 Inszenierungen, das war Jahrhundertrekord. Darüber hinaus erreichte die »Dreigroschenoper« internationale Berühmtheit. Die Moritat über Mackie Messer inspirierte den Jazz-Musiker Louis Armstrong zu einer Neuinterpretation. 2006 brachte der Schauspieler Klaus Maria Brandauer im Berliner Admiralspalast die »Dreigroschenoper« mit dem Sänger Campino von den Toten Hosen als Mackie Messer auf die Bühne. Die Inszenierung wurde von mehr als 70 000 Menschen besucht.

Brechts Theater handelt von einfachen Menschen, wie sie leben, welche Schwierigkeiten sie haben. Während im klassischen Drama der Mensch durch »Furcht und Mitleid« moralisch gebessert und geläutert werden soll, soll der Zuschauer in Brechts »epischem Theater« nicht Zeuge eines unabänderlichen Schicksals sein, sondern ständig das Gefühl haben, dass die Dinge auch anders sein könnten. Brecht will Vorurteile in Frage stellen, Missstände aufdecken und zur Veränderung der gesellschaftlichen Verhältnisse anregen. Der Zuschauer soll sich nicht in die Handlung hineinversetzen, sondern ihr mit Distanz begegnen. Um dieses Ziel zu erreichen, benutzt Brecht bestimmte Methoden. Berühmt ist der sogenannte V-Effekt (Verfremdungseffekt): Durch überraschende Elemente und kommentierende Einschübe, etwa in Form eines Songs oder durch Spruchbänder, soll das Geschehen auf der Bühne »verfremdet« werden, damit sich der Zuschauer jederzeit daran erinnert, dass es sich auf der Bühne nicht um eine zweite Wirklichkeit handelt, sondern um ein Theaterstück, das auf Missstände in der Gesellschaft aufmerksam machen will.

Brecht war Dialektiker, alles Gute hat auch eine Kehrseite, man muss die Gesellschaft im Ganzen sehen. Deshalb liebte es Brecht, seine Figuren »doppelt« anzulegen, zum Beispiel die Spelunken-Jenny in der »Dreigroschenoper«. Nach außen hin erfüllt das Zimmermädchen »brav« seine

Pflichten, doch heimlich träumt sie davon, irgendwann einmal als Seeräuberbraut groß rauszukommen und sich an allen rächen zu können. Dieser Traum hält sie am Leben. Auch in Brechts Stück »Der gute Mensch von Sezuan« führt die selbstlose und durch natürliche Güte gekennzeichnete Prostituierte Shen Te ein Doppelleben, da sie nur dadurch überlebt, dass sie gelegentlich in die Rolle ihres egoistischen vermeintlichen Vetters Shui Ta schlüpft. Was für den Einzelnen gilt, trifft Brecht zufolge auch auf die Gesellschaft zu. Recht und Ordnung sind seiner Meinung nach nur Oberflächenphänomene. Schaut man genauer hin, dann bemerkt man, dass unter der Oberfläche auch in der modernen Gesellschaft ein mit harten Bandagen geführter Existenzkampf tobt.

Die heutige Gesellschaft lässt sich nicht mehr als Klassengesellschaft (Karl Marx), sondern eher als eine nivellierte Mittelstandsgesellschaft (Helmut Schelsky), in der sich die Lebensstile annähern, beschreiben. Nicht die Arbeitnehmer als solche bilden derzeit die dunkle Kehrseite der High Society, es sind eher die Obdachlosen, Geisteskranken, Flüchtlinge, Alten und Kranken, die keine Lobby haben und in Heime, Krankenhäuser und Anstalten abgeschoben werden, damit sie das Gesamtbild möglichst wenig stören. In der Welt der Stars und Sternchen sind sie praktische verschwunden. Für sie gilt trotz oder gerade wegen der alljährlich kurz vor Weihnachten stattfindenden Wohltätigkeitsveranstaltungen: »Denn die einen sind im Dunkeln und die andern sind im Licht. Und man siehet die im Lichte, die im Dunkeln sieht man nicht.«

34.

»›Ach, Jake‹, sagte Brett. ›Wir hätten so glücklich zusammen sein können.‹«

»Fiesta« von Ernest Hemingway (1899–1961)

Mit dem Roman »Fiesta« (»The Sun also Rises«) aus dem Jahre 1926 erzielte Ernest Hemingway einen großen Erfolg. In ihm beschreibt er in einem nüchternen und gefühlsarmen Sprachstil das Leben reicher Amerikaner im Paris der 1920er-Jahre. Der Roman ist autobiografisch geprägt, denn Hemingway unternahm als Redakteur einer kanadischen Zeitung ab 1921 Reisen durch ganz Europa. Er hielt sich im Pariser Schriftstellermilieu auf und besuchte im Jahr 1924 die Stierkämpfe der Fiesta San Fermin im spanischen Pamplona, wo mit dem Segen der Kirche sieben Tage und Nächte lang gefeiert wird. »Fiesta« schildert das Leben der von Gertrude Stein so bezeichneten *lost generation*, der »verlorenen Generation«, die den Ersten Weltkrieg überlebt hatte. Das Leben des Protagonisten Jacob Barnes, genannt Jake, ein Kriegsveteran, der durch eine Verwundung impotent geworden ist, gleicht einem Tanz auf dem Vulkan. Er ist Korrespondent im Pariser Büro eines amerikanischen Magazins und wie Ernest Hemingway selbst alkoholsüchtig. Barnes flüchtet sich vor der Gekünsteltheit der Gesellschaft in Sarkasmus und Trinksucht. Die Suche nach dem richtigen Leben ist das verborgene Thema aller Werke Hemingways. Er selbst sah das Leben als einen andauernden Kampf, der mit Stolz und Würde geführt werden muss.

Hemingway wurde am 21. Juli 1899 als Sohn eines Arztes in Oak Park bei Chicago geboren. Seinem Vater gegenüber empfand er gemischte Gefühle. In einem seiner Werke sagt eine Figur namens Nick Adams, unter der man sich den Autor selbst vorstellen darf: »Sein Vater war sehr nervös (...) Und sentimental war er auch, und wie alle sentimentalen Menschen war er beides, brutal und leicht verletzt.« Hemingway begann als Lokalreporter und meldete sich 1918 an die italienische Front, wo er verletzt wurde. Nach seiner Zeit in Paris und weiteren Zwischenstationen im Ausland ließ er sich 1939 in Kuba nieder, wo er in Finca Vigia, in der Nähe von Havanna, ein Haus erwarb. Zwischen 1953 und 1954 stürzte er während einer Afrikareise zwei Mal mit dem Flugzeug ab. 1954 erhielt er den Nobelpreis für Literatur und verfiel danach in eine tiefe Depression. Seinen letzten Erfolgsroman »Der alte Mann und das Meer« hatte er 1952 geschrieben. Unheilbar erkrankt erschoss sich Hemingway 1961 in seinem Ferienhaus in Idaho.

Jake zeichnet es aus, dass er – abgesehen von seiner Alkoholsucht – niemals unbeherrscht wirkt. Trotz seines vordergründigen Zynismus hat er sich seine Sensibilität und Humanität bewahrt. Im Zentrum der Handlung steht die Beziehung zwischen Jake und der attraktiven Engländerin Brett Ashley. Er hat sie im Krieg an der Italienfront kennengelernt, wo sie als junge Krankenschwester in einem Lazarett arbeitete, in das Jake wegen seiner schweren Kriegsverletzung eingeliefert werden musste. Damals schon hatte er sich in sie verliebt. Als er sie in Paris wiedertrifft, war sie bereits zwei Mal verheiratet und heißt Lady Ashford. Um zu vergessen, dass ihr damaliger Verlobter gefallen ist, stürzt sie sich von einer Ausschweifung in die nächste.

Weitere Hauptpersonen sind der wohlhabende jüdische Amateurboxer und Schriftsteller Robert Cohn, der in Paris an seinem zweiten Buch arbeitet und in San Sebastian eine Affäre mit Brett hatte, der junge Matador Pedro Romero, ein wahrer *afición*, ein leidenschaftlicher Stierkämpfer, und

Jakes Schriftstellerfreund Bill Gorton aus Amerika. Jake reist mit Bill von Paris über Bayonne ins spanische Pamplona, um sich die Stierkämpfe anzuschauen. Für dieses Ereignis ist Bill extra aus New York angereist. Später stößt Brett mit dem Schotten Mike Campbell, einem alkoholabhängigen Bankrotteur, dazu. Auch Robert Cohn erscheint. Die Hauptbeschäftigung der Freunde besteht darin, ausgedehnte Trinkgelage abzuhalten. In Pamplona findet Brett Gefallen am Stierkampf und verliebt sich in den jungen stolzen Stierkämpfer Romero. Bekanntlich war Hemingway ein glühender Verehrer des Stierkampfes, der für ihn eine Metapher des Lebens war. In Spanien versäumte er keine Gelegenheit, solchen Festen beizuwohnen.

Nachdem Romero in der Arena einen großen Triumph erkämpft – er ist von allen der eleganteste und mutigste Stierkämpfer –, ergreift er mit Brett die Flucht nach Madrid. Doch schon bald bemerkt sie, dass es nicht richtig ist, den viel jüngeren Romero in ihr verdorbenes, sinnloses Leben hineinzuziehen. Sie entdeckt in sich etwas, »was wir anstelle von Gott in uns haben«, nämlich einen Restfunken an Anstand. In Madrid telegrafiert sie Jake, dass er unbedingt kommen soll. Er nimmt sofort den Nachtzug und trifft in Madrid auf eine ziemlich deprimierte Brett. Nachdem sie ausgiebig getrunken haben, unternehmen sie eine Taxifahrt durch die Stadt: »Wir saßen eng aneinander. Ich legte meinen Arm um sie, und sie lehnte sich bequem und zufrieden gegen mich. Es war sehr heiß und hell, und die Häuser sahen stechend weiß aus. Wir kamen auf die Gran Vía. ›Ach, Jake‹, sagte Brett. ›Wir hätten so glücklich zusammen sein können.‹ (...) ›Ja‹, sagte ich, ›Ganz schön, sich das auszumalen, nicht wahr.‹«

Über »Fiesta« schrieb Hemingway an seinen Schriftstellerkollegen Francis Scott Fitzgerald, dass sein Roman »eine verdammt traurige Geschichte [ist], in der aufgezeigt wird, wie Menschen zugrunde gehen«. Sie erliegen der Wahnvorstellung, ihr Leben exzessiv leben und genießen zu müssen. Unter der lebensprallen Oberfläche verbirgt sich ein existenzieller Abgrund. Auf die Aktualität des Romans muss nicht eigens hingewiesen werden. Ausgiebiges Feiern, Sauftouren nach Mallorca, All-inclusive-Angebote erfreuen sich zunehmender Beliebtheit. Ein gutes Fest ist ein Fest, auf dem viel und exzessiv getrunken wird. An einer Stelle des Romans meint Bill, dass man sein Leben jederzeit genießen muss, doch das Leben kann nicht jederzeit ein Fest sein. Alkohol- und Drogenkonsum führen zwangsläufig auch zu schlechtem Befinden. In »Fiesta« knallen schon früh am Tag die Champagnerkorken, es geht um Fragen, die sich Leute stellen, denen es einerseits zu gut geht und die andererseits eine große Leere in sich haben. Wo bekommt man den besten Lunch, wo befindet sich die nächste Bar?

35.

»Wie ich begriff, dass das, was blau leuchtete am Ende der Cannebière, bereits das Meer war, der Alte Hafen, da spürte ich endlich wieder nach so viel Unsinn und Elend das einzige wirkliche Glück, das jedem Menschen in jeder Sekunde zugänglich ist: das Glück, zu leben.«

»Transit« von Anna Seghers (1900–1983)

Anna Seghers' Werk »Transit«, laut Heinrich Böll das Schönste, was Seghers geschrieben hat, beschreibt realistisch die finstere und traurige Atmosphäre, in der Emigranten aus ganz Europa während der NS-Zeit in Marseille lebten; ihre verzweifelten Bemühungen nach gültigen Papieren, Schiffspassagen und Fluchtwegen. Der Roman handelt von einem namenlosen Ich-Erzähler, einem jungen Deutschen, den es nach Marseille verschlagen hat. Er benutzt die gefälschten Papiere des toten Schriftstellers Weidel, die auf den Namen Seidler ausgestellt sind. Der junge Mann spricht einen Unbekannten in einer Pizzeria in Marseille an und erzählt ihm von seinem Leben. Er hat das Bedürfnis sich mitzuteilen, befürchtet aber gleichzeitig, den anderen zu langweilen: »Haben Sie sie nicht gründlich satt, diese aufregenden Berichte? Sind Sie ihrer nicht vollständig überdrüssig, dieser spannenden Erzählungen von knapp überstandener Todesgefahr, von atemloser Flucht?« Die Gefahr ist für die Flüchtlinge in Marseille so alltäglich geworden, dass sich niemand mehr so recht dafür interessiert. Dennoch führt der Ich-Erzähler seine Geschichte fort.

Zu Beginn des sechsten Kapitels, ungefähr in der Hälfte des Romans, heißt es: »Damals hatten alle nur einen einzigen Wunsch: abfahren. Alle hatten nur eine einzige Furcht: zurückbleiben.« Die Flüchtlinge haben nur den einen Gedanken: fort, weg aus der Alten Welt, in der in Deutschland, Spanien, Italien, Ungarn und Frankreich faschistische Regime ihre Schreckensherrschaft ausweiten. Sie sind geradezu »abfahrtssüchtig«. Seghers schildert das Schlupfloch Marseille auf fantastisch-unheimliche Weise. Der Leser fühlt sich an Kafkas Romane erinnert. Ähnlich wie das Gerichtsgebäude in »Der Prozess« befindet sich das Konsulat mit den lebensrettenden Papieren in einer einfachen Mietskaserne; ähnlich wie Josef K. in seinem Verfahren nicht weiterkommt, verlieren sich die Flüchtlinge im Dickicht der Passregelungen.

Aus Paris kommend, ist der Erzähler in Marseille in Kontakt mit den dortigen Behörden getreten, denn für die Ausreise mit dem Schiff braucht er verschiedene Dokumente. Wer ins Ausland reisen möchte, benötigt zwei Papiere: ein Visum und ein Transit. So wird z. B. ein Visum nach Mexiko für eine begrenzte Zeitspanne von drei Monaten erteilt. Falls der Flüchtling in dieser Zeit kein Schiff findet, welches geradewegs nach Mexiko fährt, muss er in einem anderen Land einen Zwischenstopp machen, wofür er ein Transitvisum braucht. Das Transitvisum bekommt er beim Konsulat des entsprechenden Landes in Marseille. Dazu muss man den Konsul davon überzeugen, dass man nicht in dem Land bleiben, sondern wirklich weiterfahren will. Das kann so lange dauern, bis der Zeitraum für das Visum nach Mexiko abgelaufen ist. Allein dieses Szenario ist ein Teufelskreis. Hinzu kommt, dass die Emigranten bei den zahlreichen Razzien der Polizei über *Sauf-conduits* (Reise- und Aufenthaltsgenehmigung) verfügen müssen. Sind endlich alle Formalitäten für die Ausreise geklärt, auch die Ausreisegenehmigung von Seiten Frankreichs, kann die Abfahrt immer noch scheitern, weil man unter Umständen keinen Erlaubnisschein für das Betreten des eigentlichen Hafengebietes besitzt. Klaus Mann schrieb über die Bitternis des Exils: »Transitvisen, Arbeits- und Aufenthaltserlaubnisse, ›cartes d'identité‹, ›titres de voyage‹; diese Dinge spielten eine durchaus dominierende und recht quälende Rolle in den Gedanken und Gesprächen deutscher Auswanderer.«

Als der Erzähler in »Transit« endlich alle Papiere zusammen hat, beschließt er, doch nicht zu fahren, sondern in Frankreich zu bleiben und im Landesinneren unterzutauchen: »Ich will jetzt Gutes und Böses hier mit meinen Leuten teilen, Zuflucht und Verfolgung. Ich werde, sobald es zum Widerstand kommt, (...) eine Knarre nehmen.« Man darf vor den Nationalsozialisten nicht fliehen, sondern muss sie bekämpfen. Wohin man auch geht, sie kommen nach.

Das Exil ist keine echte Lösung, dem Faschismus muss an Ort und Stelle begegnet werden. »… Unsinn war dieser Kraftaufwand, um eine brennende Stadt mit einer anderen brennenden Stadt zu vertauschen, das Umsteigen von einem Rettungsboot auf das andere, auf dem bodenlosen Meer.«

Mehr als in jedem anderen ihrer Werke setzt Anna Seghers in »Transit« ihre eigenen Erfahrungen in Fiktion um. Geboren im Jahre 1900 unter dem Namen Netty Reiling, als Tochter eines vermögenden Mainzer Kunsthändlers, studierte sie in Heidelberg und in Köln Kunstgeschichte, Philologie, Sinologie und Geschichte. 1924 wurde sie mit einer Arbeit über »Jude und Judentum im Werke Rembrandts« promoviert. Im Jahre 1925 trat sie in die KPD ein und heiratete den ungarischen Soziologen László Radványi. Nach der »Machtergreifung« wurde sie für kurze Zeit verhaftet und floh nach ihrer Entlassung mit ihren zwei Kindern nach Paris, bis die Deutschen kamen und sie veranlassten, Frankreich zu verlassen und ins mexikanische Exil zu fliehen. Dort schrieb sie den Roman »Transit«, der 1944 zunächst auf Spanisch und 1948 in deutscher Sprache erschien. Nach der Rückkehr aus dem mexikanischen Exil lebte Seghers bis zu ihrem Tod 1983 in Ostberlin, wo sie sich intensiv am literarischen und kulturellen Leben der DDR beteiligte und von 1952 bis 1978 Vorsitzende des Schriftstellerverbandes der DDR war. Werke, die sie in dieser Zeit schrieb, wie »Die Entscheidung« (1959) und »Das Vertrauen« (1968) wurden von der Kritik nicht sehr positiv aufgenommen. Marcel Reich-Ranicki sah im Spätwerk der Dichterin erschütternde Dokumente »der Kapitulation des Intellekts, des Zusammenbruchs eines Talents, der Zerstörung einer Persönlichkeit«.

»Transit« ist nicht allein vor dem historischen Hintergrund, sondern auch als Chiffre für den modernen Menschen zu lesen. Zwar sind die totalitären Systeme besiegt, doch auch der moderne Mensch lebt in »transitären« Verhältnissen: Nichts ist von Dauer, Wohnort und persönliche Beziehungen werden oft gewechselt. Auch heute zählt der einzelne Mensch vor den Bürokratien wenig. In gewisser Weise lässt sich das gesamte Leben wie ein Transit von einer Station zur anderen verstehen. Es gibt keinerlei Garantie dafür, dass unsere Pläne aufgehen, die Ziele erreicht werden. »Gewiss ist ihnen die Kürze und Einmaligkeit des Lebens, ob es nun in Mond- oder Sonnenjahre eingeteilt ist, oder in Transitfristen«, sagt im Roman der Arzt. Eine der schönsten Stellen in »Transit« fordert dazu auf, dennoch nicht den Mut zu verlieren. Als sich der Ich-Erzähler auf seiner Flucht Marseille nähert, heißt es: »Wie ich begriff, dass das, was blau leuchtete am Ende der Cannebière, bereits das Meer war, der Alte Hafen, da spürte ich endlich wieder nach soviel Unsinn und Elend das einzige wirkliche Glück, das jedem Menschen in jeder Sekunde zugänglich ist: das Glück, zu leben.«

Was heißt es, fern seiner Heimat im Exil zu leben? Wie fühlt es sich an, nirgendwo willkommen zu sein und in langen Behördengängen um Visen, Aufenthaltsgenehmigungen und Passierscheine anstehen zu müssen? Nicht nur zur Zeit des Nationalsozialismus, auch heute befinden sich Millionen von Menschen auf der Flucht. Sie müssen sich von ihrer Familie, Heimat, Kultur, Sprache, von Freunden und Bekannten trennen und leben in einem fremden Land in der Angst, wieder abgeschoben zu werden. Von diesem Schicksal, der Heimatlosigkeit der Flüchtlinge, erzählt Anna Seghers' Roman. Er sensibilisiert für die Probleme der Staatenlosen und politisch Verfolgten. Wer »Transit« gelesen hat, wird vielleicht nicht fordern, Abschiebegesetze zu verschärfen oder Asylverfahren zu beschleunigen. Der italienische

Philosoph Giorgio Agamben hat in seinem Werk »Homo sacer. Die souveräne Macht und das nackte Leben« versucht, die gesamte moderne Welt unter den Aspekten wachsender Heimatlosigkeit und Machtlosigkeit gegenüber dem Staat zu beschreiben. Seiner Meinung nach bilden die zunehmenden Flüchtlingsströme nur die sichtbare Spitze eines Eisberges. Tendenzen in der heutigen Zeit führen dazu, den Menschen aus seinen natürlichen Bindungen zu entwurzeln und ihn austauschbar zu machen. Demgegenüber fordert Seghers, »dass man sich nicht im Stich lässt«. Wie ihre Biografin, Christiane Zehl Romero, ausführt, war »Loyalität zu den Menschen, die sie liebte, (...) für Seghers ein zentraler Begriff«.

36.

»Sie pfeifen auf den Menschen! Sie wollen Maschinen sein, Schrauben, Räder, Kolben, Riemen – doch noch lieber als Maschinen wären sie Munition: Bomben, Schrapnells, Granaten.«

»JUGEND OHNE GOTT« VON ÖDÖN VON HORVÁTH
(1901–1938)

Horváths Roman »Jugend ohne Gott«, 1937 geschrieben, spielt zur Zeit des Nationalsozialismus. Der als »Lehrer« bezeichnete Protagonist korrigiert Geografie-Klassenarbeiten und liest bei einem nur mit N. bezeichneten Schüler, dass Schwarze faul und minderwertig sind. Der Lehrer teilt diese Meinung zwar überhaupt nicht, streicht besagte Stelle jedoch nicht an. Für ihn ist es nicht verwunderlich, dass Jugendliche derartige Meinungen vertreten, da sie tagtäglich

im Radio verbreitet werden. Über die Jugend zur Zeit des Nationalsozialismus macht er sich keine Illusionen: »Sie pfeifen auf den Menschen! Sie wollen Maschinen sein, Schrauben, Räder, Kolben, Riemen – doch noch lieber als Maschinen wären sie Munition: Bomben, Schrapnells, Granaten.«
Der Lehrer hat seinen Glauben an Gott im Ersten Weltkrieg verloren. Er ist zwar gegen den Faschismus, traut sich aber nicht, zu seiner Meinung öffentlich zu stehen. Bei der Rückgabe der Klassenarbeit sagt er den Schülern, dass »Neger« auch Menschen sind, worauf der Vater von N. Beschwerde beim Direktor einlegt. Die Schulbehörde rät dem Lehrer, sich mit solchen, der offiziellen Linie widersprechenden Äußerungen von nun an zurückzuhalten, wenn er seine Pension behalten will.

Der Lehrer begibt sich in eine Art innere Emigration, baut eine Distanz zum Regime bzw. Zeitgeist auf, ohne direkt seine Pflichten zu verletzen. Die Schüler unterschreiben eine Beschwerde, in der die Entlassung des Lehrers gefordert wird. Die jungen Leute schwimmen in der Masse mit wie in einem Fischschwarm. In einer Bar unterhält sich der Lehrer mit einem ehemaligen Geschichtslehrer, genannt Julius Cäsar, der wegen einer Affäre mit einer Schülerin vom Dienst suspendiert wurde, über die damalige Jugend. Julius Cäsar erzählt ihm vom Zeitalter der Fische – laut Astrologie dauert es von 150 v. Chr. bis 1950 – und meint damit, dass die Seelen der Menschen bald so unbeweglich sein werden wie das Antlitz eines Fisches, was dem Lehrer einleuchtet. Die Jugendlichen werden in der Zeit des Nationalsozialismus zu emotionslosen Mitläufern erzogen. Als ein Schüler an Lungenentzündung stirbt und sich die ganze Klasse zum Begräbnis einfindet, bemerkt der Lehrer den kalten und starren, an Fischaugen erinnernden Blick des Schülers T. Die Schüler werden von Horváth nur mit Anfangsbuchstaben genannt, um darzustellen, dass die Jugendlichen unter Hitler nur Ziffern, Zeichen und Nummern im Getriebe der Macht waren.

Eines Tages beauftragt der Schulleiter den Lehrer, die Schüler in ein Zeltlager, das der paramilitärischen Erziehung dienen soll, zu begleiten. In der Gegend des Feldlagers treibt eine Bande von Jugendlichen ihr Unwesen. Sie sind moralisch so weit gesunken, dass sie sogar eine alte, gebrechliche Frau ausrauben. Während eines Gesprächs mit dem ansässigen Pfarrer führt der Lehrer soziale und ökonomische Faktoren als Erklärung für dieses Verhalten an, während der Geistliche auf den Werteverfall in der westlichen Kultur verweist. Europa habe sich von Gott entfernt, die Jugendlichen folgten den falschen Werten. Der Lehrer widerspricht, er glaubt nicht mehr an einen gerechten Gott.

Nach einigen Tagen im Lager wird ein Fotoapparat gestohlen. Daraufhin kontrolliert der Lehrer das Lager und bemerkt, dass dem Schüler Z. Briefe zugeschoben werden. Er vermutet, dass es sich um Nachrichten der Diebesbande handelt. Bei der nächsten Gelegenheit schleicht er in das Zelt von Z., bricht ein Kästchen auf und liest die Briefe und das Tagebuch des Z. So erfährt er, dass Z. mit Eva, der Anführerin der Diebesbande, ein Verhältnis hat. In dem Tagebuch steht auch, dass Z. jeden umbringen will, der sein Tagebuch liest. Als Z. von dem Ausflug zurückkommt, bemerkt er sofort, dass sein Kästchen geöffnet wurde, und beschuldigt N. dieser Tat. Es entbrennt ein Streit und N. bittet den Lehrer, ihm zu glauben, dass er das Tagebuch nicht gelesen hat. Jetzt wäre es für den Lehrer an der Zeit zu sagen, dass er es war, der das Kästchen geöffnet hat, doch er schweigt. Am nächsten Tag kehren die Schüler ohne N. in das Lager zurück. Der Lehrer vermutet Schlimmes und in der Tat, am nächsten Tag berichtet ein Waldarbeiter, einen toten Jungen gefunden zu haben. Der Verdacht lastet jetzt natürlich auf Z. Ein Kommissar nimmt ihn fest, zumal Z. gesteht, den Schüler N. erschlagen zu haben. Auch Eva wird vernommen. Es kommt zur Gerichtsverhandlung. Z. bezeichnet sich weiterhin als Täter, kann sich aber merkwürdigerweise nicht an Einzelheiten des Mordes erinnern. Irgendetwas scheint an dem Geständnis nicht zu stimmen. Es muss sich noch eine Person am Tatort befunden haben, denn man hat einen Kompass gefunden, der weder dem Opfer noch Z. gehört. Der Richter glaubt, dass Eva die Täterin ist und Z. sie aus Liebe decken will. Den Lehrer plagt immer mehr sein schlechtes Gewissen, bis er sich entschließt, die Wahrheit zu sagen. Er tritt in den Zeugenstand und erzählt, dass er das Tagebuch gelesen habe, das von dem Verhältnis zwischen den beiden berichtet.

Jetzt sagt Eva aus, dass ein fremder Junge mit Fischaugen N. getötet habe. Sofort muss der Lehrer an die kalten Augen des T. denken. Der Prozess gegen die Hauptverdächtige soll drei Monate später eröffnet werden. Inzwischen lässt der Lehrer den Schüler T. mithilfe von Julius Cäsar beschatten. Er hat nun auch, weil er die Wahrheit zu lange verschwiegen hat, seinen Titel und seine Pension verloren. Als er T. zur Rede stellt, leugnet dieser die Tat, wird jedoch immer nervöser und erhängt sich. »Der Lehrer trieb mich in den Tod«, heißt es in seinem Abschiedsbrief. Doch ein Teil des Briefes ist abgerissen. Der Lehrer vermutet, dass der Text noch weiterging. Und in der Tat! Als er mit der Mutter redet, gesteht sie ihm, dass es noch einen zweiten Teil des Briefes gibt, in dem steht: »… denn der Lehrer weiß, dass ich den N. erschlagen habe (…) Mit dem Stein – …« Er habe es getan, weil er wissen wollte, wie es aussieht, wenn ein Mensch stirbt. Gott hat also doch für Gerechtigkeit und Wahrheit gesorgt. Der Lehrer findet zu seinem Glauben zurück. Z. wird freigesprochen. Eva wird aus dem Gefängnis entlassen und vom Lehrer aufgenommen. Vom Pfarrer wird ihm das Angebot gemacht, nach Afrika zu gehen, um dort eine Lehrerstelle anzunehmen. Der Lehrer fährt als Missionar – als »Neger zu den Negern« – nach Afrika, wie es am Ende des Romans heißt.

Ödön von Horváth wurde 1901 als Sohn des ungarischen Diplomaten Edmund Josef Horváth und Maria Hermine Prehnal in Fiume, dem heutigen Rijeka, Kroatien, geboren. 1902 zieht die Familie nach Belgrad und 1908 nach Budapest, wo sein Vater Richter am königlich ungarischen Verwaltungsgerichtshof wird. Am erzbischöflichen Internat erhält Horváth eine religiöse Erziehung. 1913 folgt er seinen Eltern, die inzwischen aufgrund einer Versetzung des Vaters in München leben. 1916 zieht die Familie nach Pressburg und 1918 wieder nach Budapest. 1919 verlässt Horváth Ungarn, um zu seinem Onkel nach Wien zu ziehen, wo er das Abitur macht. Anschließend schreibt er sich an der Ludwig-Maximilians-Universiät in München ein. Ab 1923 arbeitet Horváth als freier Schriftsteller in Berlin und Murnau (Bayern). Im Jahr 1933 zieht er nach Wien, um den Repressalien der Nationalsozialisten zu entgehen. Bei der Bücherverbrennung am 10. Mai 1933 in Berlin sind auch seine Bücher dabei. 1938 flüchtet Horváth nach Paris, wo er am 1. Juni auf den Champs-Élysées während eines Gewitters von einem Ast erschlagen wird.

Horváth schildert in seinem Werk eindrücklich, wohin es führen kann, wenn die Jugend ohne Glauben, Gott und Moral aufwächst. Im Buch spielt das Tagebuch eine wichtige Rolle, denn es steht für Subjektivität und Individualität, alles Dinge, die im Faschismus nicht viel zählen. Horváth sah früh, dass Menschen am unteren Rand der Gesellschaft zum Faschismus neigen. Menschen, die sich mit allen Mitteln durchs Leben schlagen und nichts mehr zu verlieren haben, erhoffen sich durch einen Parteieintritt mehr Anerkennung und gewisse Karrierechancen. Seinem Stück »Geschichten aus dem Wiener Wald« stellt Horváth das Motto vor: »Nichts gibt so sehr das Gefühl der Unendlichkeit als wie die Dummheit.« Man könnte dieses Motto als Vorwegnahme des später von Hannah Arendt geprägten Wortes von der Banalität des Bösen lesen. In den »Geschichten aus dem Wiener Wald« handeln die Personen unreflektiert und dumm. So wird Marianne mit dem ehrlichen Fleischermeister Oskar verlobt, den sie allerdings nicht liebt. Noch am Verlobungstag wird die Verbindung wieder aufgelöst, weil sich Marianne unsterblich in den Taugenichts Albert verliebt. Mit ihm lebt sie in einer wilden Ehe zusammen und bekommt ein Kind, wobei sie schon während der Schwangerschaft wieder über einen Abbruch nachdenkt. Horváth beschreibt Menschen, die in einer Welt von Vorurteilen und falschen Entscheidungen leben. Sie lernen nichts aus ihren Fehlern, sie machen immer so weiter, als sei es das Normalste von der Welt, was ihnen widerfährt. Für alles und jedes gibt es eine Ausrede oder Erklärung und immer werden die Dinge als irgendwie doch richtig hingestellt. Aber so kann es keine Veränderung geben. Die von Horváth geschilderten Figuren leben wie in einem Tagtraum, jeder bleibt in seinen banalen Vorstellungen verhaftet. »Jugend ohne Gott« thematisiert den von Nietzsche im 19. Jahrhundert diagnostizierten »Tod Gottes«. Was könnte nach dem Verlust des christlichen Glaubens den Menschen Halt und Orientierung geben? Für Nietzsche war diese Frage das Hauptproblem der Moderne. Er erwartete für Europa eine Zeit großer Kriege und einen lang andauernden Werteverfall: »Die Wüste wächst: weh dem, der Wüsten birgt!«, heißt es im »Zarathustra«. Auch Horváth scheint skeptisch gewesen zu sein, dass der Mensch ohne Gott zu einem verträglichen Miteinander finden kann.

37.

»Alle Tiere sind gleich, aber einige Tiere sind gleicher als andere.«

»Farm der Tiere« von George Orwell (1903–1950)

Eines Nachts versammeln sich die Tiere des Bauernhofes »Herren-Farm« in der großen Scheune, um einem Vortrag des alten Keilers »Old Major« beizuwohnen. Old Major erzählt von seinem Traum, in dem die Tiere der Farm das Joch der Unterdrückung abschütteln und nicht mehr für den ständig betrunkenen Bauern Jones arbeiten müssen. Er malt allen Tieren eine blühende Zukunft aus und ruft sie zur Rebellion auf. Als Old Major kurz darauf stirbt, arbeiten die Schweine Napoleon, Schneeball und Schwatzwutz seine Lehren zu einer Ideologe des »Animalismus« aus. Drei Monate später kommt es zur Rebellion. Wieder einmal betrunken vergisst Bauer Jones die Tiere zu füttern. Von Hunger getrieben, brechen sie in die Futterkammer ein. Jones wird von der Farm gejagt und alle Zeichen der Knechtschaft, wie Ketten, Halfter, Peitschen usw., werden vernichtet. Die Farm gehört von nun an den Tieren, das Farmhaus selbst soll als Museum erhalten werden und kein Tier soll je darin wohnen. Der Hof wird in »Farm der Tiere« umbenannt. An die Rückwand der großen Scheune werden die Sieben Gebote des Animalismus geschrieben, nach denen alle Tiere der Farm leben sollen:

»1. Alles, was auf zwei Beinen geht, ist ein Feind.
2. Alles, was auf vier Beinen geht oder Flügel hat, ist ein Freund.
3. Kein Tier soll Kleider tragen.
4. Kein Tier soll in einem Bett schlafen.
5. Kein Tier soll Alkohol trinken.
6. Kein Tier soll ein anderes Tier töten.
7. Alle Tiere sind gleich.«

Doch eines Tages laufen die Schweine alle auf zwei Beinen und tragen Kleidung und an der Scheune steht nur noch ein einziges Gebot: »Alle Tiere sind gleich, aber einige Tiere sind gleicher als andere.« Mit seinem Roman »Farm der Tiere« (»Animal Farm«) spielt Orwell auf das Schicksal fast jeder Revolution an. Im Laufe der Zeit sind die neuen Ideale kaum noch wahrnehmbar und die Machthaber der neuen Ideologie gleichen sich dem alten abgeschafften Regime strukturell immer mehr an.

George Orwell wurde am 25. Juni 1903 in Motihari (Indien) als Sohn englischer Eltern mit dem Namen Eric Arthur Blair geboren. Während der Vater in Indien blieb, kehrte die Mutter mit dem ein Jahr alten George nach England zurück. In Eastbourne besuchte er ein Internat für Kinder der englischen Oberschicht. Seine dortigen Erfahrungen veröffentlichte er 1952 in »Die Freuden der Kindheit«. Aufgrund eines Stipendiums studierte Orwell in Wellington und Eton. 1921 arbeitete er bei der britischen Kolonialpolizei in Burma. Seine Erlebnisse während dieser Zeit beschrieb er in den Essays »Einen Mann hängen« (1931) und »Shooting an Elephant« (1936). 1927 kehrte er nach England zurück, um als Schriftsteller zu leben. 1928 zog er nach Paris, wo er beabsichtigte, als Englischlehrer zu arbeiten, jedoch nur Tagelöhner und Gelegenheitsarbeiter wurde. 1929 kehrte er arm und krank nach England zurück. Die Situation verbesserte sich erst, als ihm Freunde kleinere Schreibaufträge vermittelten. 1937 kämpfte Orwell im spanischen Bürgerkrieg auf der Seite der POUM (Arbeiterpartei der marxistischen Einheit). Er wurde verwundet und verließ Spanien daraufhin. Der Erfahrungsbericht »Mein Katalonien« ist eine exzellente Analyse des spanischen Bürgerkriegs. Im Zweiten Weltkrieg arbeitete er als Kriegsberichterstatter für die BBC. »Die Farm der Tiere« (1945) und die Anti-Utopie »1984« (1948) machten ihn weltberühmt. Orwell starb am 21. Januar 1950 in London an Tuberkulose.

Unverkennbar sind in »Farm der Tiere« die Bezüge zur russischen Revolution und Orwells Kritik am Totalitarismus. Die Tiere des Bauern Jones (Zar Nikolaus II.) verjagen auf Rat des alten Ebers Old Major (Karl Marx) und unter Führung der beiden Schweine Napoleon (Stalin) und Schneeball (Trotzki) den Bauern, um das Reich der Tiere (Diktatur des Proletariats) zu errichten. Doch schon bald leiden die anderen Tiere unter der Knute der Schweine und der Hunde (Tscheka, bolschewistische Geheimpolizei) noch mehr als unter der Herrschaft von Jones. Es bricht offene Feindschaft zwischen Napoleon und Schneeball aus. (»Die Revolution frisst ihre Kinder«, heißt es in Büchners Revolutionsdrama »Dantons Tod«.) Nachdem Schneeball verjagt ist, führt Napoleon den berühmten Personenkult ein. Den Bau der Windmühle (Elektrifizierung der Sowjetunion) gibt er, obwohl er ihn früher bekämpft hatte, als seine ureigene Idee aus. Die Arbeitsnormen für die Tiere werden brutal heraufgesetzt. Wer sich widersetzt, wird nicht nur, wie unter dem alten Bauern, schlecht behandelt, sondern die Hennen (Kulaken, selbstständige Bauern, die Stalin bekämpfte) werden in Schauprozessen vorgeführt und brutal ermordet. Auch der Stapel Brennholz, der verschachert wird, spielt auf

Historisches an: Er symbolisiert die Verhandlung um Polen zwischen Hitler und Stalin und damit den deutsch-russischen Nichtangriffspakt. Als die große Schlacht an der Windmühle (Stalingrad) siegreich geschlagen ist, wendet sich Napoleon den anderen »Nachbarn« (Alliierten) zu. Die Ziege Muriel (Intellektuelle), Boxer, der gute Gaul (Arbeiter), und Benjamin, der Esel (Schriftsteller), arbeiten sich für den Diktator Napoleon zu Tode.

Die »Farm der Tiere« ist nicht nur eine Parabel auf die russische Revolution, sondern auf alle Revolutionen der Neuzeit. Auch die neue Gesellschaft produziert Herrschaftsstrukturen, wie die Autoren Wolfgang Leonhard (»Die Revolution entlässt ihre Kinder«) und Milovan Djilas (»Die neue Klasse«) aufgezeigt haben. Deshalb forderte Immanuel Kant – er war Zeitgenosse der jakobinischen Schreckensherrschaft zur Zeit der Französischen Revolution –, die »Denkungsart« der Menschen Schritt für Schritt und mit friedlichen Mitteln zu verändern. Immer noch werden in der Geschichtsschreibung die Opfer des »Fortschritts« nicht genügend berücksichtigt. Eine Ausnahme stellt der Berliner Philosoph Walter Benjamin dar, wenn er sich den »Engel der Geschichte« so vorstellt: »Er hat das Antlitz der Vergangenheit zugewendet. Wo eine Kette von Begebenheiten vor uns erscheint, da sieht er eine einzige Katastrophe, die unablässig Trümmer auf Trümmer häuft …«

38.

»Estragon: Komm, wir gehen. Wladimir: Wir können nicht. Estragon: Warum nicht? Wladimir: Wir warten auf Godot. Estragon: Ach ja.«

»WARTEN AUF GODOT« VON SAMUEL BECKETT (1906–1989)

Das Zitat ist einer der typischen sinnlosen Dialoge, die die beiden Landstreicher Estragon und Wladimir in »Warten auf Godot« (»En attendant Godot«) von Samuel Beckett führen. Das Stück lässt keine Handlung erkennen, die Situation ist immer dieselbe: Wladimir und Estragon warten am Fuß eines Baumes auf einen gewissen Godot. Dabei bleibt unklar, wer Godot ist. Man erfährt auch nicht, weshalb sie auf ihn warten und ob Godot überhaupt irgendwann kommen wird. Derweil vertreiben sich die beiden Landstreicher die Zeit mit belanglosem Gerede, wobei sie nie lange bei einem bestimmten Thema bleiben. Im Laufe des ersten Aktes treffen sie auf ein weiteres Personenpaar: Pozzo und Lucky – Herr und Diener. Am Ende des ersten Aktes berichtet ein Junge, dass Godot erst am nächsten Tag kommen werde. Doch im zweiten Akt spielt sich im Prinzip dasselbe ab wie im ersten, mit dem Unterschied, dass Pozzo inzwischen erblindet und sein treuer Diener Lucky taub geworden ist.

Auf die Frage, wann Lucky stumm geworden sei, antwortet Pozzo gereizt: »Hören Sie endlich auf, mich mit Ihrer verdammten Zeit verrückt zu machen! Es ist unerhört! Wann! Wann! Eines Tages, genügt Ihnen das nicht? Irgendeines Tages ist er stumm geworden, eines Tages bin ich blind geworden, cines Tages werden wir taub, eines Tages wurden wir geboren, eines Tages sterben wir, am selben Tag, im selben Augenblick, genügt ihnen das nicht? (Bedächtiger) Sie gebären rittlings über dem Grabe, der Tag erglänzt einen Augenblick und dann von neuem die Nacht.« Pozzo will nicht einsehen, warum die Antwort »irgendeines Tages« nicht genügt. Jeder weiß, dass er »eines Tages« sterben wird, wann dies geschieht bleibt offen. Wäre es so viel besser, den genauen Zeitpunkt zu kennen? Die Menschen sind der Zeit ausgeliefert. In den Dimensionen der Zeit währt das Leben nur einen Augenblick. Dennoch wissen wir oft nichts Sinnvolles mit der wenigen Zeit, die uns gegeben ist, anzufangen. Die »verdammte Zeit« macht die Menschen verrückt. Bei Heidegger lesen wir: »Das Nichts nichtet.« Man wartet und hofft, dass alles besser wird, doch dann werfen uns Schicksalsschläge um Meilen zurück.

Samuel Barclay Beckett wurde 1906 in einem Vorort von Dublin in einer bürgerlichen protestantischen Familie geboren. Ab 1937 lebte er in Frankreich. Im Alter von 17 Jahren nahm er am renommierten Dubliner *Trinity College* ein Studium der Fächer Französisch und Italienisch auf. Nach dem Abschluss wurde er für zwei Jahre Englisch-Lektor an der Pariser *École Normale Supérieure*, der französischen Elitehochschule für Lehramtsfächer. 1930 kehrte er nach Dublin zurück und wurde Assistent im Fach Französisch am *Trinity College*, eine Tätigkeit, die ihm zunehmend zur Last fiel. 1937 ließ er sich endgültig in Paris nieder und schloss sich 1940 der Résistance an. Beckett tauchte in der unbesetzten Südhälfte Frankreichs unter. Für »Warten auf Godot« fand sich lange kein Intendant, erst Anfang 1953 wurde das Stück in Paris im *Théâtre de Babylone* mit viel Erfolg uraufgeführt. Beckett wurde zur Galionsfigur des absurden Theaters. Unter absurdem Theater versteht man die Form des Schauspiels, deren Hauptanliegen die Darstellung der

Widersinnigkeit der menschlichen Existenz überhaupt ist. 1967 versuchte sich Beckett als Theaterregisseur in Berlin mit dem Stück »Endspiel«. Ende der 1950er-Jahre war der von Natur aus scheue und depressive Samuel Beckett ein anerkannter Autor. 1969 erhielt er den Nobelpreis für Literatur, blieb aber der Überreichungszeremonie fern. Beckett starb am 22. Dezember 1989 in Paris.

In »Warten auf Godot« geschieht praktisch nichts. So beginnt das Stück mit den Worten Estragons »Nichts zu machen«, worauf Wladimir antwortet: »Ich glaube es bald auch.« In jedem Akt versuchen sich Wladimir und Estragon in ihrer Hoffnungslosigkeit umzubringen, scheitern jedoch jedes Mal daran. Sie befinden sich in einer aussichtslosen Situation, jenseits von Raum und Zeit; sie treten auf der Stelle. Sie sind ein Sinnbild des Daseins, das Heidegger als »Sein zum Tode« definiert. »Sobald ein Mensch zum Leben kommt, sogleich ist er alt genug zu sterben«, heißt es in seinem Hauptwerk mit dem bezeichnenden Titel »Sein und Zeit«. Estragon und Wladimir können sich nicht – und sei es durch Selbstmord – aus ihrer gegebenen Lage befreien. Dies drückt sich im Dialog aus, der mehrfach im Stück wiederkehrt: »Estragon: Komm, wir gehen. Wladimir: Wir können nicht. Estragon: Warum nicht? Wladimir: Wir warten auf Godot. Estragon: Ach ja.« Wladimir ist der Nüchterne, Sachliche, er erinnert sich an Vergangenes und hofft sehr, dass Godot kommen wird. Estragon behauptet von sich, ein Dichter zu sein; er ist launisch, träumt vor sich hin und hat die Tendenz, alles wieder schnell zu vergessen. Er ist skeptisch und kann sich sogar mehrmals nicht mehr an den Namen Godots erinnern. Eine ähnliche Konstellation finden wir bei Pozzo und Lucky wieder, hier handelt es sich aber nicht um eine Freundschaft, sondern um eine gegenseitige Abhängigkeit (Herr und Diener). Pozzo ist der tyrannische Chef, er ist reich, mächtig, selbstbewusst und stellt den »Mann von Welt« dar.

In »Warten auf Godot« warten die beiden Männer auf einen Erlöser. Man kann das Wort »Godot« als »Gott« oder auch als »Tod« lesen. Wladimir und Estragon ähneln in vielem den modernen Menschen. Sie mögen sich nicht besonders und können trotzdem nicht voneinander lassen. Sie sind nach einer Formulierung von Kant »ungesellige Gesellen«. Der Junge, der mit Godot in Kontakt steht, ist eventuell eine Metapher für einen Engel als Bote Gottes. Bei diesem elenden Warten und dieser ewigen Ungewissheit bleibt einzig und allein die Hoffnung, die jedoch in Hoffnungslosigkeit umschlagen kann (Selbstmordversuch). Das endlose Warten ist das Hauptthema des Stückes und ist Teil des menschlichen Lebens. Im Leben warten wir auch oft auf etwas. Godot steht für den Gegenstand dieses Wartens, ein Ereignis, eine Person, den Tod oder eben Gott. Im Akt des Wartens vergeht die Zeit und das Leben ist einem dauernden Auf und Ab unterworfen. Die beiden schwanken zwischen aufkeimender Hoffnung und sich anschließender Resignation. »Warten auf Godot« spiegelt die Erwartungen vieler moderner Menschen wider, die vielleicht weniger auf Gott setzen, sondern hoffen, dass irgendein Ereignis oder eine Person ihre Lage verbessert. Sie begreifen nicht, dass eine Veränderung ihres Lebens nur von ihnen selbst ausgehen kann.

39.

»Aber er war wieder der kleine Gottlieb, der Sohn des Volksschullehrers; er sollte studieren, und kam auf dem Gymnasium nicht recht mit.«

»Der Tod in Rom« von Wolfgang Koeppen (1906–1996)

Koeppens Roman »Der Tod in Rom« knüpft an Thomas Manns Novelle »Der Tod in Venedig« an. Diesmal stirbt jedoch nicht ein berühmter Künstler, sondern der Naziverbrecher Judejahn, um den niemand trauert. Auch die Intention ist eine völlig andere; während Manns Thema die Gefährdungen eines Künstlerlebens sind, führen bei Koeppen nicht die Bildung und die Kunst in den Abgrund, sondern gerade der Mangel daran. Seine negative Hauptfigur, den grobschlächtigen ehemaligen SS-Führer Gottlieb Judejahn, kennzeichnen Minderwertigkeitsgefühle gegenüber dem Bürgertum und den Gebildeten. Um diese zu kompensieren, legt er ein Machogehabe an den Tag und vergöttert alles, was mit Waffen, Macht und Uniformen zu tun hat. Aufgewachsen in den Wirren der Weimarer Republik sieht Judejahn seine Chance im Hitlersystem, in dem er ein hochrangiger SS-Führer wird. Nach dem Zweiten Weltkrieg wird er vom Nürnberger Gerichtshof in Abwesenheit zum Tode verurteilt.

»Der Tod in Rom« handelt zur Zeit des vom Marshallplan bewirkten Wirtschaftswunders und des Ost-West-Konflikts. Die BRD strebt in den Jahren des Kalten Krieges danach, ihre Souveränität zu erlangen, und überall auf der Welt stehen sich die beiden politischen Systeme der Demokratie und des Kommunismus gegenüber. Einerseits etabliert sich im Westen der Materialismus, andererseits ist der Katholizismus nach dem Zusammenbruch des NS-Staates wieder im Aufwind. Geschildert werden die letzten zwei Tage im Leben von Gottlieb Judejahn, der in einem arabischen Staat als militärischer Ausbilder Unterschlupf gefunden hat und dort die Jugend kommandiert und drillt. Nun ist er im Auftrag des arabischen Landes inkognito in Rom. Am Ende seines Romaufenthaltes stirbt er an einem Herzinfarkt. »Die Zeitungen meldeten noch am Abend Judejahns Tod, der durch die Umstände eine Weltnachricht geworden war, die aber niemand erschütterte«, heißt der letzte Satz des Romans. Mit den »Umständen« ist ein von Judejahns unmittelbar zuvor begangenes Verbrechen gemeint. Er hat in einem letzten Anfall sinnloser Wut die Jüdin Ilse Kürrenberg erschossen. Koeppen spielt mit diesem letzten Satz des Romans auf Thomas Manns Schlussakkord in »Der Tod in Venedig« an, wo es über das Ableben Gustav von Aschenbachs heißt: »Und noch desselben Tages empfing eine respektvoll erschütterte Welt die Nachricht von seinem Tode.«

Judejahn strebt nach der Macht über Leben und Tod, vielleicht weil er als Kind oft von seinem Vater gedemütigt und geschlagen wurde. Nach dem einflussreichen Buch von Wolfgang Theweleit mit dem Titel »Männerphantasien« speist sich der Faschismus vor allem aus einem Ressentiment bzw. einem Minderwertigkeitskomplex aufgrund erlittener Prügel. Zeitlebens bleibt Judejahn Nationalsozialist, auch im Wirtschaftswunderland, als alle anderen der Rassenideologie abschwören und nur noch ans Geldverdienen denken. Neben dem erwähnten Zitat von Thomas Mann bezieht sich Koeppen noch auf ein zweites Zitat. Es handelt sich um eine Textstelle aus Dantes Inferno: »Adams böse Brut«. Sind es nicht gedemütigte Menschen, die das Böse bewirken? Adam wurde von Gott bestraft, Judejahn von seinem Vater, einem deutschnationalen Volksschullehrer, bis er dagegen aufbegehrte. Er wollte nicht mehr der kleine Gottlieb sein und verfolgte zielstrebig seine NS-Karriere. Als er in Rom als Zivilist eine Bar betritt, fühlt er sich unsicher. Um seine Selbstzweifel zu kompensieren, bestellt er sich einen Whisky nach dem anderen: »Aber er war wieder der kleine Gottlieb, der Sohn des Volksschullehrers; er sollte studieren, und kam auf dem Gymnasium nicht recht mit. Er stand da, wie er einst in seines Vaters gewendeten und für ihn umgeschneiderten Anzügen unter seinen reicheren Kameraden gestanden hatte, die Kieler Matrosenblusen trugen. Sollte er noch einen Whisky trinken? Männer tranken Whisky.« Judejahn erinnert mit seiner fleischigen und stiernackigen Statur an die SS-Größe Heinrich Himmler. Der bekannte russische Autor Lew Kopelew fühlte sich bei Judejahn an einen ehemaligen Wehrmachtsgeneral, den Kommandanten von Mogiljow, erinnert, der von der Sowjetarmee im Juli 1944 gefangen genommen wurde. Nachdem er in Gefangenschaft geraten war – so Kopelew –, benahm er sich bald rüpelhaft, stierte böse aus seinen »Schweinsaugen«, schwitzte vor Angst, stotterte lallend etwas von Liebe zur russischen Armee, von Hochachtung gegenüber den Soldaten.

Bei Judejahn fühlt man sich an ein Wort von Gottfried Benn erinnert: »Die Krone der Schöpfung, das Schwein, der Mensch.« In Rom überfällt ihn ein Heißhunger nach dem anderen. Er konsumiert Unmengen von Pasta und Chiantiwein, um – angeekelt von der zivilen Bürgerwelt – auf diese Art ein richtiger Mann zu werden, dessen ganzes Wesen seiner Meinung nach nichts als Gier ausdrückt: Gier nach Völlerei, Gier nach Sex, Gier nach Macht. Mit Scharfblick bringt Kopelew sein Psychogramm der Figur Judejahns auf den Punkt: »General Judejahn (…) ist eigentlich ein kleiner Schmutzfink, ein Gymnasiast ohne Abitur. Beinahe gequält beneidet er die Reichen und Mächtigen, vergöttert Uniformen, Kasernen, den blendenden Glanz der Paraden, der Triumph-Rituale. Seine Stärke ist nur eine Maske der Schwäche, sein Mut verdrängte Furcht. Und all seine Ideale von Männlichkeit, Disziplin, Patriotismus, Staat und Rasse sind ebenso wie sein Machthunger aus kompensiertem Minderwertigkeitsgefühl, aus Lüsternheit, Menschenhass, Neid erwachsen.« Im Unterschied zu seiner Familie, die sich den neuen politischen Machtverhältnissen angepasst hat, bleibt Judejahn ein unverbesserlicher Nazi. Er fürchtet, »verbürgerlicht« zu werden, kennt nur Kampf, Verbrechen und Macht.

Wolfgang Koeppen wurde am 23. Juni 1906 als Sohn der unverheirateten Schneiderin Maria Köppen geboren (später wählte er die Schreibweise »Koeppen« für seinen Namen). Sein Vater, ein Privatdozent der Augenheilkunde mit Namen Dr. Reinhold Halben, blieb für ihn zeitlebens ein blinder Fleck. Während der Zeit des Nationalsozialismus verhielt sich Koeppen als Journalist und Romanautor unauffällig. Seine Erfolge feierte er erst nach dem Krieg. Koeppen hatte die Eigenart, dass ihn sein Verleger zum Schreiben regelrecht drängen musste. Einflussreiche Menschen, die ihn umgaben, forderten ihn auf, seine Gedanken zu Papier zu bringen. Doch Koeppen empfand sich selbst eher als ein guter Leser, denn als Autor. Er starb 1996 in München an den Folgen eines Herzinfarkts.

Dank seiner Trilogie »Tauben im Gras«, »Das Treibhaus« und »Der Tod in Rom« zählt Koeppen zu den wichtigsten Autoren der Nachkriegszeit, in der es vor allem um die Aufarbeitung des Zweiten Weltkrieges und die Probleme des Wiederaufbaus ging. »Trümmerliteratur« hat man diese Phase der deutschen Literaturgeschichte genannt. Bei Koeppen stehen weniger die materiellen Schäden als das Fiasko, das der Krieg in den Köpfen der Menschen anrichtete, im Vordergrund. In »Tauben im Gras« (1951), dem ersten Band der Trilogie, wird ein einziger Tag in dem von den Amerikanern besetzten München geschildert. Deutsche und Amerikaner, mehr als 30 Figuren, bewegen sich ziel- und orientierungslos durch die Stadt und ihr Leben. Wie das sinnlose Hin- und Herlaufen von Tauben im Gras verkörpern sie die Absurdität des Lebens nach dem Holocaust. Der zweite Band der Trilogie »Das Treibhaus« (1953) handelt von dem Bundestagsabgeordneten Keetenheuve, der in der Bundeshauptstadt Bonn wie in einem Treibhaus lebt. Der Ästhet und Pazifist muss erfahren, dass sich die deutsche Gesellschaft kaum verändert hat. Er klettert auf eine Rheinbrücke und »ein Sprung von dieser Brücke machte ihn frei«, wie es am Ende des Romans heißt. Bis heute gibt es kaum einen Roman, der authentischer über die Zeit der Adenauerära erzählt, obwohl seine Hauptfiguren fiktive Gestalten sind.

Im dritten Roman »Der Tod in Rom« (1954) geraten die Täter und Mitläufer des Naziregimes in den Blick. Als Judejahn sich nach Rom begibt, ist er dort nicht allein. Auch die Familie seines Schwagers Friedrich Wilhelm Paffrath und seine Ehefrau Eva, die nach wie vor eine fanatische Nationalsozialistin ist, sind mit von der Partie. Man will aus Rom hinausfahren, um die einstigen Schlachtfelder bei Cassino zu besichtigen. Der Wendehals Paffrath, unter Hitler Oberpräsident, wurde in der Bundesrepublik zum Oberbürgermeister seiner Heimatstadt gewählt. Beim Zusammentreffen mit der Familie Paffrath wird deutlich, dass Judejahn mit seinen nationalen Tiraden und Wutausbrüchen immer noch eine gefürchtete und geachtete Autorität für alle ist.

Die Söhne der beiden Familien unterscheiden sich maßgeblich von den Eltern, haben mit ihnen gebrochen und sind nur zufällig in Rom: Adolf, der Sohn Judejahns, ist Priester, Siegfried, der Sohn Paffraths, ist Komponist. Die Aufführung einer Zwölftonsymphonie von Siegfried führt alle Familienmitglieder zusammen. Am Ende des Konzertes kommt Judejahns autoritärer Charakter – nach oben hin ducken, nach unten hin treten – wieder zum Vorschein: »Am lautesten aber klatschte (...) Judejahn. Seine schweren Hände arbeiteten wie Dampfhämmer. Viel lieber hätte er gebrüllt, geschimpft und alle, die im Saal und auf dem Podium waren, strammstehen oder verhaften lassen. (...) Aber der kleine Gottlieb traute sich nicht, allein in der Frackgesellschaft, traute sich Judejahn nicht, zu brüllen, zu schimpfen, das Strammstehen und die dreißig Kniebeugen zu befehlen ...« Wir erfahren, dass Siegfried deswegen in dissonanter Zwölftonmusik komponiert, weil er hofft, von seiner »Sippe« loszukommen und gegen die vergangenen und gegenwärtigen Schrecken der Nachkriegszeit (atomare Aufrüstung!) zu protestieren. Seine Musik soll eine uralte Angst ausdrücken.

Das Thema des Todes durchzieht den ganzen Roman. Der Mönch Adolf verfolgt seinen Vater in den Katakomben von Rom. Die Komposition von Siegfried heißt »Variationen über den Tod und die Farbe des Oleander«. Die Symphonie atmet die Atmosphäre des Todes: »Es war viel Tod in diesen Klängen.« Der Roman beginnt mit einer Szene im Pantheon, der Grabeskirche bedeutender Persönlichkeiten. Über Judejahn heißt es zu Beginn: »Er kam aus dem Totenreich, Aasgeruch umwehte ihn, er selber war ein Tod, ein brutaler, ein gemeiner, ein plumper und einfallsloser Tod ...« Judejahn geht es in seinem ganzen Trachten und Streben nur um Tod und Macht. »Und als er die Macht erreicht hatte und ihr ins Gesicht sehen durfte, was hatte er gesehen? (...) Der Tod war der einzige Allmächtige.« Koeppens »Der Tod in Rom«

ist eine eindrückliche Warnung: »Der Schoß ist fruchtbar noch, aus dem das kroch« (Bertolt Brecht), das heißt, damals wie heute gibt es Menschen, die unfähig sind zu positiven menschlichen Beziehungen und aus Minderwertigkeitsgefühlen heraus zum Racheengel werden oder sich extremistischen Parteien anschließen.

40.

»Großartig. Dieses Wort ist mir wirklich verhasst. Es klingt so unecht.«

»DER FÄNGER IM ROGGEN« VON JEROME DAVID SALINGER (1919–2010)

Salingers Roman »Der Fänger im Roggen« (»The Catcher in the Rye«) handelt von dem 16-jährigen Holden Caulfield, der, wegen schlechter Noten von dem Internat Pencey Prep in Agerstown (Pennsylvania) verwiesen, ziellos durch seine Heimatstadt New York streift, weil er den Eltern nicht unter die Augen treten will. Von seiner billigen Absteige aus lässt er sich von einem Taxifahrer, den er mit seiner Lieblingsfrage – »Wo bleiben die Enten des Central Parks im Winter?« – nervt, nach Greenwich in einen Nachtclub fahren, um später zu Fuß wieder in sein Hotel zurückzukehren. Im Hotel nimmt er die Prostituierte Sunny mit auf sein Zimmer. Obwohl sich beide nur unterhalten, verlangt sie am Ende – statt der vereinbarten fünf – zehn Dollar. Als sich Caulfield weigert, den Aufpreis zu bezahlen, ruft sie ihren Zuhälter Maurice, der ihm einen schweren Schlag in die Magengrube verpasst. Am nächsten Tag, es ist Sonntag, ruft Caulfield seine Freundin Sally Hayes an und fragt, ob sie mit ihm auf eine der sonntäglichen Matineen gehen würde. Sie zeigt sich erfreut und antwortet: »Ja, sehr gern. Großartig!« Doch was heißt hier »großartig«? Caulfield kann mit dieser Formel nichts anfangen. Er findet sie falsch, unecht, affektiert: »Großartig. Dieses Wort ist mir wirklich verhasst. Es klingt so unecht.«

Caulfield hat in seinen jungen Jahren schon die ganze Heuchelei und Oberflächlichkeit der Gesellschaft durchschaut. In New York fühlt er sich verlassen, einsam und allein, trinkt zu viel und erleidet schließlich einen Nervenzusammenbruch. Im Sanatorium schreibt sich der nunmehr 17-Jährige seine Ängste in einer schnoddrigen, bildhaften und authentischen Sprache von der Seele. Wirklich gut versteht er sich nur mit seiner kleineren Schwester Phoebe, die er eines Sonntagabends in der Wohnung seiner Eltern allein antrifft, weil die Eltern gerade auf einer Party sind. Bei Phoebe kann er sich so geben, wie er ist, herumalbern, tanzen und sich über literarische Themen unterhalten. Als die Eltern zurückkehren, schleicht er sich unbemerkt aus der Wohnung. Völlig übernächtigt beschließt er, am nächsten Tag in den Westen auszuwandern. Er besucht die Schule seiner Schwester und lässt ihr schriftlich ausrichten, dass er sich mit ihr später treffen will. Von den Wänden der Schule wischt er obszöne Graffiti ab, um die Kinder vor solchem Schund zu bewahren. Als Phoebe zu dem vereinbarten Treffpunkt mit einem Koffer kommt, um ihn in den Westen zu begleiten, erkennt Caulfield seine Verantwortung gegenüber der Schwester und gibt seinen Auswanderungsplan auf.

Jerome David Salinger wurde 1919 als Sohn eines jüdischen Fleisch- und Käseimporteurs und einer schottisch-irischen Mutter in der New Yorker Eastside geboren. Eigentlich hätte Salinger die Firma des Vaters übernehmen sollen, doch auf einer Geschäftsreise nach Polen entsetzten ihn die

Zustände in den Schlachthöfen, woraufhin er beschloss, Schriftsteller zu werden. Im Zweiten Weltkrieg nahm Salinger als Soldat bei der Landung der alliierten Invasionstruppen in der Normandie teil. Er erlebte die schreckliche Schlacht im Hürtgenwald und die für die Amerikaner verlustreiche Ardennenoffensive mit. Traumatisiert erlitt er nach dem Krieg einen Nervenzusammenbruch. Bezeichnenderweise trägt eine Biografie über Salinger, der 2010 im Alter von 91 Jahren starb, den Titel »Auf der Suche nach dem großen Unbekannten«. Seit er 1951 seinen Weltbestseller »Der Fänger im Roggen« veröffentlichte, schrieb Salinger nur noch zum Vergnügen und ließ sich weder fotografieren noch interviewen. In dem Buch »Dream Catcher« seiner Tochter Margaret A. Salinger wird er als exzentrischer, von Kontrollsucht besessener Eremit geschildert. Ihr Vater habe die Gesellschaft seiner von ihm erfundenen Figuren den wirklichen Menschen vorgezogen.

»Der Fänger im Roggen« ist ganz aus der subjektiven Wahrnehmung des »Helden« Caulfield geschrieben. Dessen Weigerung, sich dem Druck der Leistungsgesellschaft anzupassen, spiegelt sich in seiner schnoddrigen Sprache wider. Man könnte meinen, dass Salinger den »Fänger im Roggen« in einem einzigen Schreibfluss verfasste, doch er brauchte zehn Jahre, bis er durch ständige Überarbeitungen den in sich stimmigen Ton seines Protagonisten fand. Man kann sich Caulfield als Pazifist, Heiligen, Zyniker oder Rebellen vorstellen. Klar ist nur, dass er mit wilder Geste und Trotz gegen den Konformismus und die Arroganz der Gesellschaft und ihren Leistungsdruck kämpft. In New York wird er radikal mit der großstädtischen Anonymität und Einsamkeit konfrontiert. Alles in allem ist sein Charakter recht widersprüchlich. Einerseits will er nicht erwachsen werden, andererseits führt ihn sein Weg durch Bars und Kneipen, für die er noch viel zu jung ist. Wenn er die Welt des Scheins und Kommerzes so hasst, warum nimmt er sich dann eine Prostituierte mit auf sein Zimmer? Einerseits zeigt er sich meist knurrig, zynisch und kompromisslos, doch dann ist er auch voller Mitgefühl und Empathie, wenn er sich für die Enten im Central Park während der kalten Winterszeit interessiert. Als er am Ende des Romans seiner Schwester verspricht, bei ihr zu bleiben, zeigt er, dass er verantwortungsbewusst handeln kann.

Der Titel des Romans ergibt sich aus dem nächtlichen Gespräch, das Caulfield mit Phoebe in der Wohnung der Eltern führt. Als Antwort auf die Frage, was er einmal werden wolle, malt sich Caulfield das Bild des »Fängers im Roggen« aus: »Jedenfalls stelle ich mir immer kleine Kinder vor, die in einem Roggenfeld ein Spiel machen. Tausende von kleinen Kindern, und keiner wäre in der Nähe – kein Erwachsener meine ich – außer mir. Und ich würde am Rand einer verrückten Klippe stehen. Ich müsste alle festhalten, die über die Klippe hinauslaufen wollen – ich meine, wenn sie nicht achtgeben, wohin sie rennen, müsste ich vorspringen und sie fangen (…) Ich wäre einfach der Fänger im Roggen. Ich weiß schon, dass das verrückt ist, aber das ist das einzige, was ich wirklich gerne wäre.« Der Absturz der Kinder von der Klippe symbolisiert das Erwachsenwerden. Caulfield möchte die Kinder vor den Schrecken der Erwachsenenwelt bewahren. »Der Fänger im Roggen« wurde zum Vorbild für viele Romane über Jugendliche, die gegen die Wertvorstellungen der Erwachsenenwelt rebellieren. In der ehemaligen DDR schuf Ulrich Plenzdorf in »Die neuen Leiden des jungen W.« mit Edgar eine ähnliche Figur. Edgar verweigert sich der langweiligen Pflicht- und Vorbildkultur der DDR und folgt allein seinen subjektiven Wünschen und Vorstellungen.

»Der Fänger im Roggen« wurde jedoch nicht nur von friedfertigen Menschen, sondern auch von gefährlichen Außenseitern gelesen. So fand man Salingers Buch in der Tasche von David Chapman, dem Mörder von John Lennon. Auch John Hinckley, Jr., der das Attentat auf Ronald Reagan verübte, hatte eine Ausgabe in seinem Hotelzimmer. Viele Kritiker hielten das Buch für gefährlich und stießen sich an Caulfields teilweise vulgärer Sprache. 1955 gab es in den USA Versuche, das Werk auf den Index zu stellen. In Kentucky wurde ein Lehrer, der es mit seiner Klasse lesen wollte, aus dem Schuldienst entlassen. Den Welterfolg des »Fänger im Roggen« konnte das nicht verhindern. Mittlerweile gehört das Werk zum festen Bestand der Schullektüren. Caulfields Verteidigung der Natürlichkeit und Spontaneität gegen die Heuchelei und Selbstgefälligkeit der Erwachsenen fasziniert immer wieder aufs Neue. Wenn er die gesellschaftlichen Zwänge ablehnt, so ist er doch auf der Suche nach echter Kommunikation und Kontakt. In einem guten Gespräch kommt man ohne Floskeln wie »großartig« aus. Ein solches Gespräch kann Caulfield nur mit Phoebe führen. Demgegenüber redet sein ehemaliger Geschichtslehrer Mr Spencer in gestanzten Formeln: »Dann sagte er: ›Ich hatte die Ehre, deine Eltern kennenzulernen (…) vor ein paar Wochen. Es sind famose Menschen.‹ ›Ja, das stimmt. Sie sind sehr nett.‹ Famos. Dieses Wort ist mir wirklich verhasst. Dieser Schwindel. Wenn ich das höre, muss ich jedesmal kotzen.«

In unseren Sprachgebrauch schleichen sich häufig Floskeln wie »Wahnsinn«, »toll« oder »super« ein. Politiker sprechen davon, dass sie von etwas »zutiefst überzeugt« sind. Im *Fin de Siècle* waren »superb« und »famos« Modewörter. Bekannt ist der sogenannte »Hurra-Patriotismus« zu Beginn des Ersten Weltkrieges, als die deutschen Soldaten mit einem »Hurra« in den Krieg marschierten. Wenn man es mit der Sprachkritik gegenüber anderen auch nicht übertreiben sollte – in puncto Sprachgebrauch sitzen wir alle im Glashaus, in dem man nicht mit Steinen werfen sollte –, empfiehlt es sich, gelegentlich über unsere Wortwahl nachzudenken. Wer bestimmte Wörter oder Floskeln wie »großartig« zu inflationär benutzt, verliert an Glaubwürdigkeit.

41.

»Es kommen härtere Tage.«

»Die gestundete Zeit« von Ingeborg Bachmann (1926–1973)

Schon als 15-Jährige schrieb die bedeutendste österreichische Lyrikerin des 20. Jahrhunderts, Ingeborg Bachmann:

»Sklaverei ertrag ich nicht
Ich bin immer ich
Will mich irgendetwas beugen
Lieber breche ich

(…)
Ich bin immer ich
Steige ich, so steig ich hoch
Falle ich, so fall ich ganz.«

Offenbar ahnte sie, dass es in ihrem Leben große Erfolge und Niederlagen geben würde. Ingeborg Bachmann wurde am 25. Juni 1926 in Klagenfurt als erstes Kind von Olga Haas und Mathias Bachmann, einem nationalsozialistisch angehauchten Lehrer, geboren. Im Ursulinen-Gymnasium wird sie im Geiste der in Kärnten besonders verbreiteten braunen Ideologie erzogen. Ein Schockerlebnis war für die Zwölfjährige der Einmarsch der deutschen Soldaten. Mit einem Mal war die Ruhe dahin. »Ein ganzes Heer kam da in unser stilles, friedliches Kärnten«, sagte sie 1971 in einem Interview. Vielleicht war es diese traumatische Kindheitserfahrung der brüllenden Soldaten, die dazu führte, dass Bachmann in ihren Gedichten das Schweigen beschwört. Von 1945 bis 1950 studierte sie in Innsbruck, Graz und Wien Philosophie, Germanistik und Psychologie. Nach ihrer Promotion über Martin Heidegger ging Bachmann nach Italien, wo sie die meiste Zeit ihres Lebens verbrachte. Für den Komponisten Hans Werner Henze schrieb sie die Libretti von »Der Prinz von Homburg« und »Der junge Lord«. Berühmt wurde Bachmanns Hörspiel »Der gute Gott von Manhattan«.

Die Formulierung »Es kommen härtere Tage« stammt aus dem Gedichtzyklus »Die gestundete Zeit« und bezieht sich auf die zunehmende Gefühlskälte in der Wirtschaftswunderzeit der 1950er-Jahre. Im Gedicht »Alle Tage« heißt es, dass heute der Kampf aller gegen alle bis in das Alltagsleben und die Privatsphäre hinein geführt wird. »Der Krieg wird nicht mehr erklärt, sondern fortgesetzt. Das Unerhörte ist alltäglich geworden.« Am meisten leiden darunter die Schwachen, die sich nicht mehr wehren können. Ihnen bleibt nur noch Geduld und Hoffnung: »Die Uniform des Tages ist die Geduld.« In der Konkurrenzgesellschaft ist es ein Luxus, Gefühle zu zeigen. »Sieh dich nicht um. Schnür deinen Schuh«, selbst wenn drüben im »Sand deine Geliebte versinkt«.

Besonders intensiv hat sich Bachmann mit dem Thema des Kampfes und der Gewalt unter der Decke des Rechtsstaats – auch strukturelle Gewalt genannt – beschäftigt. An einer Stelle heißt es, dass sie gegen den andauernden Terror anschreibe: »Man stirbt ja auch nicht wirklich an Krankheiten. Man stirbt an dem, was mit einem angerichtet wird.« Vor allem in ihren Spätgedichten bringt sie das menschliche Leiden unverblümt zur Sprache. Jeder wisse, warum sich so viele Menschen betrinken: Weil wir nämlich von der Liebe, der Hoffnung und der Gesellschaft schon zu oft enttäuscht worden sind.

In einem Interview äußerte Bachmann, es sei ihr Wunsch gewesen, zu heiraten und Kinder zu bekommen. Doch Männer wie Paul Celan und Max Frisch, in die sie sich verliebte, waren dafür nicht geeignet. In ihrer Wohnung in Rom arbeitete sie wie besessen. Bachmann starb mit 47 Jahren an den Folgen eines Brandunfalls, der sich vermutlich so nicht ereignet hätte, wenn ihr Schmerzempfinden nicht durch dauerhaften Tabletten- und Alkoholmissbrauch geschädigt gewesen wäre. Besonders die Trennung von ihrem Lebensgefährten Max Frisch machte ihr zu schaffen. 1963 traf sie ihn in einem Straßencafé in Rom zum letzten Mal. Es muss Bachmann verletzt haben, dass Frisch nicht nur eine andere Frau heiratete, sondern die Zeit mit ihr auch in seinen Romanen verarbeitete. Ihr Gedicht »Alkohol« bringt ihre existenziellen Nöte, die manchmal bis zum Sprachverlust führen konnten, zum Ausdruck. Es endet in Wirrnis:

»es weiß ja jeder, und wer nicht säuft, weiß
auch, es weiß ja jeder, das sag ich nicht mehr
weiß, weiß, weiß, weiß, weiß
(…)«

Wie Thomas Mann war sich Bachmann stets über den Preis des Künstlertums bewusst. In einem Hörspiel schreibt sie über »Zikaden« genannte Künstler: »Denn die Zikaden waren einmal Menschen. Sie hörten auf zu essen, zu trinken und zu lieben, um immerfort singen zu können. Auf der Flucht in den Gesang wurden sie dünner und kleiner, und nun singen sie, an ihre Sehnsucht verloren – verzaubert, aber auch verdammt, weil ihre Stimmen unmenschlich geworden sind.«

Das Gedicht »Die gestundete Zeit« spielt neben der zunehmenden Gefühlskälte auch darauf an, dass alles Dasein unter dem Damoklesschwert des Todes steht. In jungen Jahren hatte sich Bachmann, wie schon erwähnt, in den rumänisch-jüdischen Dichter Paul Celan verliebt. Doch als sie Celan nach Paris folgte, habe man sich »gegenseitig die Luft genommen«, wie Bachmann nach Wien zurückgekehrt festhielt. Paul Celan schrieb, dass Ingeborg Bachmann der Lebensgrund für sein Schreiben gewesen sei. Nach seinem Tod – er stürzte sich in die Seine – sagt das Traum-Ich in Bachmanns Roman »Malina«: »Mein Leben ist zu Ende, denn er ist auf dem Transport im Fluß ertrunken. Er war mein Leben, ich habe ihn mehr geliebt als mein Leben.« Das Gedicht »Die gestundete Zeit« ist eine eindringliche Warnung, dass man gut daran tut, sich auf härtere Tage einzustellen. Im Alten Testament mahnt Joseph den Pharao, sich nach sieben fetten Jahren auf sieben magere einzustellen. Wir sollten es nicht zulassen, dass uns die Ereignisse einfach so überrollen. Aus buddhistischer Sicht rät der Franzose Matthieu Ricard dazu, sich rechtzeitig auf kommendes Unglück einzustellen: Es ist »besser, sich innerlich auf die leidvollen Ereignisse vorzubereiten, (…) anstatt unvorbereitet davon getroffen zu werden und der Verzweiflung anheimzufallen.«

42.

»Kauft Salamander – Neckermann macht's möglich – 4711 Immer dabei.«

»Der geteilte Himmel« von Christa Wolf (geb. 1929)

Die Erzählung »Der geteilte Himmel« von Christa Wolf handelt in der Zeit kurz vor dem Berliner Mauerbau zwischen 1960 und 1961. Damals standen sich die beiden deutschen Staaten im Ost-West-Konflikt gegenüber: auf der einen Seite das prosperierende Westdeutschland, auf der anderen die sozialistische DDR – damals für viele, weil radikal antifaschistisch, das moralisch bessere Deutschland. Es herrschte der Kalte Krieg, als die Russen im Februar 1961 zum ersten Mal ein bemanntes Raumschiff ins All schickten, im Werk von Christa Wolf allenfalls »die Nachricht« genannt. Die Grenzen zwischen den beiden Staaten waren seit 1952 von den Organen der DDR abgeriegelt, doch für Republikflüchtige gab es wegen des Viersektorenstatus das Schlupfloch Berlin. Sie fuhren, wie zum Beispiel der Protagonist des Buches, Manfred Herrfurth, von einer beliebigen ostdeutschen Stadt wie Halle nach Ostberlin, um von da aus mit der S-Bahn vom Bahnhof Friedrichstraße nach Westberlin zum Bahnhof Zoo weiterzureisen, wo man entweder blieb oder über einen der drei Luftkorridore nach Westdeutschland weiterflog. Damit war jedoch die Rückkehr in die DDR unmöglich. »Der geteilte Himmel« ist aus der Perspektive von Rita Seidel, der Lebensgefährtin von Manfred, geschrieben. Was geht in ihr vor, als er sie zurücklässt? Sie hatten sich ein Jahr zuvor in einem kleinen Dorf in der Nähe von Halle kennengelernt. Im Gegensatz zu Manfred glaubt Rita an die Zukunft im Sozialismus.

Christa Wolf wurde am 18. März 1929 als Tochter eines Kaufmanns in Landsberg an der Warthe geboren. Nach einem Studium der Germanistik in Jena und Leipzig arbeitete sie als Verlagslektorin. In der DDR wurde sie mit zahlreichen Preisen ausgezeichnet, zum Beispiel dem Heinrich-Mann-Preis (1963), dem Nationalpreis für Kunst und Literatur der DDR. Auch im Westen war sie schon vor dem Mauerfall anerkannt: 1978 erhielt sie den Bremer Literaturpreis und 1980 den Georg-Büchner-Preis der Deutschen Akademie für Sprache und Dichtung in Darmstadt. Heute lebt sie als freie Schriftstellerin in Berlin. Weitere wichtige Werke von ihr sind: »Nachdenken über Christa T.« (1968), »Kindheitsmuster« (1976) »Kein Ort. Nirgends« (1979) und »Kassandra« (1983).

Auf dem Höhepunkt von »Der geteilte Himmel«, im 28. Kapitel, wird geschildert, wie Rita auf gleichem Weg wie Manfred zuvor, nach Westberlin reist, um ihn zu treffen und mit ihm zusammen nach Westdeutschland zu ziehen. Dort hat Manfred ein attraktives berufliches Angebot erhalten. Doch kaum im Westteil der Stadt angekommen, wird Rita klar, dass sie den geplanten Schritt nicht tun kann. Vieles gefällt ihr, aber sie hat keine richtige Freude daran. Dauernd hat sie das Gefühl, sich selbst zu schaden. Es ist schlimmer als im Ausland, weil man die eigene Sprache hört. Sie ist auf schreckliche Weise in der Fremde. Zu tief sind ihre Gefühle und Hoffnungen mit dem Projekt der DDR verknüpft, als dass sie ihre Ideale verraten und in den Westen wechseln könnte. Zwar ähneln sich so kurz nach dem Krieg noch die Häuser, aber der Westen ist aus dem Blickwinkel der Protagonistin schon fest in der Hand der Reklame. Am Abend ist Westberlin in der Wahrnehmung Ritas in eine eigentümliche irreale Atmosphäre getaucht: »Hoch über ihr der Mond, eine bleiche Lampe aus der wirklichen Welt. Kein Laut sonst, kein Licht. Die Leuchtschriften, die nun hier und da ansprangen (…) geheime Chiffren, unentzifferbar. Kauft Salamander – Neckermann macht's möglich – 4711 Immer dabei. Es war die Stunde zwischen Hund und Wolf.«

Das Treffen mit Manfred ereignet sich eine Woche vor dem Mauerbau, am 13. August 1961. Rita fährt nach Halle zurück, wo sie nach einem lebensgefährlichen Unfall oder Selbstmordversuch – im Buch bleibt diese Frage offen – in einem Sanatorium aufwacht und von den Genossen besorgte Anteilnahme erfährt. Über den Mauerbau selbst wird von Christa Wolf wenig berichtet, an einer Stelle heißt es lediglich: »Der Sonntag nach meinem Besuch bei Manfred war der dreizehnte August. (…) Früh, als ich die ersten Nachrichten gehört hatte, ging ich ans Werk. Als ich sah, dass ich nicht die einzige war, wurde mir bewusst, wie ungewöhnlich es war, dass so viele am Sonntag in den Betrieb kommen. Manche waren gerufen worden, andere nicht.«

Im Westen ist alles moderner, schöner, luxuriöser, die Waren glänzen mehr, die Restaurants sind besser, aber dennoch spürt Rita, dass sie sich dort nie wohlfühlen wird. Dem Leben in Westberlin, dem »Schaufenster des Westens«, wie die Stadt damals genannt wurde, kann sie keinen Sinn zusprechen: »Wozu aß man? Fragte ich mich. Was tat man in seinen traumhaft schönen Wohnungen? Wohin fuhr man in diesen straßenbreiten Wagen? Und woran dachte man in dieser Stadt, ehe man einschlief bei Nacht?« Denn in der Welt des Kapitals ist letztlich jeder auf sich selbst gestellt. Es gibt keine gemeinsamen Interessen wie im Sozialismus. Um die Probleme der Arbeit besser kennenzulernen, absolviert die Lehramtskandidatin Rita ein Praktikum. In der Brigade streitet man sich zwar – die einen wollen die Arbeitsnormen halten, die anderen erhöhen –, aber es geht doch jeweils um etwas, das alle angeht, anders als im Westen, wo jeder ein

Einzelkämpfer ist. »Diese Luft verwies jeden auf sich selbst, außerstande, Freude oder Schmerz von einem zum anderen zu teilen.«

Als Christa Wolf in den 1960er-Jahren ihren Roman »Der geteilte Himmel« schrieb, war noch nicht abzusehen, was es in der DDR hieß, das Leben der anderen zu teilen, nämlich ihnen mittels der Stasi eine umfassende Kontrolle angedeihen zu lassen. Der oscarprämierte Film »Das Leben der Anderen« machte dies schonungslos klar. »Der vormundschaftliche Staat« hieß allerdings schon in den 1980er-Jahren ein Buch zur DDR. Aber wie gesagt, als Christa Wolf ihren Roman schrieb, konnte man vielleicht noch nicht wissen, in welche Richtung sich das Experiment des Sozialismus in einem industriell entwickelten Land, wie es die DDR im Vergleich zu China und der Sowjetunion war, entwickeln würde.

Der Titel des Werkes »Der geteilte Himmel« erklärt sich aus einer Reflexion von Rita während ihres Aufenthaltes mit Manfred in Westberlin. Sie spürt, dass die Trennung bevorsteht: »Früher suchten sich Liebespaare vor der Trennung einen Stern, an dem sich abends ihre Blicke treffen konnten. Was sollen wir uns suchen? ›Den Himmel wenigstens können sie nicht zerteilen‹, sagte Manfred spöttisch. Den Himmel? Dieses ganze Gewölbe von Hoffnung und Sehnsucht, von Liebe und Trauer? ›Doch‹, sagte sie leise. ›Der Himmel teilt sich zuallererst.‹« Nach der Wiedervereinigung hat man gemerkt, wie tief die Gegensätze zwischen Ost und West in den Köpfen waren und teilweise noch immer sind. Bis heute tun sich viele »Ossis« schwer, sich in der westlichen Show- und Reklamewelt zurechtzufinden, während die »Wessis« verkennen, dass in der DDR nicht alles schlecht war und die Menschen auch dort etwas geleistet haben.

43.

»*Naturgemäß*«

»Amras« von Thomas Bernhard (1931-1989)

Mit dem von Thomas Bernhard geprägten Begriff »naturgemäß« soll nicht etwa auf die Gültigkeit objektiver Naturgesetze hingewiesen werden. Vielmehr verstand er unter »naturgemäß«, dass natürlich nur sein kann, dass Menschen verschieden sind und jeder seine eigene unverwechselbare Individualität lebt. Vor Ideologien, die den Staat oder die Mehrheit höher schätzen als den Einzelnen, empfand der österreichische Schriftsteller große Abscheu. Ihm ging es um die Verteidigung des Individuums, gegen die Vereinnahmungstendenzen durch die Gesellschaft. Er selbst empfand sich als radikaler Individualist, dem allein der Gedanke an eine Vereinsmitgliedschaft ein Gräuel war. So notierte er über die ihm angebotene Mitgliedschaft in der Schriftstellervereinigung P.E.N: »Nun hatte ich die Bescherung. Wie in keinem anderen Verein der Welt, wollte ich naturgemäß auch nicht in dem PEN Club Mitglied sein. (...) Ich hasste schon immer Vereine und Vereinigungen und naturgemäß literarische Vereinigungen zutiefst.« »Naturgemäß« meint also bei Bernhard all das, was der eigenen individuellen Natur entspricht.

Wie kaum ein anderer Schriftsteller war Bernhard ein Übertreibungskünstler. Von sich selbst behauptete er, dass er sich – schreibend – in ein Scheusal verwandeln kann. Besonders oft nahm er es mit dem österreichischen Staat auf. In ihm sei »die Schweinerei das oberste Gebot«. Über das Parlament schreibt er, es sei ein »kostspieliger lebensgefährlicher Wurstelprater«, die Regierung wird in einer seiner

Schmähungen »teure Dummköpfellotterie« genannt. Bernhards unversöhnlicher Hass auf den Staat lässt sich vielleicht als Folge einer Kindheitserfahrung erklären. Als der uneheliche Sohn von Herta Bernhard und dem Tischler Alois Zuckerstätter mit der alleinerziehenden Mutter nach Traunstein in Deutschland zog, ereignete sich die wahrscheinlich größte Demütigung in Bernhards Leben. Die Mutter schickte ihn in Deutschland aufs Amt, um Unterstützung zu bekommen, mit der Bemerkung, dass er ruhig sehen solle, wie viel er dem Staat wert sei. Vielleicht war es dieser Spruch der Mutter, der bei Bernhard eine lebenslange Staatsphobie verursachte. Seinen Vater hat Bernhard nie kennengelernt.

In der Schule kam Bernhard nicht zurecht, schon als Siebenjähriger hegte er Selbstmordgedanken. 1943, mitten im Krieg, wurde er als Zwölfjähriger in das nationalsozialistisch geprägte staatliche Internat nach Salzburg gebracht, wo er in Gesang, Geige und Musikästhetik unterrichtet wurde. Wieder überkamen ihn angesichts des »staatlich-faschistisch-sadistischen Erziehungsplans« Selbstmordgedanken. Bernhard brach 1947 den Gymnasiumsbesuch ab und begann eine Lehre bei einem Lebensmittelhändler. 1948 erkrankte er an einer Rippenfellentzündung und wurde 1949 mit einer schweren Lungenkrankheit ins Krankenhaus eingeliefert, in deren Folge er häufig in ein Sanatorium musste. 1949 starb der Großvater, ein Jahr danach die Mutter. Ab 1951 besuchte Bernhard die Hochschule für Musik und darstellende Kunst in Wien, später in Salzburg. Ab 1957 etablierte er sich als freier Schriftsteller und lebte seit 1965 auf seinem selbst hergerichteten Bauernhof in Ohlsdorf, Oberösterreich.

Bernhards bevorzugte Themen sind Verfall und Krankheit, Einsamkeit und Tod, die er zumeist in langen inneren

Monologen darstellt. Im Zentrum seines Werkes stehen Protagonisten, die sich um Kopf und Kragen reden und sich wie Thomas Bernhard in radikaler Opposition zur Welt befinden, meist extreme Individualisten, wie Privatwissenschaftler oder Künstler. Bekannt wurde Bernhard mit seinem Roman »Frost«, in dem der Maler Strauch von einer onomatopoetischen Natursprache träumt. 1964 folgte die Erzählung »Amras«, aus der das Zitat stammt und die Bernhard selbst zu seinen Lieblingswerken zählte. Zwei Brüder, der eine ist Musikstudent, der Ich-Erzähler studiert Naturwissenschaften, werden nach einem gemeinsamen Selbstmordversuch der gesamten Familie – die Eltern überleben nicht – gerettet und von ihrem Onkel in einen Turm in einem Vorort von Innsbruck mit Namen Amras gebracht. Die Brüder leiden unter starken Depressionen: »Naturgemäß war uns bald nichts als der Selbstmord geblieben.« Wieder wird klar, dass Bernhard das Wort »naturgemäß« nicht im üblichen Sinn benutzt und der Begriff eine Chiffre ist, nicht nur für das gesunde Leben, sondern auch für den Wahnsinn, die Verzweiflung.

Die beiden Brüder erleben aber auch leichte, schöne Momente, in denen sie das Gefühl haben, tiefere Einblicke in die Geheimnisse des Daseins zu erlangen. Wieder taucht das Wort »naturgemäß« auf: »... die höchsten Augenblicke waren naturgemäß immer die kürzesten, überhaupt allerkürzeste Augenblicke«. In »Amras« geht es um die Ärzteschaft und den Wahnsinn, der zu einer Angelegenheit der Mediziner geworden ist. Hätte sich der Onkel nicht rechtzeitig um die beiden gekümmert, wären sie – so heißt es gleich zu Beginn der Erzählung – zu einem Fall für die Tiroler Psychiatrie geworden. Thomas Bernhard hat »Amras« ein Motto des Dichters Novalis vorausgeschickt: »Das Wesen der Krankheit ist so dunkel als das Wesen des Lebens.«

Vernunft und Unvernunft gehören für Bernhard unmittelbar zusammen. Was heute als vernünftig erachtet wird, kann morgen schon als »irre« gelten. Man sollte auf seinen eigenen Sprachgebrauch achten, wie oft etwas als »irre« oder »krank« bezeichnet wird, wobei immer die anderen »krank« und »irre« sind. Ist es nur ein Zufall, dass etwa zur gleichen Zeit, als Bernhard sein Buch schrieb, Michel Foucault seine Studien über den Umgang mit dem Wahnsinn in der modernen Welt vertiefte?

Während in der Literatur spätestens seit dem Absurden Theater das Thema des Wahnsinns präsent ist, tun sich (mit Ausnahme von Nietzsche und Foucault) die auf die Vernunft fixierten großen Philosophen damit traditionell schwer. Man denke etwa an René Descartes, der auf seiner Suche nach Gewissheit an allem zweifelte, nur nicht an der Möglichkeit, dass er selbst wahnsinnig sein könnte. Foucault zufolge lässt Descartes »den Wahnsinn gar nicht in den Gang seines Zweifels« hinein. Parallel dazu lässt sich sagen, dass unsere auf Descartes' Rationalismus aufgebaute Kultur dazu neigt, sich selbst als rational und andere Kulturen als weniger vernünftig zu begreifen. Doch »naturgemäß« kann vieles sein, nicht nur das Weltbild des Westens. Vielleicht wissen wir noch gar nicht, was es heißt, »naturgemäß« zu leben. Vielleicht sind uns andere Kulturen darin sogar überlegen, zum Beispiel der von dem amerikanischen Linguisten und Ethnologen Daniel Everett als das glücklichste Volk beschriebene Urwaldstamm der Pirahã-Indianer im Amazonasgebiet. Hier soll kein »zurück zur Natur« gefordert werden, sondern im Sinne Thomas Bernhards die Frage gestellt werden, ob ein Leben »ohne einen Schuss« Wahnsinn möglich bzw. erstrebenswert ist. »Ich sage euch: Man muss noch Chaos in sich haben, um einen tanzenden Stern gebären zu können«, heißt es in Nietzsches »Zarathustra«.

44.

»Wer keine Furcht mehr vor dem Teufel hat, braucht keinen Gott mehr (...) dann können wir auch über Gott lachen.«

»Der Name der Rose« von Umberto Eco
(geb. 1932)

Für den italienischen Philosophen und Schriftsteller Umberto Eco ist der Mensch das einzige Tier, das lacht. Paradoxerweise habe sich das Lachen seiner Meinung nach erst dann eingestellt, als sich der Mensch seiner Sterblichkeit bewusst wurde: »Ich denke, der Mensch ist zum Lachen gekommen, weil er weiß, dass er sterben muss.« Ein Tier sieht zwar, wie seine Artgenossen sterben, aber es »weiß« nicht, dass alle Tiere sterblich sind. Das Lachen, behauptet Eco, sei die einzige zutiefst menschliche Reaktion auf die Vergänglichkeit. Heiterkeit und Humor bringen eine tiefere Schicht der Erkenntnis zum Ausdruck, dass uns nämlich die Wahrheit über den Sinn des Lebens verborgen bleibt. »Seines Todes ist man gewiss, warum sollte man nicht heiter sein?«, heißt es bei Friedrich Nietzsche.

Schon formal betrachtet entspricht der verschachtelte Aufbau des weltberühmten Romans »Der Name der Rose« (»Il nome della rosa«) Umberto Ecos philosophischer Auffassung von der Kompliziertheit des Seins. In einem Vorspann berichtet ein Erzähler, wie er in den Besitz einer im 14. Jahrhundert entstandenen lateinischen Handschrift gekommen ist. Der Roman selbst beginnt mit einer weiteren Rahmenhandlung: Der Ich-Erzähler, der Benediktinermönch Adson von Melk, schreibt am Ende seines Lebens nieder, was er im Jahre 1327 als junger Novize erlebt hat.

Ort der Handlung ist ein namentlich nicht genau erwähntes mittelalterliches Benediktinerkloster im ligurischen Appenin. William von Baskerville und sein Novize Adson von Melk sind in diplomatischer Mission unterwegs: Sie sollen im Kloster eine Konferenz vorbereiten, in der führende Köpfe des Franziskanerordens auf eine Gesandtschaft des Papstes treffen, um über das Für und Wider der Besitzlosigkeit in der Kirche zu diskutieren. William reist als Gesandter des damaligen Kaisers Ludwig IV., der die Forderung der Franziskaner nach theologischer Armut vor allem deshalb unterstützt, weil er sich davon einen Vorteil im Machtkampf gegen den Papst verspricht. Noch bevor die Gesandtschaften eintreffen, ereignet sich ein mysteriöser Todesfall. Ein junger Mönch ist aus einem Turmfenster gestürzt. Der Abt beauftragt den für seinen Scharfsinn bekannten Baskerville (ein früherer Inquisitor, der sein Amt niedergelegt hat), den Fall aufzuklären. Für seine Untersuchungen erhält er überall Zutritt, nur die labyrinthisch angelegte riesige Klosterbibliothek darf er nicht betreten, eine Anspielung auf den Garten Eden und Gottes Verbot, vom Baum der Erkenntnis zu essen. »Der Name der Rose« enthält zahlreiche kulturgeschichtliche, philosophische und literarische Querverweise. Dem Leser bleibt es überlassen, Bezüge zu finden und seine eigene Interpretation des Werkes zu entwickeln.

Umberto Eco wurde 1932 in Alessandria (Piemont) als Sohn eines Buchhalters geboren. Er studierte an der Universität in Turin Pädagogik und Philosophie. Für heutige Philosophen ungewöhnlich, wurde er über die Ästhetik des mittelalterlichen Philosophen Thomas von Aquin promoviert. Nach seiner Universitätsausbildung arbeitete er zunächst als Kulturredakteur für das italienische Fernsehen RAI in Mailand. Später wurde er Sachbuchlektor in dem Mailänder Verlag *Bompiani*. In den 1960er-Jahren lehrte er als Professor an verschiedenen Hochschulen, seit 1971 als Professor für Semiotik (Lehre von den Zeichen) an der Universität in Bologna. Bekannt wurde Eco 1962 mit seinem Buch »Das offene Kunstwerk«. Von 1999 bis 2007 war er Leiter der *Scuola Superiore di Studi Umanistici* in Bologna. Vor »Der Name der Rose« hatte der erklärte Berlusconi-Gegner schon den Weltbestseller »Das Foucaultsche Pendel« veröffentlicht.

Nachdem William und Adson mit ihren Nachforschungen begonnen haben, geschehen weitere Morde, deren Spuren alle zu der Bibliothek und einem dort versteckten Buch führen. Nach Abschluss der Konferenz gelangen William und Adson trotz des Verbots in das Herz der Bibliothek, wo sie zufällig den blinden Mönch Jorge von Burgos antreffen. Der Eiferer und selbsternannte Glaubensritter stellt sich als der Mörder heraus. Der erste Todesfall war zwar ein Unfall, doch alle anderen Opfer wurden getötet, weil sie einem Buch zu nahe gekommen waren, das Jorge unter allen Umständen geheim halten wollte. Bei dem Buch handelt es sich um das einzige Exemplar des verschollenen zweiten Teils der »Poetik« des griechischen Philosophen Aristoteles, in dem das Lachen zu einem wichtigen ästhetischen Prinzip erklärt wird. Im Gegensatz dazu sieht Bruder Jorge de Burgos – »Wer keine Furcht mehr vor dem Teufel hat, braucht keinen Gott mehr (…) dann können wir auch über Gott lachen« – im Lachen teuflische Mächte am Werk. Jesus habe nicht vom Lachen gesprochen, sondern vom Mitleid und davon, anderen Menschen zu helfen. Wie einst Augustinus, der den Römern empfahl, die Theater zu schließen, um dafür Kirchen zu bauen, vertritt Bruder Jorge einen religiösen Fundamentalismus. Aristoteles' Werk über das Lachen soll nicht an die Öffentlichkeit geraten. Nachdem er als Mörder entlarvt ist, versucht Jorge die einzelnen Seiten des Buches aufzuessen. Es kommt zu einem Handgemenge, wobei ein Feuer ausbricht, aus dem sich die beiden Protagonisten retten können.

»Der Name der Rose« ist ein typischer Roman der Postmoderne, deren Philosophie die These vertritt, dass es keine allgemeingültige Wahrheit gibt. Die Zeichen verweisen auf andere Zeichen. An einer charakteristischen Stelle sagt Adson mit Blick auf die Bibliothek: »Bisher hatte ich immer gedacht, die Bücher sprächen nur von den menschlichen oder göttlichen Dingen, die sich außerhalb der Bücher befinden. Nun ging mir plötzlich auf, dass die Bücher nicht selten von anderen Büchern sprechen, ja, dass es mitunter so ist, als sprächen sie miteinander.« Die Sprache besteht im Wesentlichen aus Wiederholungen und größeren oder kleineren Veränderungen des Sinns, die sich daraus ergeben, dass keine Wiederholung vollkommen identisch sein kann. Einen Urtext gibt es nicht, die Sinnsuche bleibt offen. Zwar ist William von Baskerville nach Art des Detektivs Colombo ein ausgezeichneter Zeichenleser, aber die Wahrheit erschließt sich ihm eher durch Zufall. Man kann die Zeichen im Einzelnen richtig deuten und dennoch die Wahrheit verfehlen. Vor diesem Hintergrund erklärt sich auch der Titel des Werkes. Die Rose ist ein vielschichtiges Zeichen. Sie steht für Leben, Liebe, Blut, Tod. Auch steht sie für das Schweigen. Oft finden sich Rosen in Beichtstühlen oder an den Decken von Versammlungsräumen, um darauf hinzuweisen, dass hier die Gespräche *sub rosa*, unter dem Zeichen der Rose, stehen, also geheim sind.

In der Philosophie ist das Lachen umstritten. Theodor W. Adorno verhängte nach Auschwitz ein Heiterkeitsverbot. In seinem Essay »Ist die Kunst heiter?« notierte er: Heiterkeit ist »schmatzend einverstandenes Behagen«. An dem Lachen unter den Bedingungen der Kulturindustrie kritisiert Adorno, dass es meistens bestelltes und vorgefiltertes Lachen sei.

Jeder weiß genau, an welcher Stelle er lachen muss. Spontane Heiterkeit sei gar nicht mehr oder doch nur noch sehr schwer möglich. Wenn Menschen zusammenkommen, gibt es viel zu viel aufgesetztes Lachen oder Lachen auf Kosten von anderen. Völlig anders wertete der österreichische Wissenschaftstheoretiker Paul K. Feyerabend das Lachen. In seinem Buch »Erkenntnis für freie Menschen« lesen wir: »Ein lachender Mensch zeigt sich von seiner besten Seite – man liebt ihn, er sieht intelligent aus (viel intelligenter als ein Mensch, der seine ›tiefen Überzeugungen‹ erklärt) (...). Das Scherzen, die Unterhaltung, die Illusion, nicht ›die Wahrheit‹ macht uns frei.« Letzterem würde Umberto Eco gewiss zustimmen.

45.

»Klack, klack: die Gesellschaft ist das Abstrakte.«

»Improvisation 1, 2 & 3« (u. a. nach Han Shan) von Rolf Dieter Brinkmann (1940–1975)

Im Nachhinein erscheint es einem unheimlich, wie Rolf Dieter Brinkmann – er starb durch einen Verkehrsunfall, als er in London über die Straße gehen wollte – seinen frühen Tod in seinen Gedichten vorweggenommen hat: »Ich trat hinaus auf die Straße, und da lag wieder das Gefühl eines grässlichen Unfalls in der Luft«, schrieb er lange vor seinem Tod. Im Gedicht »Einfache Gedanken über meinen Tod« heißt es:

»Er
wird kommen, weder
mit einem Messer

in der Hand
noch mit

Gebrüll er wird kommen
wie einer, der zufällig
vorübergeht ...«

An einer anderen Stelle notierte Brinkmann: »Das Gras ist verblasst. Jetzt wird es Zeit, sich auf einen Unfall vorzubereiten, der nichts Schreckliches für mich haben wird.« Brinkmann wurde mitten in seiner künstlerischen Blütezeit aus dem Leben gerissen. Trotz schwierigster materieller Umstände – er lebte mit seiner Frau Maleen und seinem behinderten Sohn Robert in einer kleinen Mietwohnung in Köln –, ließ er sich in seinem Schaffen nicht unterkriegen: »Weiter« heißt das in seinem Werk am häufigsten vorkommende Wort.

Geboren wurde Brinkmann 1940 im norddeutschen Vechta. Nach dem Tod seiner Mutter im Jahr 1957 brach er die gymnasiale Schulausbildung ab, um eine Buchhandelslehre in Essen zu beginnen. Seit 1962 lebte er in Köln. In diesem Jahr erschien sein erster Gedichtband »Ihr nennt es Sprache.« Sein Credo »Ich bin für den Einzelnen« führte er im Revoltejahr 1968 in seinem Roman »Keiner weiß mehr« und in den Gedichtbänden »Die Piloten« und »Godzilla« weiter aus. Während eines Aufenthaltes in der berühmten Villa Massimo entstanden die Notizen zu seinem Werk »Rom, Blicke«, in dem er mit der üblichen Italienbegeisterung deutscher Schriftsteller schonungslos bricht. Nach ersten Erfolgen mit seinem Roman »Keiner weiß mehr« zog sich Brinkmann 1971 aus der Öffentlichkeit zurück, um an einem Roman und einem Gedichtband mit dem Titel »Westwärts 1 & 2« zu arbeiten. Der Gedichtband, der auch das hier zitierte Stück »Improvisation 1, 2 & 3« enthält, erschien 1975. Der Roman kam nicht zustande, doch posthum sind Ausschnitte in den drei Büchern »Rom, Blicke«, »Erkundungen für die Präziserung des Gefühls für einen Aufstand« und »Schnitte« erschienen.

Für Brinkmann trug das Leben in den 1970er-Jahren gespenstische Züge. Es schien ihm, als hätten die meisten Menschen nur noch eines im Kopf: ein Leben als Rentner zu führen. »Und worauf läuft es hinaus? Auf den Traum vom Rentnerdasein! Ein ganzes Volk, Staaten nach Staaten, voll Rentner und Rentnerträume.« Brinkmann ging es in seiner Kunst darum, seine subjektiven Wahrnehmungen auszudrücken. Hierfür reichte ihm die dichterische Sprache nicht aus. Er sammelte und stellte Materialien, Beobachtungen und Skizzen (Zeitungsausschnitte, Fragmente, Bilder, Comics, Ansichtskarten, eigene Fotos ...) zusammen, die er für paradigmatisch für die Gegenwart hielt. Gemeinsamer Tenor der Materialien ist der Blick auf heruntergewirtschaftete Städte in der modernen Reklamewelt. Mit Peter Handke ging der Kölner Dichterrebell zunächst eine kurze Strecke gemeinsam, doch dann trennten sich ihre Wege: »Ich habe auch wenig Kontakt mit anderen Schriftstellern. (...) Ich habe eine Zeitlang gedacht, ich könnte mit Peter Handke zusammen gehen. Dann habe ich gesehen, dass der permanent ›Kunst‹ macht, ein Erfinder von schönen Sätzen ist, dann hat der Mann mich einfach nicht mehr interessiert.«

Brinkmann war ein Vertreter der neuen Sensibilität, die als Gegenbewegung zur Protestliteratur der 68er eine Wende in der deutschen Literatur der 1970er-Jahre einleitete. Die neue Subjektivität wendet sich gegen gesellschaftliche Abstraktionen und politischen Aktionismus, da die Gefühle der Menschen marginalisiert würden. In dem Gedicht »Improvisation 1, 2 & 3« heißt es: »Klack, klack: die Gesellschaft ist das Abstrakte.« Wie zuvor Rimbaud, Benn, Salinger, Kerouac war Brinkmann ein Vertreter der sogenannten *poètes maudits*, die eine Antipathie gegen das theoretisierende Gerede empfanden. Für Brinkmann ist die Gesellschaft uninteressant, im Gegensatz zu Einzelsituationen und Momenten, in denen es darauf ankommt, wie sich jeder persönlich verhält. Liest man Brinkmanns »Rom, Blicke«, so ist von grauen Straßen, Blicken aus Auto- und Zugfenstern auf heruntergekommene Industriewüsten, Müllhalden, aufdringliche Werbung an Häusern und in den Städten die Rede. In seinen Gedichten fokussiert er seine Beobachtungen auf ein verrostetes Fahrrad, auf ein achtlos weggeworfenes Tempotaschentuch. Der Leser fragt sich, wie es der Dichter schafft, solcher Trostlosigkeit Ästhetik zu verleihen.

Brinkmann fühlt sich im Nachkriegsdeutschland seiner Jugend, seines Lebens betrogen. »Das ist der Tod, das ist Entropie, das ist Graun! (...) Ich finde für mich einen Jammer (...)« Im Roman »Rom, Blicke« türmt er Kaskaden von Beobachtungen aufeinander, die zusammengenommen ein eindrucksvolles Bild der modernen Welt, von Brinkmann »Ziviehlisation« genannt, ergeben. »Die Lust ist kein Gebrauchtwarenladen, keine Frage des richtigen Jobs, der Lebensversicherungen (...)«, heißt es in einem seiner Gedichte. Schonungslos deckt er in seinen Collagen die Schattenseiten der Konsumgesellschaft auf. Reste von Kleidungsstücken, die irgendwo herumliegen, rostige Fahrräder, überall herrscht »urbaner Krieg« (Maleen Brinkmann) und von den Medien gesteuerte Obszönität. Brinkmann, der sich mit dem japanischen Zen-Buddhismus beschäftigte, war der Meinung, dass man dem terroristischen Lärm der Gegenwart nur durch die Kräfte und Energien des Traumes und der wortlosen Stille etwas entgegensetzen könne: »Der Widerstand beginnt mit der Fähigkeit zur Stille.« Die Stille sei

»der wortlose Zustand, die Fähigkeit, zu sehen, was wirklich geschieht.«

Für Klaus Theweleit ist Brinkmann der erste deutsche Lyrik-Erneuerer seit Gottfried Benn und Paul Celan. Vergleicht man Gedichte des späten Benn mit denen Brinkmanns, sind die Parallelen unschwer zu erkennen. Es geht um Momente in Alltagssituationen, die im Gedicht festgehalten werden sollen. Zum Beispiel dichtete Benn über einen Kellner, »der an der Registrierkasse das neue Helle eindrückt, des Bons begierig, um den Durst zu löschen …« Bei Brinkmann liest sich eine ähnliche Stelle so: »Die Orangensaftmaschine dreht sich & Es ist gut, dass der Barmann zuerst auf die nackten Stellen eines Mädchens schaut, das ein Glas kalten Tees trinkt. ›Ist hier sehr heiß, nicht?‹, sagt er, eine Frage, die den Raum etwas dekoriert.« Man spürt, wie beide großen Dichter gegen ideologische oder von der Gesellschaft gesteuerte Abstraktionen den individuell erlebten Augenblick meditativ festhalten wollen. »Die Augenblicke ausdehnen, langsam, langsam …«, schreibt Brinkmann über das Ziel seines dichterischen Schaffens: Die Zeit soll nicht so schnell vergehen.

In jüngster Zeit vertritt der französische Soziologe Bruno Latour im Hinblick auf die Gesellschaft eine ähnliche Position wie Rolf Dieter Brinkmann. Wie für Brinkmann gibt es für Latour so etwas wie »die« Gesellschaft nicht. Er ist ein Gegner der Milieu-Theorie, wonach der Einzelne durch sein soziales Umfeld determiniert wird. Es gibt nur Individuen und Dinge, die sich unterschiedlich verhalten und gegenseitig beeinflussen, wobei wir Latour zufolge den Einfluss der Dinge auf das menschliche Verhalten unterschätzen. Latour behauptet, dass nicht nur von Menschen, sondern auch von Dingen wie zum Beispiel einer »Orangensaftmaschine« eine ganz eigene Handlungskraft ausgeht.

Anstatt von sozialen Faktoren zu sprechen, empfiehlt Latour darüber nachzudenken, wie gesellschaftliche Integration bzw. Desintegration ganz konkret, zum Beispiel über Nachahmung, Sprachspiele, Dinge stattfindet. Die Dinge spielen in Bezug auf den menschlichen Zusammenhalt keine unwichtige Rolle. Brinkmanns Gedicht »Improvisation 1, 2 & 3« wurde, wie im Titel vermerkt, u.a. von dem chinesischen Dichter Han Shan (Kalter Berg) inspiriert. Im Zen-Buddhismus, den Han Shan in seinen Gedichten ausdrückt, ist es ganz selbstverständlich, dass weder die Gesellschaft noch das eigene Ich als autonom postuliert werden, sondern der Stimmung und den Dingen um uns herum mehr Beachtung geschenkt wird.

46.

»Meine Großmutter schrieb fünfzig Jahre lang ihre Lebensnotizhefte. (…) Clara hat sie geschrieben, damit sie mir dazu dienten, die Dinge der Vergangenheit dem Vergessen zu entreißen und mein eigenes Entsetzen zu überleben.«

»Das Geisterhaus« von Isabel Allende (geb. 1942)

Vor einigen Jahren wurde in einer ZDF-Umfrage nicht etwa Cervantes' »Don Quijote«, sondern »Das Geisterhaus« (»La casa de los espíritus«) von Isabel Allende zum beliebtesten spanischsprachigen Buch der Deutschen gewählt. Der stark autobiografische Roman kann als eine tiefgründige Abrechnung mit der Militärdiktatur in Chile gelesen werden. Mit dem Verfall der Familie um Esteban Trueba wird von Allende gleichzeitig auch der Verfall einer ganzen Epoche aufgezeigt. Interessant wird das Werk auch dadurch, dass Allende ihre Kritik an den gesellschaftlichen Zuständen in Lateinamerika aus feministischer Sicht formuliert. Grundlage für »Das Geisterhaus« waren die Tagebücher von Allendes Großmutter. Der Roman beginnt damit, dass die junge Alba beim Besuch des inzwischen verwahrlosten Hauses ihrer Großeltern auf die Tagebücher ihrer Großmutter Clara (»die Helle«) stößt. Mithilfe der Notizhefte rekonstruiert sie die Vergangenheit der Familie. Das Niederschreiben scheint für sie von therapeutischem Nutzen zu sein, wie der Leser auf der letzten Seite des Romans erfährt: »Meine Großmutter schrieb fünfzig Jahre lang ihre Lebensnotizhefte. (...) Clara hat sie geschrieben, damit sie mir dazu dienten, die Dinge der Vergangenheit dem Vergessen zu entreißen und mein eigenes Entsetzen zu überleben.«

Die ersten Reaktionen auf den Roman waren durchaus zwiespältig. Zwar wurde die große Erzählkunst der chilenischen Autorin gepriesen, aber es gab auch Stimmen, die in dem Buch ein Plagiat bzw. eine »Volksversion« von Gabriel García Márquez' berühmtem Roman »Hundert Jahre Einsamkeit« sahen. Doch nach und nach setzte sich die Meinung durch, dass Allende ein ganz eigenständiges Werk des sogenannten »magischen Realismus« vorgelegt hat. Im magischen Realismus werden übernatürliche Ereignisse von den handelnden Figuren als etwas völlig Normales angesehen. Wenn Geister mit am Tisch sitzen oder Clara über die Gabe verfügt, in die Zukunft zu sehen, so wird das in den Romanen des magischen Realismus geschildert, als sei es das Selbstverständlichste von der Welt. Im Vergleich zu Márquez geht Allende jedoch eher sparsam mit den Mitteln des magischen Realismus um. Ihr Roman folgt vier Generationen von der Jahrhundertwende bis ins Jahr 1975 unter der Militärdiktatur des General Augusto Pinochet.

Hauptperson ist der skrupellose Patriarch Esteban Trueba, der aus einer verarmten chilenischen Adelsfamilie stammt. Der zielstrebige, machtbewusste Trueba hat sich als junger Mann in Rosa, die schöne Tochter von Nívea und Severo del Valle, verliebt. Als sie an einer Dosis Gift stirbt, die eigentlich ihrem Vater galt, heiratet er Jahre später Rosas Schwester Clara, die, wie erwähnt, über hellseherische Fähigkeiten verfügt. Trueba gehört bald zu den reichsten und angesehensten Familienoberhäuptern in Chile. Zusammen mit seiner Frau baut er ihre Villa in der Hauptstadt Santiago zu einem labyrinthartigen Gebäude um. Die Villa und Claras telepathische Fähigkeiten erklären den Titel des Romans »Das Geisterhaus«. Die dunkle Seite von Esteban Trueba ist, dass er auf seinem Gut mehrere Frauen vergewaltigt. Clara liebt er dennoch abgöttisch, doch auch ihr gegenüber kann er seinen Jähzorn nicht immer zügeln. Als ihre gemeinsame Tochter Blanca sich trotz des väterlichen Verbots in den revolutionären Bauernführer Pedro Tercero García verliebt und sich Clara für sie einsetzt, schlägt er brutal auf seine Frau ein. Sie verlässt daraufhin ihren Mann. Aus der Beziehung zwischen ihrer Tochter Blanca mit Pedro geht die uneheliche Tochter Alba hervor.

Über Claras Mutter Nívea erfahren wir, dass sie eine der ersten Frauenrechtlerinnen in Chile war: »Manchmal begleitete Clara ihre Mutter, wenn sie mit zwei oder drei Frauenrechtlerinnen in eine Fabrik ging, sich auf eine Kiste stellte und unter den spöttischen und aggressiven Blicken der Vorarbeiter und der Inhaber, die sich in vorsichtiger Entfernung hielten, zu den Arbeiterinnen sprach.« In einer der eindrücklichsten Passagen des Romans wird Níveas schrecklicher Tod bei einem Autounfall beschrieben. Clara hat ihn vorausgesehen. Als sich der Unfall ereignet, ist sie von Esteban hochschwanger. Am Unfallort angekommen, weiß sie aufgrund ihrer hellseherischen Fähigkeiten genau, wo sich der abgetrennte Kopf ihrer toten Mutter befindet: »›Seien sie so gut, gehen sie da hinein und reichen sie mir den Kopf einer Dame, die sie da finden werden‹, bat sie den Chauffeur. Der Mann drängte sich unter das Dornengestrüpp und fand den Kopf Níveas. (...) Er packte ihn am Haar und kroch damit zurück. Während er sich, an einen Baum gelehnt, übergab, säuberten Férula und Clara Nívea von Erde und kleinen Steinchen, die ihr in Ohren, Nase und Mund steckten, ordneten ihr das Haar, das ein wenig zerzaust war, nur die Augen konnten sie ihr nicht schließen. Sie wickelten den Kopf in einen Schal und fuhren zurück.« Noch während der Autofahrt bekommt Clara die Zwillinge Jaime und Nicolas.

Isabel Allende wurde 1942 in Lima, Peru, geboren. Ihr Onkel war der damalige Präsident Chiles, Salvador Allende, der durch Pinochets Militärputsch entmachtet und ins Exil getrieben wurde. Nach der Trennung ihrer Eltern, kehrte Allende 1945 mit ihrer Mutter und ihren Geschwistern nach Chile zurück. Zunächst wuchs sie im herrschaftlichen Haus ihrer Großeltern in Santiago de Chile auf, später zog sie mit der Mutter und ihrem Lebensgefährten nach La Paz (Bolivien) und dann nach Beirut (Libanon). Im Alter von 18 Jahren arbeitete sie als Fernsehjournalistin in Santiago de Chile. Aus der im Jahre 1962 geschlossenen Ehe mit einem chilenischen Ingenieur hat sie zwei Kinder. Nach dem Putsch Pinochets 1975 musste sie das Land verlassen. Zuvor hatte sie die erste chilenische Frauenzeitschrift »Paula« mitbegründet. Als Redakteurin setzte sich Allende für die unterdrückten Frauen Lateinamerikas ein. Sie übte große Kritik an dem in Chile weitverbreiteten Machismo, den sie anhand von Estebans Missbrauch der Bauernmädchen auch in »Das Geisterhaus« thematisierte: »Er packte das Mädchen mit einem Arm um die Taille, hob sie unter bestialischem Schnauben hoch und setzte sie vor sich aufs Pferd, ohne dass sie den geringsten Widerstand leistete.« Ihr Welterfolg »Das Geisterhaus« erschien 1982 im Exil in Venezuela. 1987 heiratete sie, inzwischen geschieden, einen amerikanischen Anwalt und zog nach Kalifornien.

Die Schrecken, auf die Alba im Leitzitat dieses Kapitels anspielt und die sie verarbeiten muss, treten nach dem Zwist zwischen den Eheleuten Esteban und Clara Trueba zutage. Esteban Trueba verhärtet sich emotional und beginnt, politisch für das Lager der Rechten aktiv zu werden. Es ist die Zeit, als soziale Unruhen das Land erschüttern und sein politischer Gegner, Salvador Allende von der *Unidad Popular*, an die Macht kommt und zum Präsidenten Chiles wird. Als die Putschisten im Jahr 1973 den Präsidentenpalast bombardieren, feiert Esteban dies mit einer Flasche Champagner, während sein Sohn Jaime – ein Sozialist – gefangen genommen und gefoltert wird. Auch seine Enkelin Alba gerät in die Hände der Putschisten und wird von einem General vergewaltigt. Dieser Oberst ist seinerseits ein Enkel Pancha Garcías, die als junge Frau von Esteban vergewaltigt wurde. Als Esteban davon hört, setzt bei ihm ein Prozess der Läuterung ein. Nun ist er bereit, sich mit Pedro Tercero und dem Freund seiner Enkelin Alba, einem Guerillero, auszusöhnen. Alba selbst versucht, die Vergewaltigung als schicksalhafte familiäre Verstrickung zu deuten. Es handelt sich um eine Spirale aus Schuld und Gewalt, die sich nur unterbrechen lässt, wenn in Chile auf allen Seiten der Hass überwunden wird.

Erst durch den Fund der Tagebuchhefte ihrer Großmutter begreift sie das ganze Ausmaß der Zerrissenheit Chiles und die Ursachen, die zur Diktatur von General Pinochet führten. Die Beschäftigung mit den Notizbüchern bewirkt bei Alba eine Katharsis ihrer Angst- und Hassgefühle. Der Mensch sehnt sich nach Kontinuität in seinem Leben. Er will sich in einen größeren Zusammenhang stellen, zum Beispiel in den einer Familiengeschichte, und nicht allein mit sich und seinen Problemen bleiben. Die Erinnerungsarbeit und die Auseinandersetzung mit der Vergangenheit bewirken bei Alba, dass die Faktoren, die in Chile für das Leid der Menschen und die Probleme des Landes hauptverantwortlich sind – insbesondere der Machismo –, erkannt und für sie persönlich überwunden werden. Die Auseinandersetzung mit der Geschichte zeigt: Was früher »normal« und üblich war, zum Beispiel die Benachteiligung von Frauen, konnte und kann verändert werden. Allende widmete ihren Roman den »außergewöhnlichen« Frauen ihrer Erzählung, insbesondere der Seherin Clara, die sich für mehr soziale Gerechtigkeit auf ihrem Gut »Tres Marías« einsetzte.

47.

»Und mein Heimweh gab es längst nicht mehr, und war nicht jetzt gegen Jahrhunderte überhaupt jede Art Heimweh aus der Welt verschwunden, wie eine besiegte Krankheit?«

»MEIN JAHR IN DER NIEMANDSBUCHT« VON PETER HANDKE (GEB. 1942)

»Heimweh« und »Sehnsucht« sind die Schlüsselwörter des österreichischen Schriftstellers Peter Handke. Als Schüler im bischöflichen Internat Tanzenberg empfand er so großes Heimweh, dass die Mutter kommen musste, um ihn wieder nach Hause zu holen. Lieber fuhr er jeden Tag 40 Kilometer mit dem Bus nach Klagenfurt in ein katholisches Gymnasium, als im Heim zu bleiben. Busfahrten spielen im Leben von Handke eine große Rolle. In Bussen, so Handke, habe er sich immer sicher gefühlt und seinen Tagträumen nachhängen können, anders als bei Bahnfahrten, die er eher als bedrohlich empfand.

Der Satz »Und mein Heimweh gab es längst nicht mehr, und war nicht jetzt gegen Jahrhunderte überhaupt jede Art Heimweh aus der Welt verschwunden, wie eine besiegte Krankheit?« ist in dem Roman »Mein Jahr in der Niemandsbucht« (1994) zu lesen, mit dem Handke versuchte, eine vorläufige Bilanz seines Schaffens zu ziehen. Wie die Hauptperson Gregor Keuschnig befindet sich Handke auf der Suche nach Heimat und Geborgenheit. Häufige Umzüge und Ortswechsel prägten sein Leben. Doch in dem Zitat ist noch eine schlimmere Not als das Heimweh angesprochen, nämlich diejenige, kein Heimweh mehr zu haben. Personen und Ereignisse aus seinen früheren Romanen tauchen in »Mein Jahr in der Niemandsbucht« ebenso auf wie Stationen aus seinem eigenen Leben. Diese Erzählweise hält Handke bis zu seinem stark autobiografisch geprägten Roman »Die morawische Nacht« (2008) bei. Der Ich-Erzähler in »Mein Jahr in der Niemandsbucht« ist der aus Südkärnten stammende Schriftsteller Gregor Keuschnig, der schon in Handkes Erzählung »Die Stunde der wahren Empfindung« (1975) vorkommt. Keuschnig war Jurist bei der UNESCO und hat sich nun – wie Handke selbst – in einem Vorort von Paris niedergelassen, von wo aus er die als »Niemandsbucht« bezeichnete Landschaft durchstreift. Er beschließt, ein Jahr seines Lebens zu beschreiben, und denkt dabei über sein früheres Leben nach, über die glücklichen Tage der Liebe und die traurigen der Trennung. Im dritten Kapitel werden die Reisen von sieben Freunden erzählt: dem

Sänger, dem Leser, dem Maler, dem Priester, dem Architekten, einer Freundin, dem eigenen Sohn. Wie mag es ihnen jetzt wohl gerade in Schottland, Japan, Deutschland, Spanien, der Türkei, auf dem Balkan, in Kärnten ergehen? Das Motiv, sich genau vorzustellen, was im gleichen Moment an verschiedenen Orten geschieht, hat Handke seit jeher fasziniert.

Peter Handke wurde am 6. Dezember 1942 als Sohn einer slowenischen Mutter, Maria Siutz, und eines deutschen Vaters in dem kleinen Dorf Griffen an der Grenze zwischen Österreich und Jugoslawien geboren. Der Vater, Ernst Schönemann, war ein in Kärnten stationierter verheirateter Wehrmachtssoldat, der sich während der Schwangerschaft von Maria Siutz trennte. Noch vor Peter Handkes Geburt heiratete sie wieder einen Soldaten aus Deutschland, Bruno Handke, einen Straßenbahnschaffner aus Berlin. Aus dieser Herkunft ergeben sich wesentliche Motive für Handkes Schaffen: die Sehnsucht (nach dem verlorenen Vater) und das Heimweh (nach der slowenischen Heimat). Zu dem Land Österreich konnte er, wie er selbst sagt, keine dauerhafte Beziehung aufbauen. Einmal heißt es, dass er den Menschen, die er an seinen späteren Wohnorten kennenlernte, mehr Verbundenheit entgegenbringen konnte als den eigenen Landsleuten. Stets setzt sich Handke für Minderheiten ein, wie für die in Brandenburg lebende slawische Volksgruppe der Sorben: »Ich selber stamme aus einer Minderheit. Meine Mutter stammt aus Kärnten, aus einer slowenischen Minderheit, die, als meine Mutter geboren wurde im Jahr 1920, noch um achtzig- bis einhunderttausend Menschen zählte.« Nach dem Sprachen-Atlas der UNESCO sind weltweit 2500 Sprachen vom Aussterben bedroht, darunter das Sorbische, aber auch das Nordfriesische, selbst das Bayerische und Pfälzische. Auch dies ist ein Aspekt des von Handke beklagten Heimatverlusts in der globalisierten Welt.

Nach dem Abitur begann Handke 1961 ein Jurastudium in Graz, das er jedoch abbrach, um als freier Schriftsteller zu arbeiten. Berühmt ist sein Auftritt in Princeton im Jahr 1966 anlässlich einer Tagung der »Gruppe 47«, bei dem er öffentlich seinen Kolleginnen und Kollegen »Beschreibungsimpotenz« vorwarf. Er lebte in Düsseldorf, Kronberg im Taunus und Salzburg. Heute wohnt er in dem Pariser Vorort Chaville. 1973 erhielt Handke den Georg-Büchner-Preis, den er 1999 aus Protest gegen das Bombardement Belgrads durch die NATO zurückgab. Für sein freundschaftliches Verhältnis zu Serbien erntete er viel Kritik in der Öffentlichkeit. Im Jahre 2006 lehnte Handke den Heinrich-Heine-Preis der Stadt Düsseldorf ab, als sich die Düsseldorfer SPD, FDP und die Grünen gegen diese Preisverleihung aussprachen. Handkes Werk umfasst mittlerweile ca. 70 Bücher und weit über 100 Reden, Essays, Kritiken, außerdem rund 30 Bände Übersetzungen aus dem Englischen, Altgriechischen, Französischen, Slowenischen und rund fünf Interviewbände. Aus diesem Werk stechen sein 1966 veröffentlichtes Theaterstück »Publikumsbeschimpfung« und die Erzählung »Wunschloses Unglück« aus dem Jahr 1972 hervor. In »Publikumsbeschimpfung« heißt es zu Beginn: »Das ist kein Drama. Hier wird keine Handlung wiederholt ...«, vielmehr soll die Erwartung des Publikums entlarvt werden, sich wieder einmal einen schönen Theaterabend zu machen, anstatt etwas im Hier und Jetzt zu verändern. In »Wunschloses Unglück« beschreibt Handke das Schicksal seiner Mutter – sie nahm sich das Leben – und wie der Alltag die Menschen abstumpft und ihnen jede Hoffnung nimmt.

Handkes Romane weisen äußerste Handlungsarmut auf,

er schreibt eigentlich fast immer über sich selbst, erfindet keinen Plot für seine Geschichten. In seinem Buch »Ich bin ein Bewohner des Elfenbeinturms« heißt es: »Es interessiert mich als Autor übrigens gar nicht, die Wirklichkeit zu zeigen oder zu bewältigen, sondern es geht mir darum, meine Wirklichkeit zu zeigen.« Mit seinem Schreibstil versucht sich Handke, langsam auf eine Thematik einzuschwingen. Wie kaum ein anderer Schriftsteller der deutschen Gegenwartsliteratur steht Handke für das Lob der Langsamkeit. »Mein ganzer Ehrgeiz ist als Mensch: Zeit zu haben.« Handkes Sehnsucht nach Heimat wird umso verständlicher als er einer Generation von Schriftstellern angehört, die eine extreme Beschleunigung der Lebensverhältnisse an sich selbst erfahren haben. Als Kind lebte er in einer bäuerlichen Welt ohne Fernseher und Technik, heute ist er in Paris, einer der lebendigsten Metropolen der Welt. Es ist u. a. dieser biografische Aspekt, der Handke veranlasste, sich intensiv mit den Kosten des Fortschritts und der Technik auseinanderzusetzen.

Vieles spricht dafür, dass Handke in der Sprache und der Literatur seine wahre Heimat gefunden hat. »Die Schrift ist meine … ist die Heimat, ja …«, hieß es jüngst in einem Interview. Manche seiner Naturbeschreibungen atmen eine geradezu epikureische Stille. So erfahren wir in »Die morawische Nacht« über einen Zug kleiner Frösche: »Unbeholfen tapsten und ruckelten sie dahin, im Zickzack, ungeordnet, ausscherend; robbten, tasteten, kundschafteten sich vorwärts, weg vom Wasser, in dem sie geboren waren, hin zum Wald, wo sie, wenn es den Wald noch gab, fürs Erste leben und aufwachsen würden. Immer wieder auch stockten sie, wie ermattet, und mühten sich endlich weiter, an den Armen jeweils den Körper nachziehend, was ihnen, obwohl sie auf einer eher ebenen Fläche wanderten, ein Ärmchen vor das andere setzend, den Anschein von Kletterern gab. Nicht bloß an einen Menschen erinnerte so ein jeder, sondern an das Urbild eines Menschen ...« Im Zeithaben und dem präzisen Sprachgebrauch sieht Handke die »Lösung aller widersprüchlichen Empfindungen«. »Ruhe, Verschmitztheit, Verschwiegenheit, Eigenheit, Feierlichkeit, Langsamkeit und Geduld« sind für ihn wichtige Bestandteile einer neuen Lebensweise. Goethe, Novalis, Stifter, Spinoza, Hesse und Heidegger sind ständige Bezugspunkte im Werk von Peter Handke. In seinen Versuchen über die »Jukebox«, den »geglückten Tag« oder in »Nachmittag eines Schriftstellers« geht es darum, zu erforschen, was sich an Glücksmomenten und Heilsversprechen in der beschädigten Welt der Moderne noch finden lässt. In der globalisierten Welt steht Handke mit seiner Sehnsucht nach Heimat nicht allein da. Schlimmer noch als Heimweh ist es, dieses Gefühl »wie eine besiegte Krankheit« gar nicht mehr zu verspüren. Der moderne Mensch merkt noch nicht einmal den Verlust von Nähe und Heimat. Dafür hat Martin Heidegger das Wort »Seinsvergessenheit« geprägt.

48.

»fernsehen ist die schönste Belohnung für ALLES«

»Michael. Ein Jugendbuch für die Infantilgesellschaft« von Elfriede Jelinek (geb. 1946)

»fernsehen ist die schönste Belohnung für ALLES«, sagt die junge Gerda in »Michael. Ein Jugendbuch für die Infantilgesellschaft« (1972). Elfriede Jelinek geht es in diesem Roman um eine Kritik an der modernen Mediengesellschaft, in der die Menschen durch den Konsum von seichten Filmen und Fernsehshows intellektuell gedemütigt bzw. infantil und unmündig gehalten werden. Der Konsum der Daily Soaps, der Serien im Fernsehen, die blinde Verehrung von Hollywoodstars bleiben für das Alltagsleben der Menschen nicht folgenlos. Im Gegenteil: Sie sind wichtige Mittel der Kulturindustrie – ein Begriff, den der Philosoph Theodor W. Adorno prägte –, nur jene Träume zuzulassen, die für die Wahrung der bestehenden Verhältnisse nützlich und ungefährlich sind. Alte Herrschafts-Knechtschafts-Beziehungen sollen aufrechterhalten, die Leute dumm gehalten werden, damit sie nicht gegen die realen Verhältnisse aufbegehren. Frauen werden in den Medien zu Lustobjekten männlicher Begierde degradiert und es wird ihnen vermittelt, dass ihre Rolle in erster Linie darin besteht, sich einen reichen Mann zu suchen, für den sie dann alles machen sollen.

In ironisch gebrochener und teilweise drastischer Sprache schildert die österreichische Schriftstellerin Elfriede Jelinek in »Michael« die Situation von Jugendlichen, die als Lehrlinge oder Angestellte arbeiten. Die Familie ist in Jelineks Augen ein Ort der Gewalt, an dem die Jugendlichen dem sogenannten »Double Bind« der Eltern ausgesetzt sind. Unter »Double Bind« versteht man in der Psychoanalyse eine paradoxe Bindung, wonach die Kinder nicht genau wissen, ob die Eltern sie mögen oder nicht. Die Jugendlichen sind dem permanenten Zwang des elterlichen Willens ausgesetzt, unter dem Deckmantel der Liebe wird den Kindern suggeriert, dass sich die Eltern für sie aufopfern. Später werden dann die jungen Menschen von ihren Vorgesetzten unter Vortäuschung falscher Freundlichkeit für deren Interessen und deren Profit ausgebeutet. Weil sie diesen Missbrauch unbewusst an sich spüren, flüchten sich viele Teenager in die schöne Scheinwelt der Massenmedien und Vergnügungsbetriebe. In Fernsehserien wird den Leuten eine harmonische Welt mit schönen Menschen vorgegaukelt, die ihnen gleichzeitig aber auch das Gefühl der Erbärmlichkeit der eigenen Existenz, da diese Scheinwelt unerreichbar bleibt, vermittelt.

Jelinek kritisiert, dass die Programmmacher der Unterhaltungsindustrie aus den Menschen Comicfiguren machen. Die Folge des Einflusses der seichten Programme ist, dass wir bald gar keinen Unterschied mehr zwischen den Comichelden und den wirklichen Menschen erkennen. Wenn man zum Beispiel in der Downtown von Los Angeles durch die Straßen geht, kommen einem Walt-Disney-Figuren entgegen, in denen wirkliche Menschen stecken. Jelinek macht deutlich, dass wir in einer comicartigen Welt leben, in der die Medien schon längst dafür gesorgt haben, dass der Unterschied zwischen der Realität und der Medienwelt nicht mehr auffällt. Dafür hat der französische Soziologe und Medienphilosoph Jean Baudrillard den Ausdruck »Hyperrealität« geprägt. Hyperrealität meint, dass wir heute nicht mehr unterscheiden können, welche Welt die wirkliche ist, die der Medien oder etwa die andere. Internet, Film und Fernsehen, mit denen wir viele Stunden am Tag verbringen, sind mittlerweile für viele Menschen zum eigenen Leben geworden.

Der Titel »Michael. Ein Jugendbuch für die Infantilgesellschaft« spielt auf ein Buch von Joseph Goebbels mit dem Titel »Michael. Ein deutsches Schicksal in Tagebuchblättern« aus dem Jahre 1929 an. Nicht nur politische Propaganda à la Goebbels, sondern auch aggressive Werbung, oberflächliche Unterhaltung, seichte Programme manipulieren die Menschen. Tagtäglich wird Jugendlichen suggeriert, dass es ganz »natürlich« ist, Stars anzuhimmeln, dass sich der Mann eine schöne Frau sucht, dass sich die Frau vor allem in reiche Männer verliebt und dass jeder zum Superstar werden kann. Es handelt sich um eine regelrechte Gehirnwäsche mit dem Ziel, die Menschen für die Verwertungsinteressen des Kapitals gefügig zu machen. In Serien wie »Flipper« und »Lieber Onkel Bill« wurden Stereotype geprägt, die die Menschen nicht mehr aus ihren Köpfen kriegen. In »Michael. Ein Jugendbuch für die Infantilgesellschaft« heißt es: »ich würde zu gerne diesen zahmen delfin sehen. (...) angeblich ist er der freund aller kinder. angeblich wird es immer lustig, wenn er erscheint. angeblich soll er spaß machen seine tricks. angeblich bringt er uns stunden des glücks. angeblich kennt ihn jeder den klugen delfin angeblich lieben wir flipper den freund aller kinder. angeblich lieben grosse nicht minder auch ihn.« Aus Protest gegen den eingefahrenen Kulturbetrieb präferierte Jelinek eine Zeit lang konsequent die Kleinschreibung.

Jelinek wurde am 20. Oktober 1946 in Mürzzuschlag in der österreichischen Steiermark als einzige Tochter der kaufmännischen Angestellten Olga Jelinek und des jüdisch-tschechischen Diplomchemikers Friedrich Jelinek geboren. Der »kriegsdienliche« Beruf des Vaters bewahrte ihn vor der Verfolgung unter dem NS-Regime, er stirbt 1969 in einer psychiatrischen Klinik in völliger geistiger Umnachtung. Um Jelineks Erziehung kümmert sich die Mutter, die eine Karriere ihrer Tochter als musikalisches Wunderkind plant. Jelinek erhält bereits in der Volksschule Klavier-, Gitarren-, Flöten-, Geigen- und Bratschenunterricht. Mit 13 wird sie ins Konservatorium der Stadt Wien aufgenommen und studiert dort Orgel, Klavier, Blockflöte und später auch Komposition. Parallel dazu absolviert sie die Mittlere Reife. Nach der Matura erfolgt der erste psychische Zusammenbruch; sie belegt für einige Semester Kunstgeschichte und Theaterwissenschaft an der Universität Wien, bis sie 1967 das Studium wegen ihrer zunehmenden Angstzustände abbricht und ein Jahr lang zu Hause in völliger Isolation verbringt. Während dieser Zeit beginnt sie zu schreiben. Im Jahr 2004 erhielt sie den Literaturnobelpreis. Zur Begründung hieß es, dass ihre Texte mit »einzigartiger sprachlicher Leidenschaft die Absurdität und zwingende Macht der sozialen Klischees enthüllen«.

In »Michael« entlarvt Jelinek gesellschaftliche Strukturen, die den Jugendlichen ihre Entwicklungsmöglichkeiten nehmen, sie seelisch schwer belasten und in eine hoffnungslose Existenz treiben. Die angebliche Freiheit der Jugend erweist sich bei genauerer Betrachtung als groß angelegtes Täuschungsmanöver. Man würde die Macht der Medien unterschätzen, wenn man die Fernseherfahrung einer ganzen Generation in ihrer Auswirkung nicht als prägend betrachten würde. Immer ist in diesen Serien ein Grundmuster am Werk, wonach junge Prinzessinnen reiche Königssöhne heiraten und dadurch glücklicher sind. Den Jugendlichen wird eine heile Welt vorgegaukelt, in der jeder glücklich werden kann, wenn er nur nicht aufmuckt und Fragen stellt, sondern sich wie jeder andere auch an die Gewohnheiten der Gemeinschaft hält. Die Fernsehmacher betrachten die Menschen als eine formbare Masse, der man jeden Blödsinn vorsetzen kann. Die Menschen sollen die gegebene Ordnung als gott- oder naturgegeben hinnehmen und ihre Wunschfantasien mit denen der Titelhelden verschmelzen. Auf keinen Fall sollen sie eigene widerständige Gedanken entwickeln, wie man sich und die Gesellschaftsverhältnisse verändern kann.

49.

»Alles, was ich habe, trage ich bei mir.«

»Atemschaukel« von Herta Müller
(geb. 1953)

»Alles, was ich habe, trage ich bei mir«, lautet der erste Satz des Romans »Atemschaukel« von Herta Müller. Darin erzählt sie aus der Ich-Perspektive die Geschichte des rumäniendeutschen Lyrikers Oskar Pastior, der im Jahre 1945 von Rumänien aus in ein sowjetisches Arbeitslager nach Russland gebracht wurde. »Es war 3 Uhr in der Nacht zum 15. Januar 1945, als die Patrouille mich holte. Die Kälte zog an, es waren –15° C.« Der Ich-Erzähler packt noch Nietzsches »Zarathustra« und Rilkes »Gedichte« ein, später wird sich jedoch herausstellen, dass er keinen einzigen Blick in die Bücher werfen wird. Ganz im Gegenteil tauscht er sie für eine Kleinigkeit zu essen oder ein für das Lagerleben nützliches Utensil ein. Die Großmutter sagt noch auf »dem Holzgang, genau dort, wo die Gasuhr ist (...): ICH WEISS DU KOMMST WIEDER«, ein Satz, an den sich der Erzähler in den fünf Jahren seines Aufenthalts in einem russischen Arbeitslager immer wieder klammert: »Ich habe mir diesen Satz nicht absichtlich gemerkt. Ich habe ihn unachtsam mit ins Lager genommen. Ich hatte keine Ahnung, dass er mich begleitet. Aber so ein Satz ist selbstständig. Er hat in mir gearbeitet, mehr als alle mitgenommenen Bücher. ICH WEISS DU KOMMST WIEDER wurde zum Komplizen der Herzschaufel und zum Kontrahenten des Hungerengels.«

In ihrem 2009 veröffentlichten Roman beschreibt Müller in klarer Sprache das menschliche Elend im Lager, ohne jedoch in Häme gegen die russischen Lagerbewacher zu verfallen. Müller geht es nicht darum, Unrecht gegen Unrecht aufzurechnen, sondern dem bisher weitgehend unberücksichtigten Leid der deutschstämmigen Bevölkerung Rumäniens unmittelbar nach dem Krieg eine Stimme zu verleihen. Ursprünglich wollten Müller und Pastior, der ihr seine Erfahrungen und das Schicksal der deutschen Bevölkerung in Siebenbürgen schilderte, das Buch gemeinsam veröffentlichen, doch dann starb Pastior im Jahr 2006. Herta Müller ließ zunächst die Hefte, in denen sie seine Schilderungen festgehalten hatte, einige Zeit liegen, bis aus diesen Unterlagen ihr Werk »Atemschaukel« entstand. In bestechend klaren und knappen Sätzen gelingt es ihr, eine Mikrophysik der Macht in einem Lager zu zeichnen. Die Macht agiert jedoch nicht nur auf der Ebene der Bürokratien, sondern schleicht sich bis ins Alltagsleben der Menschen ein. Sie kontrolliert und sät permanent Misstrauen unter den Lagerbewohnern. Die Macht arbeitet gern mit dem Begriff »normal«, um die Menschen in »normale« und »anormale« zu spalten. »Wie oft«, schreibt Müller in dem Essayband »Hunger und Seide«, »wie oft und leichtsinnig sagen wir normal.«

Geboren wurde Herta Müller 1953 in Nitzkydorf (Banat/Rumänien) als Tochter einer rumäniendeutschen Familie. Ihr Vater war Lastkraftwagenfahrer und ihre Mutter eine Bäuerin, die wie der Ich-Erzähler in »Atemschaukel« von 1945 bis 1950 Zwangsarbeit in der UdSSR leisten musste. Über ihre Heimat und Herkunft schreibt Herta Müller: »1953 bin ich in Nitzkydorf geboren, das Jahr, in dem Stalin körperlich starb – geistig lebte er noch viele Jahre. Das Dorf liegt im rumänischen Banat (...) Eine Bauernbevölkerung, weiße, rosa, hellblaue Giebel – oder Triangelhäuser in symmetrisch laufenden Straßen. Mein Vater hasste Feldarbeit und wurde, als er 1945 aus der SS nach Hause kam, LKW-Fahrer und Alkoholiker. Auf Feldwegen geht das zusammen. Meine Mutter war und blieb Bäuerin auf den Mais- und Sonnenblumenfeldern.« Zur Schule ging Herta Müller in Temeswar, wo sie auch Germanistik und Rumänistik studierte. Nach dem Studium arbeitete sie als Deutschlehrerin und Übersetzerin in einer Maschinenfabrik. Weil sie sich weigerte, für den rumänischen Geheimdienst *Securitate* zu arbeiten, wurde Müller 1979 entlassen und mehrmals vernommen. 1987 übersiedelte sie mit ihrem Ehemann, dem Schriftsteller Richard Wagner, nach West-Berlin. Hauptthema von Müller ist die Kritik an der Ceauşescu-Diktatur und welche Zerrüttungen ein totalitäres Regime in den persönlichen Beziehungen der Menschen anrichtet. Selbst die engsten Freunde werden zu Verrätern. Als die äußerlich kleine und zierliche Frau im Jahr 2009 mit dem Nobelpreis für Literatur ausgezeichnet wurde, sagte sie: »Ich werde mich doch jetzt nicht ändern, nur weil ich den Nobelpreis bekommen habe.«

Leopold Auberg aus Hermannstadt, der Erzähler in »Atemschaukel«, ist gerade einmal 17 Jahre alt, als er im Jahre 1945 mit anderen Siebenbürger Sachsen verhaftet und in einem Viehwaggon in tagelanger Fahrt nach Russland deportiert wird, wo er die nächsten fünf Jahre vor allem um sein Überleben kämpft. Der Hintergrund dieser Maßnahme ist ein Befehl der Sowjets an die neue rumänische Regierung, alle arbeitsfähigen deutschen Männer und Frauen im Alter zwischen 17 und 45 Jahren als Zwangsarbeiter in die Sowjetunion zu schicken. Zunächst ist Leopold froh, aus Hermannstadt wegzukommen, weil er als Homosexueller Angst hat, von den Behörden eingesperrt zu werden. Doch im Arbeitslager im ukrainischen Nowo-Gorlowka erwartet ihn weit Schlimmeres als in einem Gefängnis. Er wird in eines der fünf Arbeitsbataillone eingeteilt: »Ob Frost oder Gluthitze, ganze Abende vergingen im Stillgestanden. Nur die

Läuse durften sich rühren an uns.« Der Zweck des Arbeitseinsatzes ist es, unter entwürdigenden Umständen sechs Wohnhäuser für die Russen zu bauen. Mit der Zeit werden die Zwangsarbeiter immer apathischer. Als Leopold von der Mutter Post mit dem Foto eines Säuglings bekommt, interpretiert er das so, dass die Familie nicht mehr an seine Rückkehr glaubt: »Meine Eltern haben sich ein Kind gemacht, weil sie mit mir nicht mehr rechnen.«

Der traurige Gegenstand des Buches bringt es mit sich, dass die Beschreibungen des schrecklichen Lagerlebens überwiegen, zum Beispiel als die Kolonne mitten in der Silvesternacht zum Grabenschaufeln abgeholt wird. Alle glauben, dass sie bald erschossen werden, doch dann stellt sich heraus, dass sie mitten im Winter Löcher für eine Baumreihe von Schwarzpappeln graben müssen. Dennoch sind die Gefangenen froh, am Leben bleiben zu dürfen: »Wie Geschenke suchten wir die Werkzeuge im Schnee. Die Erde war knochenhart gefroren. Die Spitzhacken prallten ab, die Brechstangen tönten wie Eisen auf Eisen. Nussgroße Brocken spritzten uns ins Gesicht. Ich schwitzte im Frost und fror im Schwitzen. Ich zerfiel in eine Gluthälfte und eine Eishälfte. (…) Erst im Spätfrühjahr wurden die Löcher fertiggegraben und zwei lange Baumreihen gepflanzt.« Nach fünf Jahren härtesten Lagerlebens, in denen er abends in der nahegelegenen Stadt um Brot betteln musste, wird der Ich-Erzähler entlassen. Sein Onkel vermittelt ihm in Hermannstadt einen Arbeitsplatz in einer Kistenfabrik. Später arbeitet er auf einer Baustelle an dem Fluss Utscha. Im Abendlyzeum lernt er Emma kennen. Die beiden heiraten und ziehen in die Hauptstadt Bukarest. Obwohl Leopold sich weiter mit Männern trifft, hält die Ehe elf Jahre. Als zwei seiner homosexuellen Partner verhaftet werden, wird es ihm in Bukarest zu gefährlich. Er reist ohne seine Frau zu seiner mit einem Österreicher verheirateten Tante nach Graz, ohne je wieder nach Rumänien zurückzukehren.

Die Titelmetapher des Romans »Atemschaukel« ist eine Schöpfung von Herta Müller, deren Herkunft sie nicht preisgeben will. Zum ersten Mal erscheint das Wort in einer Szene auf dem Appellplatz, wo die Gefangenen das Ein- und Ausatmen plötzlich nicht mehr trennen können: »Die Atemschaukel überschlägt sich, ich muss hecheln.« Gleichzeitig vermittelt dieser schwindlige Zustand offenbar auch ein merkwürdiges Gefühl der Gelassenheit, alles hinzunehmen, was kommt. Als der Ich-Erzähler nach seiner Freilassung wieder in Hermannstadt im Wohnzimmer seiner Eltern sitzt, ist erneut von der »Atemschaukel« die Rede. Großmutter, Mutter und Leopold sitzen beisammen, die Großmutter löst Kreuzworträtsel, die Mutter strickt. In dieser friedlichen Atmosphäre lässt sich die Erinnerung nicht ausschalten: »Ich hatte jetzt warme Füße, nur die Frostflecken juckten am Rist, (...) Neben dem Schrank tickte die Uhr. Das Pendel flog und schaufelte unsere Zeit zwischen die Möbel vom Schrank zum Fenster, vom Tisch zum Diwan, vom Ofen zum Plüschsessel, vom Tag in den Abend. An der Wand war das Ticken meine Atemschaukel, in meiner Brust war es meine Herzschaufel. Sie fehlte mir sehr.«

»Alles, was ich habe, trage ich bei mir.« Der Dichter Günter Eich beschreibt in einem Gedicht – es heißt »Inventur« –, was einem Kriegsgefangen bleibt: eine Mütze, ein Mantel, Rasierzeug, ein Teller, ein Becher, ein paar wollene Socken, ein Handtuch. Am wichtigsten ist dem lyrischen Ich jedoch eine Bleistiftmine: »Die Bleistiftmine lieb ich am meisten: Tags schreibt sie mir Verse, die nachts ich erdacht.« In der heutigen Welt des Überflusses vermag man sich eine solche, auf das nackte Leben reduzierte Situation kaum noch vorstellen.

50.

*»Sie hatten nichts. Keine Zukunft.
Deswegen hielten sie sich an die kleinen Dinge.«*

»Der Gott der kleinen Dinge« von Arundhati Roy (geb. 1961)

Im Mittelpunkt von Arundhati Roys Roman »Der Gott der kleinen Dinge« (»The God of small things«) stehen die Frau Ammu und ihre Zwillingskinder Rahel und Estha. Ein Familiendrama und der Tod der Mutter führen dazu, dass Rahel und Estha voneinander getrennt werden. Erst nach 20 Jahren sehen sie sich in ihrem südindischen Heimatort wieder. Roy erzählt vom Schicksal der Familie; darüber hinaus entfaltet sie in vielen kleinen Episoden ein Panorama der Geschichte Indiens seit der Unabhängigkeit von 1947. Prägend für die indische Kultur und Gesellschaft ist das Kastensystem mit seinen strengen Sittengeboten. So darf z.B. ein *Paravan*, wie es Velutha, der Bedienstete der Familie, ist, nicht berührt werden. Velutha konnte »komplizierte Spielsachen machen – kleine Windmühlen, Rasseln, winzige Schmucksachen aus getrockneten Palmwedeln, makellose Boote aus Tapiokastämmen, kleine Figuren aus Cashewnüssen. All diese Dinge brachte er Ammu, er hielt sie ihr auf der ausgestreckten Handfläche hin (...), damit sie ihn nicht berühren musste, wenn sie sie entgegennahm.« Wer Roys Roman liest, bekommt ganz nebenbei einen Einblick in das indische Gesellschaftssystem.

Zur Erzähltechnik Roys gehört es, viele kleine Begebenheiten kunstvoll ineinander verschachtelt zu schildern. Ausgangspunkt sind oft einzelne Gegenstände bzw. Dinge, die die Erinnerung an Vergangenes auslösen oder für den Handlungsverlauf eine wichtige Rolle spielen. Wie schicksalhaft sich auf den ersten Blick unscheinbare Ereignisse verketten können, zeigt Roy im Kapitel »Abhilash Talkies«. *Abhilash Talkies* ist der Name eines Kinos, das Ammu mit den Zwillingen und der mitgereisten Großtante, genannt Baby Kochamma, in der größeren indischen Stadt Cochin besuchen. Zweck der Reise ist es, am nächsten Morgen Tante Margaret (eine Engländerin) und die Cousine Sophie Mol vom Flughafen abzuholen. Als der siebenjährige Estha trotz Ermahnung nicht aufhört, die Songs des Hollywood-Films »Meine Lieder, meine Träume« laut mitzusingen, muss er draußen im Foyer auf das Ende der Vorstellung warten. Dort wird er von einem Verkäufer, dem »Orangenlimo-Zitronenlimo-Mann«, hinter einem Erfrischungsstand sexuell missbraucht: »›Es muss ein Geheimnis bleiben‹ (...) ›Wenn du den mal für mich halten könntest‹, sagte der Orangenlimo-Zitronenlimo-Mann und reichte Estha seinen Penis durch seinen weichen, weißen Dhoti.« Danach kehrt Estha in die Vorstellung zurück und sagt seiner Mutter, dass ihm schlecht sei und er sich übergeben müsse. Der Kinobesuch wird abgebrochen. Auf dem Weg von der Toilette zum Ausgang kommt die ganze Familie an dem Getränkeverkäufer vorbei. Ammu will ihrem Sohn etwas Gutes tun und ihm eine kühle Limonade kaufen. Weil der Getränkeverkäufer sehr freundlich ist, sagt sie beim Verlassen des Kinos: »Netter Kerl, der Orangenlimo-Zitronenlimo-Mann.« Sie hat vom Missbrauch nichts mitbekommen, während Rahel spürt, dass mit dem Mann etwas nicht stimmt. Zornig ruft sie ihrer Mutter zu: »Warum heiratest du ihn dann nicht?« Diese Bemerkung muss Ammu zutiefst verletzen, schließlich hatte sie gegen den Willen ihrer Familie geheiratet und war mit ihrem Mann nach Kalkutta gezogen. Die Ehe scheiterte und als sie wieder in den heimatlichen Ort zurückkehrte, wurde sie als geschiedene, alleinerziehende Mutter von den übrigen Dorfbewohnern geschnitten.

Im Hotel wartet Rahel vergeblich darauf, dass sie für ihr loses Mundwerk bestraft wird. Eine Strafe wäre ihr als Ausgleich lieb gewesen, um das gute Verhältnis zu ihrer Mutter wieder herzustellen. »Sie wollte unbedingt die Strafen tauschen. Kein Abendessen im Tausch dafür, dass Ammu sie wieder so liebte wie früher. (…) ›Aber was ist mit meiner Strafe?‹ sagte Rahel. ›Du hast mich noch nicht bestraft.‹« Als Antwort erklärt ihr die mitgereiste Großtante, dass man Fehlverhalten nicht unbedingt bestrafen muss. »Manche Dinge sind ihre eigene Strafe …« In einer Schamkultur, wie es die indische Kastengesellschaft ist, herrschen strenge Sittenregeln. Wer gegen sie verstößt, leidet selbst am meisten darunter, so stark sind die herrschenden Werte und Normen internalisiert. In Indien existiert ein gewisser Fatalismus, dass das Schicksal selbst für Gerechtigkeit sorgt, denn der Mensch wäre damit in Anbetracht der Komplexität des Lebens restlos überfordert. Die Dinge können sich jederzeit ändern, wie es im Roman häufig heißt. Das Unheil schleicht sich auf leisen Sohlen heran.

Eines Abends wirft Ammu ihren Kindern vor, für all ihr Elend verantwortlich zu sein: »Wenn ihr nicht wärt, wäre ich frei. Ich hätte euch an dem Tag, an dem ihr geboren seid, ins Waisenhaus bringen sollen. Ihr seid die Mühlsteine an meinem Hals.« Daraufhin beschließen die Zwillinge, mit einem baufälligen Boot zu fliehen. Ihre Cousine besteht darauf, mitgenommen zu werden. Der Fluss ist gefährlicher als erwartet. In der Dunkelheit schießen ganze Baumstämme mit großer Geschwindigkeit auf die Kinder zu. Das Boot kentert, die Zwillinge können sich ans Ufer retten, doch ihre Cousine aus England stirbt – »sie liefen das Ufer entlang und riefen ihren Namen. Aber sie war verschwunden«.

Sofort wird Velutha aus der Kaste der Unberührbaren – er hat mit Ammu eine verbotene Affäre – zu Unrecht beschuldigt, für das Unglück verantwortlich zu sein. Ammu wird aus dem Dorf gejagt und stirbt einsam in einem Hotelzimmer. Weil sich die Kirche – Ammu stammt aus einer Christenfamilie – weigert, sie zu beerdigen, wird sie im Beisein von Rahel im Krematorium verbrannt: »Die Stahltür des Verbrennungsofens ging auf und das gedämpfte Prasseln des ewigen Feuers wurde zu einem roten Tosen. Die Hitze stürzte sich auf sie wie ein ausgehungertes wildes Tier. Dann wurde es mit Rahels Ammu gefüttert. Mit ihrem Haar, ihrer Haut, ihrem Lächeln. Ihrer Stimme. (...) Mit ihrem Gutenachtkuss. (...) Der Art, wie sie Rahel die Unterhose hinhielt, damit sie hineinsteigen konnte. Linkes Bein, rechtes Bein. All das wurde dem wilden Tier zum Fraß vorgeworfen, und es war zufrieden. (...) Die Tür des Ofens fiel zu. Es gab keine Tränen.« Nach dem Tod Ammus wird das Zwillingspaar voneinander getrennt. Estha geht zu seinem Vater nach Kalkutta, Rahel bleibt bei der Großmutter und der Tante. Später wandert sie in die USA aus, wo sie keine guten Erfahrungen macht und wieder nach Indien zurückkehrt.

Geboren wurde Roy 1961 als Tochter eines hinduistischen Teeplantagenbesitzers und einer Christin in Shillong, der Hauptstadt des nordindischen Bundesstaates Meghalaya. Nach der Scheidung ihrer Eltern zog sie in das Dorf Aymanam im Bundesstaat Kerala, wo ihre Mutter als Leiterin einer Grundschule arbeitete. Mit 18 Jahren ging sie nach Neu-Delhi, um ein Architekturstudium aufzunehmen. Nach dem Welterfolg von »Der Gott der kleinen Dinge« betätigte sich Arundhati Roy vor allem als politische Aktivistin. Sie kämpfte gegen die amerikanische Irakpolitik – »Für jeden ›Terroristen‹, jeden ›Handlanger‹, der getötet wird, werden auch Hunderte unschuldiger Menschen getötet. Und an die

Stelle von hundert Unschuldigen, die sterben mussten, treten wahrscheinlich ein paar künftige Terroristen« — und die Finanzpolitik der Weltbank. Anstatt einen weiteren Roman zu schreiben, nutzte sie ihren großen Bekanntheitsgrad, um gegen das indische und pakistanische Atomwaffenprogramm vorzugehen. Auch an der Widerstandsbewegung gegen das Staudammprojekt entlang des Narmada-Tales in Zentralindien nahm Roy an prominenter Stelle teil. Außerdem unterstützte sie die Organisationen *Greenpeace*, *Human Rights Watch* und *Attac*.

Der Roman endet mit einem Rückblick auf die 14 Tage dauernde verbotene Liebe zwischen Ammu und dem Unberührbaren. Während dieser Zeit versuchten die beiden, sich vor allem an den kleinen Dingen des Lebens zu erfreuen, um aus ihnen Kraft zu schöpfen: »Auch später, in den 13 Nächten, die auf die erste Nacht folgten, hielten sie sich instinktiv an die kleinen Dinge. Die großen Dinge lauerten allzeit in ihrem Innern. Sie wussten, dass sie nirgendwo hingehen konnten. Sie hatten nichts. Keine Zukunft. Deswegen hielten sie sich an die kleinen Dinge. Sie lachten über Ameisenbisse auf dem Po des anderen. Über behäbige Raupen, die vom Blattrand rutschten ...« In diesen Passagen wird der Titel des Romans deutlich. Wenn sich alles gegen uns verschwört, haben wir immer noch die Möglichkeit, uns an den kleinen Dingen des Lebens – Luft, Wasser, Sonne, Natur – zu erfreuen, gemäß der Maxime, das Leben zu nutzen, solange es geht. Alles kann sich schnell ändern. »Pflücke den Tag *(carpe diem)*, setze, so wenig du kannst, leichtgläubig auf morgen«, heißt es bei Horaz. In dieser Tradition schreibt Roy im Roman über die verbotene Liebe zwischen Ammu und dem Unberührbaren: Sie wussten, dass sie »sich an Kleinheit halten mussten. Jedesmal, wenn sie sich trennten, gaben sie sich ein einziges Versprechen: ›Morgen?‹ ›Morgen.‹«

Literatur

Allende, Isabel: *Das Geisterhaus*, Frankfurt am Main 1989
Bachmann, Ingeborg: *Die gestundete Zeit*, Gedichte, München 1957
Beckett, Samuel: *Warten auf Godot*, Frankfurt am Main 2005
Benn, Gottfried: *Sämtliche Werke*, Stuttgart 2003
Bernhard, Thomas: *Amras*, Frankfurt am Main 1988
Brecht, Bertolt: *Die Dreigroschenoper*, Franfurt am Main 2001
Brinkmann, Rolf Dieter: *Westwärts 1 & 2, Gedichte*, Reinbek bei Hamburg 2005
Büchner, Georg: *Woyzeck*, Ditzingen 1999
Cervantes, Miguel de: *Don Quijote*, München 2000
Conrad, Joseph: *Herz der Finsternis*, Zürich 2005
Dante Alighieri: *Die göttliche Komödie*, Stuttgart 1951
Dostojewski, Fjodor: *Schuld und Sühne*, München 2008
Döblin, Alfred: *Berlin Alexanderplatz*, München 1965
Eco, Umberto: *Der Name der Rose*, München 1986
Eschenbach, Wolfram von: *Parzival (Auswahl)*, Stuttgart 2003
Fontane, Theodor: *Effi Briest*, Hamburger Lesehefe, Hamburg 2009
Goethe, Wolfgang von: *Faust, Teil 1 und Teil 2*, Hamburger Lesehefte, Hamburg 2009
Grimmelshausen, Hans Jakob Christoffel von: *Der abenteuerliche Simplicissimus*, Ditzingen 1986
Handke, Peter: *Mein Jahr in der Niemandsbucht*, Frankfurt am Main 1994
Heine, Heinrich: *Deutschland. Ein Wintermärchen*, Berlin 1995
Hemingway, Ernest: *Fiesta*, Reinbek bei Hamburg 1999
Hesse, Hermann: *Demian*, Frankfurt am Main 1974
Hölderlin, Friedrich: *Hyperion*, Ditzingen 2005
Homer: *Odyssee*, Stuttgart 1986
Horváth, Ödön von: *Jugend ohne Gott*, Frankfurt am Main 2001
Jelinek, Elfriede: *Michael. Ein Jugendbuch für die Infantilgesellschaft*, Reinbek bei Hamburg 1972
Joyce, James: *Ulysses*, Frankfurt am Main 1981
Kafka, Franz: *Der Prozess*, Hamburger Lesehefte, Hamburg 2009
Kleist, Heinrich von: *Der Prinz von Homburg*, Ditzingen 1986

Koeppen, Wolfgang: *Der Tod in Rom*, in: *Die drei Romane*, Frankfurt am Main 1996
Lessing, Gotthold Ephraim: *Nathan der Weise*, Hamburger Lesehefte, Hamburg 2010
Mann, Thomas: *Der Tod in Venedig*, Frankfurt am Main 1998
Moritz, Karl Philipp: *Anton Reiser*, Ditzingen 1986
Müller, Herta: *Atemschaukel*, München 2009
Orwell, George: *Farm der Tiere*, Zürich 1973
Pindar: *Siegeslieder*, München 1994
Proust, Marcel: *Auf der Suche nach der verlorenen Zeit*, Frankfurt am Main 1964
Rilke, Rainer Maria: *Die Aufzeichnungen des Malte Laurids Brigge*, Frankfurt am Main 1982
Roy, Arundhati: *Der Gott der kleinen Dinge*, München 1999
Salinger, Jerome D.: *Der Fänger im Roggen*, Reinbek bei Hamburg 2001
Sappho: *Gedichte*, München 2009
Seghers, Anna: *Transit*, Darmstadt und Neuwied 1963
Shakespeare, William: *Hamlet*, Ditzingen 2008
Sophokles: *Antigone*, Frankfurt am Main 1974
Stendhal: *Rot und Schwarz,* Frankfurt am Main 1994
Tolstoi, Leo: *Krieg und Frieden*, Zürich 2007
Vergil: *Aeneis, Leipzig 1982*
Wolf, Christa: *Der geteilte Himmel*, München 1973
Woolf, Virginia: *Mrs Dalloway*, München 2007

Sekundärliteratur (Auswahl):

Adorno, Theodor W.: *Ästhetik* (1958/59), Frankfurt am Main 2009
Ankenbrand, Stephan: *Kleine deutsche Literaturgeschichte,* neu bearbeitet von E. Th. Rohnert, München 1966
Arendt, Hannah: *Rahel Varnhagen: Lebensgeschichte einer deutschen Jüdin aus der Romantik*, München 2010
Auerbach, Erich: *Mimesis: Dargestellte Wirklichkeit in der abendländischen Literatur*, Tübingen und Basel 1994
Auffermann, Verena; Kübler, Gunhild; März, Ursula; Schmitter Elke: *Leidenschaften: 99 Autorinnen der Weltliteratur*, München 2009

Bild Wissensbibliothek: *Musik und Literatur*, Gütersloh 2006
Die Zeit (Hg.): *Literatur-Lexikon*, Stuttgart 2008
Giebel, Marion: *Sappho in Selbstzeugnissen und Bilddokumenten*, Reinbek bei Hamburg 1980
Grundwissen Deutsche Literatur, bearbeitet von Karl Kunze und Heinz Oberländer, Stuttgart 1984
Hensel, Georg: *Spielplan. Der Schauspielführer von der Antike bis zur Gegenwart,* Berlin 1992
Hillebrand, Bruno: *Gesang und Abgesang deutscher Lyrik*, Göttingen 2010
Hörisch, Jochen: *Das Wissen der Literatur*, München 2007
Hose, Martin (Hg.): *Meisterwerke der antiken Literatur*, München 2000
Jürgensen, Christoph (Hg.): *Die Lieblingsbücher der Deutschen*, Kiel 2006
Kindlers Neues Literaturlexikon, Köln 2001
Mai, Manfred: *Geschichte der deutschen Literatur*, Weinheim Basel 2006
Martini, Fritz: *Deutsche Literaturgeschichte*, Stuttgart 1952
Mettenleiter, Peter; Knöbl, Stephan (Hg.): *Blickfeld Deutsch*, Paderborn 2004
Rinsum, Annemarie van; Rinsum, Wolfgang van, *Dichtung und Deutung, Eine Geschichte der deutschen Literatur in Beispielen*, München 1979
Siems, Marion (Hg.): *Reclams neuer Schauspielführer*, Ditzingen 2005